南史

唐李延壽撰

第三册

卷二四至卷三七（傳）

中華書局

南史卷二十四

列傳第十四

王裕之 孫秀之 延之 阮韜 延之子綸之 曾孫峻 峻子琮 王鎮之 弟弘之 弘之孫晏 晏從弟思遠 王韶之 王悅之 王准之 從弟逡之 珪之 族子素

王裕之字敬弘，晉驃騎將軍廙之曾孫，司州刺史胡之之孫也。名與宋武帝諱同，故以字行。父茂之字興元，晉陵太守。

敬弘少有清尚，起家本國左常侍、衞軍參軍。性恬靜，樂山水，求爲天門太守。及之郡，妻弟荆州刺史桓玄遣信要令過己，敬弘至巴陵，謂人曰：「靈寶正當欲見其姊，我不能爲桓氏贅婿。」乃遣別船送妻往江陵，彌年不迎。山郡無事，恣其游適，意甚好之。後爲南平太守，去官，居作唐縣界。玄輔政及篡位，屢召不下。宋武帝以爲車騎從事中郎、徐州中從事史、征西將軍道規諮議參軍。時府主簿宗協亦有高趣，〔一〕道規並以事外相期。嘗共酣飲，敬弘因醉失禮，爲外司所白，道規卽更引還，〔二〕重申初讌。

永初中，累遷吏部尚書，敬弘每被召，卽便祇奉，既到宜退，旋復解官。武帝嘉其志，不苟違也。除廬陵王師，加散騎常侍。自陳無德，不可師範令王，固讓不拜。

元嘉三年，爲尚書僕射，關署文案，初不省讀。嘗豫聽訟，上問疑獄，敬弘不對。上變色問左右：「何故不以訊牒副僕射？」敬弘曰：「臣乃得訊牒讀之，正自不解。」上甚不悅。雖加禮敬，亦不以時務及之。六年，遷尚書令，固讓，表求還東。上不能奪。改授侍中、特進、左光祿大夫，給親信三十人。及東歸，車駕幸冶亭餞送。

十二年，徵爲太子少傅，敬弘詣都上表固辭不拜，東歸，上時不豫，自力見焉。十六年，以爲左光祿大夫、開府儀同三司，侍中如故。又詣都表辭，竟不拜東歸。二十三年，復申前命，復辭。明年，薨於餘杭之舍亭山，年八十八。順帝昇明三年，追謚文貞公。

敬弘形狀短而起坐端方，桓玄謂之「彈棊發八勢」。所居舍亭山，林澗環周，備登臨之美，故時人謂之王東山。文帝嘗問爲政得失，對曰：「天下有道，庶人不議。」上高其言。左右嘗使二老婦女，戴五條辮，著青紋袴襬，飾以朱粉。〔三〕女適尚書僕射何尚之弟述之。敬弘嘗往何氏看女，遇尙之不在，因寄齋中臥。俄頃尙之還，敬弘使二婢女守閤，〔四〕不聽尙之入，云「正熱不堪相見，君可且去」。尙之於是移於他室。上將爲廬陵王納其女，辭曰：「臣女幼，既許孔淳之息。」子恢之被召爲祕書郎，敬弘爲求奉朝請，〔五〕與恢之書曰：「彼祕書有限故有競，朝請無限故無競，吾欲使汝處不競之地。」文帝嘉之，並見許。

敬弘見兒孫，歲中不過一再相見，見輒剋日。未嘗教子孫學問，各隨所欲。人或問之，答曰：「丹朱不應乏教，甯越不聞被捶。」恢之位新安太守，嘗請假定省。敬弘剋日見之，至日輒不果。假日將盡，恢之求辭，敬弘呼前至閤，復不見。恢之於閤外拜辭流涕而去。

恢之弟瓚之，位吏部尙書、金紫光祿大夫，謚貞子。瓚之弟昇之，位都官尙書。瓚之子秀之。

秀之字伯奮，幼時，祖父敬弘愛其風采。仕宋爲太子舍人。父卒，廬於墓側，服闋，復職。吏部尙書褚彥回欲與結婚，秀之不肯，以此頻爲兩府外兵參軍。後爲晉平太守，朞年求還，或問其故，答曰：「此郡沃壤，珍阜日至，人所昧者財，財生則禍逐，智者不昧財，亦不逐禍。吾山資已足，豈可久留，以妨賢路。」乃上表請代。時人以爲王晉平恐富求歸。

仕齊爲豫章王嶷驃騎長史。嶷於荊州立學，以秀之領儒林祭酒。武帝即位，累遷侍中祭酒，轉都官尚書。

秀之祖父敬弘性貞正，徐羨之、傅亮當朝，不與來往。及致仕隱吳興，與秀之父瓚之書，深勗以靜退。瓚之爲五兵尚書，未嘗詣一朝貴。江湛謂何偃曰：「王瓚之今便是朝隱。」及柳元景、顏師伯貴要，瓚之竟不候之。至秀之爲尚書，又不與王儉款接。三世不事權貴，時人稱之。轉侍中，領射聲校尉。

出爲隨王鎭西長史、南郡內史。後爲輔國將軍、吳興太守。秀之先爲諸王長史、行事，便歎曰：「仲祖之識，見於已多。」便無復仕進，止營理舍亭山宅，有終焉之志。及除吳興郡，隱業所在，心願爲之。到郡修舊山，移置輜重。隆昌元年卒，遺令「朱服不得入棺，祭則酒脯而已。世人以僕妾直靈助哭，當由喪主不能淳至，欲以多聲相亂。魂而有靈，吾當笑之」。謚曰簡子。

延之字希季，昇之子也。少靜默，不交人事。仕宋爲司徒左長史。清貧，居宇穿漏，褚彥回以啓宋明帝，卽敕材官爲起三間齋屋。歷吏部尚書，尚書左僕射。

宋德旣衰，齊高帝輔政，朝野之情，人懷彼此。延之與尚書令王僧虔中立無所去就。時人語曰：「二王居平，不送不迎。」高帝以此善之。昇明三年，出爲江州刺史，加都督。齊建元元年，進號鎭南將軍。

延之與金紫光祿大夫阮韜俱宋領軍將軍劉湛外甥，並有早譽，湛甚愛之，曰：「韜後當爲第一，延之爲次也。」延之甚不平。每致餉下都，韜與朝士同例，高帝聞之，〔六〕與延之書曰：「韜云卿未嘗有別意，當由劉家月旦故邪。」韜字長明，陳留人，晉金紫光祿大夫裕玄孫也。爲南兗州別駕，刺史江夏王義恭逆求資費錢，韜曰：「此朝廷物。」執不與。宋孝武選侍中四人，並以風貌，王彧、謝莊爲一雙，韜與何偃爲一雙。常充兼假，至始興王師，卒。

延之居身簡素，淸靜寡慾，凡所經歷，務存不擾。在江州，祿俸外一無所納。獨處齋內，未嘗出戶，吏人罕得見焉，雖子弟亦不妄前。時時見親舊，未嘗及世事，從容談詠而已。後爲尙書左僕射，尋領竟陵王師，卒謚簡子。

子綸之，字元章。爲安成王記室參軍，偃仰召會，退居僚末。司徒袁粲聞而歎曰：「格外之官，便今日爲重。」貴游居此位者，遂以不掌文記爲高，自綸之始也。齊永明中，歷位侍中，出爲豫章太守。下車祭徐孺子、許子將墓，圖畫陳蕃、華歆、謝鯤像於郡朝堂。爲政寬簡，稱良二千石。武帝幸琅邪城，綸之與光祿大夫全景文等二十一人坐不參承，爲有司奏免官。後位侍中、都官尙書，卒。自敬弘至綸之，並方嚴，皆剋日乃見子孫，蓋家風也。

綸之子昕，有業行，居父憂過禮。謝瀟欲遣參之，孔珪曰：「何假參，此豈有全理。」以憂卒。

峻字茂遠，秀之子也。少美風姿，善容止。仕齊爲桂陽內史。梁天監初，爲中書侍郎。武帝甚悅其風采，與陳郡謝覽同見賞擢。累遷侍中，吏部尚書。處選甚得名譽。

峻性詳雅，無趨競心，嘗與謝覽約，官至侍中，不復謀進仕。覽自吏部尚書出爲吳興郡，平心不畏强禦，亦由處俗情薄故也。峻爲侍中已後，雖不退身，亦淡然自守，無所營務。遷金紫光祿大夫，未拜，卒，謚惠子。

子琮爲國子生，尙始興王女繁昌主。琮不慧，爲學生所嗤，遂離婚。峻謝王，王曰：「此自上意，僕極不願如此。」峻曰：「下官曾祖是謝仁祖外孫，亦不藉殿下姻媾爲門戶耳。」

王鎭之字伯重，晉司州刺史胡之之從孫，而裕之之從祖弟也。祖耆之，位中書郎，父隨之，上虞令。鎭之爲剡、上虞令，並有能名。桓玄輔晉，以爲大將軍錄事參軍。時三吳饑荒，遣鎭之銜命賑卹，而會稽內史王愉不奉符旨，鎭之依事糾奏。愉子綏，玄之外甥，當時貴盛，鎭之爲所排抑。以母老求補安成太守，以母憂去職。在官清潔，妻子無以自反，乃棄家致喪還上虞舊墓。〔七〕葬畢，爲子標之求安復令，隨子之官。服闋，爲征西道規司馬、南平太守。後爲御史中丞，執正不撓，百僚憚之。

出爲建威將軍、平越中郎將、廣州刺史，加都督。宋武帝謂人曰：「鎭之少著清績，必將繼美吳隱，〔八〕嶺南弊俗，非此不康也。」在鎭不受俸祿，蕭然無營，去官之日，不異初至。武帝初建相國府，爲諮議參軍，領錄事。善於吏職，嚴而不殘。遷宋臺祠部尙書。武帝踐阼，卒於宣訓衞尉。弟弘之。

弘之字方平，少孤貧，爲外祖徵士何準所撫育，從叔獻之及太原王恭並貴重之。仕晉爲司徒主簿。家貧，性好山水，求爲烏傷令。〔九〕桓玄輔晉，桓謙以爲衞軍參軍。時殷仲文還姑孰，祖送傾朝，謙要弘之同行，答曰：「凡祖離送別，必在有情，下官與殷風馬不接，無緣扈從。」謙貴其言。母隨兄鎭之之安成郡，弘之解職同行。義熙中，何無忌及宋武帝辟召，一無所就。

家在會稽上虞，從兄敬弘爲吏部尙書，奏弘之爲太子庶子，不就。文帝卽位，敬弘爲尙書左僕射，陳弘之高行，徵爲通直散騎常侍，又不就。敬弘嘗解貂裘與之，卽著以採藥。性好釣，上虞江有一處名三石頭，弘之常垂綸於此。經過者不識之，或問漁師得魚賣不？弘之曰：「亦自不得，得亦不賣。」日夕，載魚入上虞郭，經親故門，各以一兩頭置門內而去。始寧沃川有佳山水，弘之又依巖築室。謝靈運、顏延之並相欽重。靈運與廬陵王義眞牋曰：「會境既豐山水，是以江左嘉遁，並多居之。至若王弘之拂衣歸耕，踰歷三紀，孔淳之隱約窮岫，自始迄今。阮萬齡辭事就閑，纂戎先業，既遠同羲、唐，亦激貪厲競。若遣一个有以相存，眞可謂千載盛美也。」

弘之元嘉四年卒，顏延之欲爲作誄，書與其子曇生曰：「君家高世之善，有識歸重，豫染豪翰，所應載述，況僕託慕末風，竊以叙德爲事，但恨短筆不足書美。」誄竟不就。

曇生好文義，以謙和見稱，歷吏部尚書，太常卿。孝武末，爲吳興太守。明帝初興，與四方同逆，戰敗歸降，被宥，終於中散大夫。

阮萬齡，陳留尉氏人。祖思曠，左光祿大夫。父寧，黃門侍郎。萬齡少知名，爲孟昶建威長史。時袁豹、江夷相係爲昶司馬，時人謂昶府有三素望。萬齡家在會稽剡縣，頗有素情，位左戶尚書，太常。出爲湘州刺史，無政績。後爲散騎常侍、金紫光祿大夫，卒。

曇生弟普曜，位祕書監。普曜子晏。

晏字休默，一字士彥。仕宋，初爲建安國左常侍，稍至車騎，晉熙王燮安西板晏主簿，〔一〇〕時齊武帝爲長史，與晏相遇。府轉鎮西，板晏爲記室。沈攸之事難，隨武帝鎮盆城。齊高帝時威權雖重，而衆情猶有疑惑，晏便專心奉事，軍旅書翰皆見委。性甚便僻，漸見親待，常參議機密。

建元初，爲太子中庶子。武帝在東宮，專斷朝事，多不聞啓，晏慮及罪，稱疾自疎。武帝卽位，爲長兼侍中，〔一一〕意任如舊。遷侍中祭酒。遭母喪，起爲司徒左長史。晏父普曜藉晏勢，多歷通官。普曜卒，晏居喪有禮。

永明六年，爲丹陽尹。晏位任親重，自豫章王嶷、尚書令王儉皆降意接之，而晏每以疎漏被責，連稱疾。久之，轉爲江州刺史，泣不願出，留爲吏部尚書、太子右率，終以舊恩見寵。

時尚書令王儉雖貴而疎，晏旣領選，權行臺閣，與儉頗不平。儉卒，禮官欲依王導謚爲「文獻」，晏啓上曰：「導乃得此謚，但宋來不加素族。」謂親人曰：「平頭憲事已行矣。」十一年，爲右僕射，領太孫右衞率。

武帝崩，遺旨以尚書事付晏及徐孝嗣。鬱林卽位，轉左僕射。及明帝謀廢立，晏便響應推奉，〔一二〕轉尚書令，封曲江縣侯，給鼓吹一部，甲仗五十人入殿。時明帝形勢已布，而莫敢先言，蕭諶兄弟握兵權，遲疑未決，晏頻三夜微步詣諶議，時人以此窺之。明帝與晏東府語及時事，晏抵掌曰：「公常言晏怯，今定如何？」建武元年，進號驃騎大將軍，給班劍二十人，又加兵百人，領太子少傅，進爵爲公。以魏軍動，給兵千人。

晏篤於親舊，爲時所稱，至是自謂佐命惟新，言論常非武帝故事，衆始怪之。明帝雖以事際須晏，而心相疑斥，料簡武帝中詔，得與晏手詔三百餘紙，皆是論國家事。永明中，武帝欲以明帝代晏領選，晏啓曰：「鸞清幹有餘，然不諳百氏，恐不可居此職。」乃止。及見此詔，愈猜薄之。帝初卽位，始安王遙光便勸誅晏，帝曰：「晏於我有勳，且未有罪。」遙光曰：「晏尙不能爲武帝，安能爲陛下？」帝默然變色。時帝常遣心腹左右陳世範等出塗巷采聽異言，由是以晏爲事。晏性浮動，志欲無厭，自謂旦夕開府。又望錄尙書，每謂人曰：「徐公應爲令。」又和徐詩云：「槐序候方調。」其名位在徐前，徐若三槐，〔一三〕則晏不言自顯，人或譏之。

晏人望未重，又與上素疎，中興初，雖以事計委任，而內相疑阻，晏無防意。既居朝端，事多專決，內外要職，並用周旋門義，每與上爭用人。數呼相工自視，云當大貴。與客語，好屏人。上聞，疑晏欲反，遂有誅晏意。有鮮于文粲與晏子德元往來，密探朝旨，告晏有異志。又左右單景儁、陳世範等采巫覡言啓上，云晏懷異圖。是時南郊應親奉，景儁等言晏因此與武帝故主帥於道中竊發。會獸犯郊壇，〔一四〕帝愈懼，未郊前一日，上乃停行，先報晏及徐孝嗣，孝嗣奉旨，而晏陳郊祀事大，必宜自力。景儁言益見信，元會畢，乃召晏於華林省誅之。下詔顯其罪，稱以河東王鉉識用微弱，欲令守以虛器，並令收付廷尉。

晏之爲員外郎也，父普曜齋前栢樹忽變成梧桐，論者以爲梧桐雖有栖鳳之美，而失後凋之節。及晏敗，果如之。又未敗前，見屋桷子悉是大蛇，就視之猶木也。晏惡之，乃以紙裹桷子，猶紙內搖動，蔌蔌有聲。又於北山廟答賽夜還，晏醉，部伍人亦飲酒，羽儀錯亂，前後十餘里中，不復禁制。識者云此不復久也。未幾而敗。

晏子德元，有意尚，位車騎長史。德元初名湛，武帝曰：「劉湛、江湛，並不善終，此非佳名也。」晏乃改之，至是及誅。

晏弟詡，位少府卿。敕未登黃門郎，不得畜女伎，詡與射聲校尉陰玄智坐畜伎免官，禁錮十年。敕特原詡。詡亦篤舊。〔一五〕後拜廣州刺史。晏誅，上遣殺之。

思遠，晏從父弟也。父羅雲，平西長史。思遠八歲父卒，祖弘之及外祖新安太守羊敬元並栖退高尚，故思遠少無仕心。宋建平王景素辟南徐州主簿，深見禮遇。景素被誅，左右離散，思遠親視殯葬，手種松栢，與廬江何昌寓、沛郡劉璡上表理之，事感朝廷。景素女廢爲庶人，思遠分衣食以相資贍。年長，爲備筓總，訪求素對，傾家送遣。

齊建元初，歷竟陵王司徒錄事參軍、太子中舍人。文惠太子與竟陵王子良素好士，並蒙賞接。思遠求出爲遠郡，除建安內史。長兄思玄卒，思遠友于甚至，表乞自解，不許。及祥日又固陳，武帝乃許之。仍除中書郎、大司馬諮議。詔舉士，竟陵王子良薦思遠及吳郡顧暠之、陳郡殷叡。時邵陵王子貞爲吳郡，除思遠爲吳郡丞，以本官行郡事，論者以爲得人。後拜御史中丞。臨海太守沈昭略贓私，思遠依事劾奏，明帝及思遠從兄晏、昭略叔父文季並請止之，思遠不從，案事如故。

建武中，遷吏部郎。思遠以晏爲尚書令，不欲並居內臺權要之職，上表固讓，乃改授司徒左長史。初明帝廢立之際，思遠謂晏曰：「兄荷武帝厚恩，今一旦贊人如此事，彼或可以權計相須，未知兄將何以自立。及此引決，猶可保全門戶，不失後名。」晏曰：「方啖粥，未暇此事。」及拜驃騎，會子弟，謂思遠兄思徵曰：「隆昌之末，阿戎勸吾自裁，若用其語，豈有今日。」思遠遽應曰：「如阿戎所見，猶未晚也。」晏既不能謙退，位處朝端，事多專斷，內外要職，並用門生，帝外迹甚美，內相疑異。思遠謂曰：「時事稍異，兄覺不？凡人多拙於自謀，而巧於謀人。」晏默然不答。思遠退後，晏方歎曰：「天下人遂勸人自殺。」旬日，晏及禍。明帝後知思遠有此言，謂江祏曰：「王晏早用思遠語，當不至此。」

思遠立身簡潔，諸客有詣己者，覘知衣服垢穢，方便不前，形儀新楚，乃與促膝。雖然，及去之後，猶令二人交帚拂其坐處。明帝從祖弟季敞性甚豪縱，使詣思遠，令見禮度。都水使者李珪之常曰：〔一六〕「見王思遠終日匡坐，不妄言笑，簪帽衣領，無不整潔，便憶丘明士。見明士蓬頭散帶，終日酣醉，吐論從橫，唐突卿宰，便復憶見思遠。」言其兩反也。

上既誅晏，思遠遷爲侍中，掌優策及起居注。卒，年四十九，贈太常，謚曰貞子。

思遠與顧暠之善，暠之卒後，家貧，思遠迎其妻子，經卹甚至。暠之字士明，少孤好學，有義信，位太子中舍人，兼尚書左丞。

王韶之字休泰，胡之從孫而敬弘從祖弟也。祖羨之，鎮軍掾。父偉之，少有志尚，當世詔命表奏，輒手自書寫。太元、隆安時事，大小悉撰錄。位本國郎中令。

韶之家貧好學，嘗三日絕糧而執卷不輟，家人誚之曰：「困窮如此，何不耕？」答曰：「我常自耕耳。」父偉之爲烏程令，韶之因居縣境。好史籍，博涉多聞。初爲衞將軍謝琰行參軍，得父舊書，因私撰晉安帝陽秋。及成，時人謂宜居史職，即除著作佐郎，使續後事，訖義熙九年。善敍事，辭論可觀。遷尚書祠部郎。

晉帝自孝武以來常居內殿，武官主書於中通呈，以省官一人管詔誥，住西省，因謂之西省郎。傅亮、羊徽相代在職。義熙十一年，〔一七〕宋武帝以韶之博學有文辭，補通直郎，領西省事，轉中書侍郎。晉安帝之崩，武帝使韶之與帝左右密加酖毒。恭帝卽位，遷黃門侍郎，領著作，西省如故。凡諸詔黃皆其辭也。武帝受命，加驍騎將軍，黃門如故。西省職解，復掌宋書。坐璽封謬誤，〔一八〕免黃門，事在謝晦傳。

韶之爲晉史，序王珣貨殖，王廞作亂。珣子弘、廞子華並貴顯，韶之懼爲所陷，深附結徐羨之、傅亮等。少帝卽位，遷侍中。出爲吳郡太守。羨之被誅，王弘入相，領揚州刺史。弘雖與韶之不絕，諸弟未相識者皆不復往來。韶之在郡，常慮爲弘所繩，夙夜勤勵，政績甚美，弘亦抑其私憾，文帝兩嘉之。韶之稱爲良守。徵爲祠部尚書，加給事中。坐去郡長取送故，免官。後爲吳興太守，卒。撰孝傳三卷，文集行於世。宋廟歌辭，韶之所制也。

子曄，位臨賀太守。

王悅之字少明，〔一九〕晉右軍將軍羲之曾孫也。祖獻之，中書令。父靖之，司徒左長史，爲劉穆之所厚，就穆之求侍中，如此非一。穆之曰：「卿若不求，久自得之。」遂不果。

悅之少厲清操，亮直有風檢。爲吏部郎，鄰省有會同者，遺悅之餅一甌。辭不受，曰：「此費誠小，然少來不願當之。」宋明帝泰始中爲黃門郎、御史中丞。上以其廉介，賜良田五頃，以爲侍中，在門下盡其心力。掌檢校御府太官太醫諸署。時承奢忲之後，姦竊者衆，悅之按覆無所避，得姦巧甚多，於是衆署共呪詛。悅之病甚，恒見兩烏衣人捶之。及卒，上乃收典掌者十許人，桎梏之送淮陰，密令度瓜步江，投之中流。

王准之字元曾，晉尚書僕射彬玄孫也。〔二〇〕曾祖彪之，位尚書令，祖臨之、父訥之並御史中丞。〔二一〕彪之博聞多識，練悉朝儀，自是家世相傳，並諳江左舊事，緘之青箱，世謂之王氏青箱學。

准之兼明禮傳，贍於文辭。桓玄篡位，以爲尚書祠部郎。宋武帝起兵，爲太尉主簿。出爲山陰令，有能名，預討盧循功，封都亭侯。宋臺建，除御史中丞，爲百僚所憚。自彪之至准之四世居此職。准之嘗作五言詩，范泰嘲之：「卿唯解彈事耳。」准之正色答：「猶差卿世載雄狐。」坐世子左衞率謝靈運殺人不舉，免官。

武帝受命，拜黃門侍郎。永初中奏曰：「鄭玄注禮：三年之喪，二十七月而吉。古今學者多謂得禮之宜。晉初用王肅議，祥禫共月，故二十五月而除。遂以爲制。江左以來，唯晉朝施用，〔三〕搢紳之士多遵玄義。夫先王制禮，以大順羣心，『喪也寧戚』，著自前經。今大宋開泰，品物遂理，愚謂宜同卽物情，以玄義爲制。朝野一禮，則家無殊俗。」從之。元嘉中，歷位侍中，都官尚書，改領吏部，出爲丹陽尹。

淮之究識舊儀，問無不對。時大將軍彭城王義康錄尚書事，每歎曰：「何須高論玄虛，正得如王淮之兩三人，天下便足。」〔三〕然寡風素，情悁急，不爲時流所重。撰儀注，咸見遵用。卒，贈太常。

子輿之，征虜主簿。輿之子進之，仕齊位給事黃門侍郎，扶風太守。梁武帝之舉兵也，所在響應，鄰郡多請進之同遣修謁。進之曰：「非吾志也。」竟不行。武帝嘉之。梁臺建，歷尚書左丞，廣平、天門二郡太守，左衞將軍，封建寧公。

進之子清，位散騎常侍，金紫光祿大夫，鎭東府長史，新野、東陽二郡太守，安南將軍，封中廬公。〔四〕承聖末，陳武帝殺太尉王僧辯，遣文帝攻僧辯壻杜龕，龕告難於清，引兵援龕，大敗陳文帝於吳興，追奔至晉陵。時廣州刺史歐陽頠亦同清援龕，中更改異，殺清而歸陳武帝。子猛。

猛字世雄，本名勇。五歲而父清遇害，陳文帝軍度浙江，訪之，將加夷滅。母韋氏攜之遁于會稽，遂免。及長勤學不倦，博涉經史，兼習孫、吳兵法。以父遇酷，終文帝之世不聽音樂，蔬食布衣，以喪禮自處。宣帝立，乃始求位。太建初，釋褐鄱陽王府中兵參軍，再遷永陽王府錄事參軍。

猛慷慨常慕功名，先是上疏陳安邊拓境之策，甚見嘉納，至是詔隨大都督吳明徹略地，以軍功封應陽縣子。〔二五〕累遷太子右衞率，徙晉陵太守。威惠兼舉，姦盜屏跡，富商野次，云「以付王府君」。郡人歌之，以比漢之趙廣漢。至德初，徵爲左驍騎將軍，加散騎常侍，深見信重。

時孔範、施文慶等並相與比周，害其梗直，議將出之而未有便。會廣州刺史馬靖不受徵，乃除猛都督東衡州刺史，領始興內史，與廣州刺史陳方慶共取靖。猛至，卽禽靖送建鄴，進爵爲公，加光勝將軍、〔二六〕平越中郎將、大都督，發廣、桂等二十州兵討嶺外荒梗，所至皆平。

禎明二年，詔授鎭南大將軍、都督二十四州諸軍事，尋命徙鎭廣州。未之鎭，而隋師濟江，猛總督所部赴援。時廣州刺史臨汝侯方慶、西衡州刺史衡陽王伯信並隸猛督府，各觀望不至。猛使高州刺史戴智烈、淸遠太守曾孝遠各以輕兵就斬之而發其兵。及聞臺城不守，乃舉哀素服，藉稾不食，歎曰：「申包胥獨何人哉。」因勒兵緣江拒守，以固誠節。及審後主不死，乃遣其部將辛昉馳驛赴京師歸款。隋文帝大悅，謂昉曰：「猛懷其舊主，送故情深，即是我之誠臣。保守一方，不勞兵甲，又是我之功臣。」即日拜昉開府儀同三司，仍詔猛與行軍總管韋洸便留嶺表經略。

猛母妻子先留建鄴，因隨後主入京，詔賜宅及什物甚厚，別賚物一千段，及遣璽書勞猛。仍討平山越，馳驛奏聞。時文帝幸河東，會猛使至，大悅。楊素賀，因曰：「昔漢武此地聞喜，用改縣名，王猛今者告捷，遠符前事。」於是又降璽書褒賞，以其長子繕爲開府儀同三司。猛尋卒於廣州，文帝聞而痛之，遣使弔祭，贈上開府儀同三司，封歸仁縣公。命其子繕襲，仍授普州刺史。仁壽元年，繕弟續表陳猛志，求葬關中，詔許之。仍贈使持節、大將軍、宋州刺史、三州諸軍事，諡曰成。

訥之弟瓌之字道茂，位司空諮議參軍。瓌之子逡之。

逡之字宣約，少禮學博聞。仕宋位吳令。昇明末，尚書右僕射王儉重儒術，逡之以著作郎兼尚書左丞，參定齊國儀禮。初，儉撰古今喪服集記，逡之難儉十一條，更撰世行五卷。國學久廢，齊建元二年，逡之先上表立學。轉國子博士，又兼著作。撰永明起居注。〔二七〕後位南康相，光祿大夫，加給事中。逡之率素，衣裳不澣，几案塵黑，年老手不釋卷。建武二年卒。從弟珪之，位長水校尉，撰齊職儀。永明九年，其子中軍參軍顥啓上其書，凡五十卷，詔付祕閣。

素字休業，彬五世孫而逡之族子也。高祖翹之，晉光祿大夫。曾祖望之、祖泰之，並不仕。父元弘，位平固令。素少有志行，家貧母老，隱居不仕。宋孝建、大明、泰始中，屢徵不就，聲譽甚高。山中有蚿聲清長，〔二八〕聽之使人不厭，而其形甚醜，素乃爲蚿賦以自況。卒年五十四。

論曰：昔晉初度江，王導卜其家世，郭璞云：「淮流竭，王氏滅。」觀夫晉氏以來，諸王冠冕不替，蓋亦人倫所得，豈唯世祿之所專乎。及于陳亡之年，淮流實竭，曩時人物掃地盡矣。斯乃興亡之兆已有前定。天之所廢，豈智識之所謀乎。

校勘記

〔一〕時府主簿宗協亦有高趣　「宗協」各本作「宋協」，據宋書、册府元龜二九二改。

〔二〕道規即更引還　「更」各本作「便」，據宋書改。

〔三〕藏五條辮著青紋袴襬飾以朱粉　「五條辮」宋書作「五條五辮」。「朱粉」太平御覽六九五引作「朱彩」。

〔四〕敬弘使二婦女守閤　「使」上各本有「還」字，據宋書删。

〔五〕敬弘爲求奉朝請　「爲求」各本作「求爲」，據宋書乙正。

〔六〕高帝聞之　「高帝」各本作「高武」，南齊書作「太祖」。齊太祖，高帝也。今改正。

〔七〕乃棄家致喪還上虞舊墓　「棄家」各本作「棄官」，據宋書改。按上云：「以母憂去職，在官清潔，妻子無以自反。」已去職，何得又言棄官。

〔八〕必將繼美吳隱　「吳隱」宋書作「吳隱之」。六朝人名後之「之」字，往往可省略。

〔九〕求爲烏傷令　「烏傷」宋書作「烏程」，未知孰是。

〔一〇〕仕宋初爲建安國左常侍稍至車騎晉熙王燮安西板晏主簿　錢大昕廿二史考異：「齊書本傳云，『宋大明末起家臨賀王國常侍、員外郎，巴陵王征北板參軍，安成王撫軍板刑獄，隨府轉車騎。』今删去『安成王撫軍板刑獄』一語，又改『隨府遷』爲『稍至』，而文義難通矣。齊史云『臨賀國』，此云『建安國』，亦當以臨賀爲是。」

〔一一〕武帝即位爲長兼侍中　「長」字下各本衍一「史」字，據南齊書删。

〔一二〕晏便響應推奉　「推」各本作「接」，據南齊書改。

〔一三〕徐若三槐　「徐」字各本並脱，據通志補。

〔一四〕會獸犯郊壇　「獸」本字「虎」，避唐諱改。

〔一五〕詡亦篤舊　「詡」字各本並脱，據南齊書補。

〔一六〕都水使者李珪之常曰　「李」各本作「季」。張森楷南史校勘記：「南齊書良政傳有李珪之傳，當即此人，作『季』誤也。」按彼傳云「兼都水使者」，與此亦合，張説是，今改正。

〔一七〕義熙十一年　「義熙」各本譌「義興」。按上云「訖義熙九年」，下云「晉安帝之崩」，則此當是晉安帝義熙十一年，史無「義興」年號，今改正。

〔一八〕坐璽封謬誤　「封」各本譌「制」，據宋書改。按宋書謝晦傳：「坐行璽封鎮西司馬南郡太守王華大封，而誤封北海太守球版。免晦侍中。」即指此事，則作「封」是。

〔一九〕王悦之字少明　「王悦之」宋書良吏王歆之傳作「王悦」，通志同。

〔二〇〕王准之字元魯晉尚書僕射彬玄孫也　「元魯」宋書作「元曾」。

〔二一〕祖臨之父訥之並御史中丞　「訥之」各本作「納之」。世説新語文學篇劉峻注引王氏譜作「訥之字永言」。按古人名與字應，則永言名訥之正合，今據改。

〔二二〕唯晉朝施用　「唯」各本作「準」，據宋書改。

〔二三〕天下便足　「足」宋書作「治」，此避唐諱改。

〔二四〕封中盧公　「盧」各本作「盧」。按南齊書州郡志雍州襄陽郡屬縣有中盧縣，今改正。

〔二五〕以軍功封應陽縣子　「應陽」陳書南康愍王曇朗傳附子方慶傳云「勇以功封龍陽縣子」。按南齊書州郡志湘州零陵郡有應陽縣，郢州武陵郡有龍陽縣，未詳孰是。

〔二六〕加光勝將軍　「光勝」各本作「先勝」，據陳書方慶傳改。

〔二七〕撰永明起居注　「撰」字各本並脫，據南齊書補。

〔二八〕山中有蚿聲清長　「聲」字各本並脫，據宋書補。

南史卷二十五

列傳第十五

王懿　到彥之孫撝　撝子沆　沆從兄溉　洽　洽子仲舉　垣護之弟子崇祖　崇祖從兄榮祖　榮祖從父閎　閎弟子曇深　張興世子欣泰

王懿字仲德，太原祁人，自言漢司徒允弟幽州刺史懋七世孫也。祖宏仕石季龍，父苗仕苻堅，皆至二千石。

仲德少沈審有意略，事母甚謹，學通陰陽，精解聲律。苻氏之敗，仲德年十七。及兄叡同起義兵，與慕容垂戰敗，仲德被重創走，與家屬相失。路經大澤，困未能去，臥林中。有一小兒青衣，年可七八歲，騎牛行，見仲德驚曰：「漢已食未？」仲德言飢，小兒去，須臾復來，得飯與之。食畢欲行，而暴雨莫知津徑，〔一〕有一白狼至前，仰天而號，號訖銜仲德衣，因度水，仲德隨後得濟，與叡相及。度河至滑臺，復爲翟遼所留，使爲將帥。積年仲德欲南歸，乃棄遼奔泰山。遼追騎急，夜行忽見前有猛炬導之，乘火行百許里以免。晉太元末，徙居彭城。兄弟名犯晉宣、元二帝諱，故皆以字行。叡字元德。

北土重同姓，並謂之骨肉，有遠來相投者，莫不竭力營贍。若有一人不至者，以爲不義，不爲鄉邑所容。仲德聞王愉在江南貴盛，是太原人，乃遠來歸愉。愉接遇甚薄，因至姑孰投桓玄。值玄篡，見輔國將軍張暢，言及世事。仲德曰：「自古革命誠非一族，然今之起者恐不足以濟大事。」元德果勁有計略，宋武帝甚知之，告以義舉，使於都下襲玄。仲德聞其謀，謂元德曰：「天下事不可不密，且兵亦不貴遲巧。玄情無遠慮，好冒夜出入，今取之正須一夫力耳。」事泄，元德爲玄誅，仲德竄走。會義軍剋建鄴，仲德抱元德子方回出候武帝，帝於馬上抱方回，與仲德相對號慟。追贈元德給事中，封安復縣侯，以仲德爲鎭軍中兵參軍。

武帝伐廣固，仲德爲前驅，戰輒破之，大小二十餘戰。盧循寇逼，衆議並欲遷都，仲德正色曰：「今天子當陽南面，明公命世作輔，新建大功，威震六合。祆寇豕突，恃我遠征，旣聞凱入，將自奔散。今日投草莽則同匹夫，〔三〕匹夫號令，何以威物？此謀若立，請從此辭。」帝悅。及武帝與循戰於左里，仲德功冠諸將，封新淦縣侯。義熙十二年北伐，進仲德征虜將軍，加冀州刺史，督前鋒諸軍事。冠軍將軍檀道濟、龍驤將軍王鎭惡向洛陽，寧朔將軍劉遵考、建武將軍沈林子出石門，寧朔將軍朱超石、胡藩向半城，咸受統於仲德。仲德率龍驤將軍朱牧、寧遠將軍竺靈秀、嚴綱等開鉅野入河，〔三〕乃總衆軍進據潼關。長安平，以仲德爲太尉諮議參軍。

武帝欲遷都洛陽，衆議咸以爲宜。仲德曰：「非常之事人所駭，今暴師經載，士有歸心，故當以建鄴爲王基。遷都宜俟文軌大同。」帝深納之。使衞送姚泓先還彭城。武帝受命，累遷徐州刺史，加都督。

元嘉中，到彥之北侵，仲德同行。魏棄河南，司、兗三州平定，三軍咸喜，而仲德有憂色，曰：「諸賢不諳北土情僞，必墮其計。」諸軍進屯靈昌，魏軍於委粟津度河，虎牢、洛陽並不守。彥之聞二城並沒，欲焚舟步走。仲德曰：「洛陽既敗，虎牢無以自立，理數必然也。今賊去我猶自千里，〔四〕滑臺尚有强兵。若便捨舟，士卒必散。且當入濟至馬耳谷口，更詳所宜。」乃回軍沿濟南歷城步上，焚舟棄甲，還至彭城。仲德坐免官。尋與檀道濟救滑臺，糧盡乃歸。自是復失河南。

九年，又爲徐州刺史。仲德三臨徐州，威德著於彭城。立佛寺，作白狼、童子像於塔中，以在河北所遇也。進號鎭北大將軍。十五年卒，謚曰桓侯。亦於廟立白狼、童子壇，每祭必祠之。子正循嗣，爲家僮所殺。

仲德兄孫文和，景和中，爲征北義陽王昶府佐。昶於彭城奔魏，部曲皆散，文和獨送至界上。昶謂曰：「諸人皆去，卿有老母，何獨不去？」文和乃去。昇明中，爲巴陵內史。沈攸之事起，文和斬其使，馳白齊武帝。及齊永明年中，歷青、冀、兗、益四州刺史。

到彥之字道豫，彭城武原人，楚大夫屈到後也。宋武帝討孫恩，以鄉里樂從，每有戰功。

義旗將起，彥之家在廣陵，臨川武烈王道規剋桓弘，彥之時近行，聞事捷馳歸，而道規已南度江，倉卒晚方獲濟。及至京口，武帝已向建鄴，孟昶居守，留之。及見武帝被責，不自陳，昶又不申理，故不加官。

義熙元年，補鎭軍行參軍。六年，盧循逼都，彥之與檀道濟掩循輜重，與循黨荀林戰敗，免官。後以軍功封佷山縣子，爲太尉中兵參軍。驃騎將軍道憐鎭江陵，以彥之爲驃騎諮議參軍，尋遷司馬、南郡太守。又從文帝西鎭，除使持節、南蠻校尉。武帝受命，進爵爲侯。

彥之佐守荊楚，垂二十載，威信爲士庶所懷。及文帝入奉大統，以徐羨之等新有篡虐，懼，欲使彥之領兵前驅。彥之曰：「了彼不貳，便應朝服順流；若使有虞，此師既不足恃，更開嫌隙之端，非所以副遠邇之望也。」會雍州刺史褚叔度卒，乃遣彥之權鎮襄陽。羨之等欲即以彥之爲雍州，上不許，徵爲中領軍，委以戎政。彥之自襄陽下，謝晦已至鎮，慮彥之不過己，彥之至楊口，步往江陵，深布誠款，晦亦厚自結納。彥之留馬及利劍名刀以與晦，晦由此大安。

元嘉三年討晦，進彥之鎮軍，於彭城洲戰不利，咸欲退還夏口，彥之不回。會檀道濟至，晦乃敗走。江陵平，因監荊州州府事，改封建昌縣公。其秋，遷南豫州刺史、監六州諸軍事，鎮歷陽。

上於彥之恩厚，將加開府，欲先令立功。七年，遣彥之制督王仲德、竺靈秀、尹沖、段宏、趙伯符、竺靈眞、庾俊之、朱脩之等北侵，自淮入泗。泗水滲，日裁行十里。自四月至七月，始至東平須昌縣。魏滑臺、虎牢、洛陽守兵並走。彥之留朱脩之守滑臺，尹沖守虎牢，杜驥守金墉。十月，魏軍向金墉城，〔五〕次至虎牢，杜驥奔走，尹沖衆潰而死。魏軍仍進滑臺。時河冰將合，糧食又罄，彥之先有目疾，至是大動，將士疾疫，乃回軍，焚舟步至彭城。初遣彥之，資實甚盛，及還，凡百蕩盡，府藏爲空。文帝遣檀道濟北救滑臺，收彥之下獄，免官。兗州刺史竺靈秀棄軍伏誅。明年夏，起爲護軍。九年，復封邑，固辭。明年卒，乃復先戶邑，謚曰忠公。孝建三年，詔彥之與王華、王曇首配食文帝廟庭。

長子元度位益州刺史。少子仲度嗣，位驃騎從事中郎。兄弟並有才用，皆早卒。仲度子撝。

撝字茂謙。襲爵建昌公。宋明帝立，欲收物情，以撝功臣之後，自長兼左戶郎中擢爲太子洗馬。

撝資藉豪富，厚自奉養，供一身一月十萬。宅宇山池，伎妾姿藝，皆窮上品。才調流贍，善納交游。愛伎陳玉珠，明帝遣求不與，逼奪之，撝頗怨，帝令有司誣奏，將殺之。撝入獄，數宿鬚鬢皆白，免死，繫尚方。奪封與弟賁，撝由是更以貶素自立。明帝崩，弟賁讓封還撝，朝議許之。

弟遁，元徽中爲南海太守，在廣州。昇明元年，沈攸之反，刺史陳顯達起兵應朝廷，遁猶豫見殺。遁家人在都，從野夜歸，見兩三人持堊刷其家門，須臾而滅，明日而遁死問至。撝懼，詣齊高帝謝，即板撝武帝中軍諮議參軍。建元初，國除。

武帝即位，累遷司徒左長史。宋時，武帝與撝同從宋明帝射雉郊野，渴倦，撝得早青瓜，與上對剖食之。上又數游撝家，懷其舊德，至是一歲三遷。永明元年，爲御史中丞。車駕幸丹陽郡，宴飲，撝恃舊，酒後狎侮同列，謂庾杲之曰：「蠢爾蠻荆，其俗鄙。」復謂虞悰曰：「斷髮文身，其風陋。」王晏旣貴，雅步從容，又問曰：「王散騎復何故爾。」晏先爲國常侍，轉員外散騎郎，此二職淸華所不爲，故以此嘲之。王敬則執樸查，以刀子削之，又曰：「此非元徽頭，何事自契之。」爲左丞庾杲之所糾，以贖論。再遷左衞將軍。隨王子隆帶彭城郡，撝問訊不修部下敬，〔六〕爲有司舉，免官。後爲五兵尚書，廬陵王中軍長史，卒。子沆嗣。

沆字茂瀣，幼聰敏，五歲時，父撝於屛風抄古詩，沆請敎讀一遍，便能諷誦。及長，善屬文，工篆隸，美風神，容止可悅。

梁天監初，爲征虜主簿。東宮建，以爲太子洗馬。時文德殿置學士省，召高才碩學待詔，沆通籍焉。武帝宴華光殿，命羣臣賦詩，獨詔沆爲二百字，三刻便成。沆於坐立奏，其文甚美。俄以洗馬管東宮書記及散騎省優策文。

三年，詔尚書郎在職淸能者爲侍郎，以沆爲殿中曹侍郎。此曹以文才選，沆從父兄溉、洽並有才名，時相代爲之，見榮當世。遷太子中舍人。

沆爲人謙敬，口不論人短。任昉、范雲皆與善。後卒於北中郎諮議參軍。所著詩賦百餘篇。

溉字茂灌，摛弟子也。父坦，齊中書郎。溉少孤貧，與兄沼弟洽俱知名，起家王國左常侍。樂安任昉大相賞好，恒提攜溉、洽二人，〔七〕廣爲聲價。所生母魏本寒家，悉越中之資，爲二兒推奉昉。

梁天監初，昉出守義興，要溉、洽之郡，爲山澤之遊。昉還爲御史中丞，後進皆宗之。時有彭城劉孝綽、劉苞、劉孺，吳郡陸倕、張率，陳郡殷芸，沛國劉顯及溉、洽，車軌日至，號曰蘭臺聚。陸倕贈昉詩云：「和風雜美氣，下有眞人遊，壯矣荀文若，賢哉陳太丘。今則蘭臺聚，方古信爲儔。〔八〕任君本達識，張子復淸修，既有絕塵到，復見黃中劉。」時謂昉爲任君，比漢之三君，到則溉兄弟也。除尚書殿中郎。後爲建安太守，昉以詩贈之，求二衫段云：「鐵錢兩當一，百代易名實，〔九〕爲惠當及時，無待涼秋日。」溉答云：「余衣本百結，閩中徒八蠶，假令金如粟，詎使廉夫貪。」還爲太子中舍人。

溉長八尺，眉目如點，白皙美鬚髯，舉動風華，善於應答。上用爲通事舍人，中書郎，兼吏部，太子中庶子。湘東王繹爲會稽太守，以溉爲輕車長史，行府郡事。武帝勅繹曰：「到溉非直爲汝行事，足爲汝師。」溉嘗夢武帝遍見諸子，至湘東而脫帽與之，於是密敬事焉。遭母憂，居喪盡禮。所處廬開方四尺，毁瘠過人。服闋，猶蔬食布衣者累載。

歷御史中丞，都官、左戶二尚書，掌吏部尚書。時何敬容以令參選，事有不允，溉輒相執。敬容謂人曰：「到溉尚有餘臭，遂學作貴人。」敬容日方貴寵，人皆下之，溉忤之如初。〔一〇〕溉祖彥之初以擔糞自給，故世以爲譏云。後省門鴟尾被震，溉左遷光祿大夫。所莅以清白自修，性又率儉，不好聲色，虛室單牀，傍無姬侍。冠履十年一易，朝服或至穿補，傳呼清路，示有朝章而已。

後爲散騎常侍、侍中、國子祭酒。表求列武帝所撰正言於學，請置正言助敎二人，學生二十人。尚書左丞賀琛又請加置博士一人。

溉特被武帝賞接，每與對棊，從夕達旦。或復失寢，加以低睡，帝詩嘲之曰：「狀若喪家狗，又似懸風槌。」當時以爲笑樂。溉第居近淮水，齋前山池有奇礓石，長一丈六尺，帝戲與賭之，幷禮記一部，溉並輸焉。未進，帝謂朱异曰：「卿謂到溉所輸可以送未？」斂板對曰：「臣既事君，安敢失禮。」帝大笑，其見親愛如此。石卽迎置華林園宴殿前。〔一一〕移石之日，都下傾城縱觀，所謂到公石也。溉弈棊入第六品，常與朱异、韋黯於御坐校棊比勢，復局不差一道。後因疾失明，詔以金紫光祿大夫、散騎常侍就第養疾。溉少有美名，遂不爲僕射，人爲之恨，溉澹如也。

家門雍睦，兄弟特相友愛，初與弟洽恒共居一齋，洽卒後，便捨爲寺。蔣山有延賢寺，溉家世所立。溉得祿俸，皆充二寺。因斷腥膻，終身蔬食。別營小室，朝夕從僧徒禮誦。武帝每月三致淨饌，恩禮甚篤。性不好交游，唯與朱异、劉之遴、張綰同志友密。及臥疾，門可羅雀，唯三人每歲時恒鳴騶枉道以相存問，置酒極歡而去。

以太清二年卒，臨終託張、劉勒子孫薄葬之禮。曰：「氣絕便斂，斂以法服，先有冢竈，斂竟便葬，不須擇日。凶事必存約儉，孫姪不得違言。」便屏家人請僧讀經贊唄，及卒，顏色如恒，手屈二指，卽佛道所云得果也。時朝廷多事，遂無贈謚。有集二十卷行於時。子鏡。

鏡字圓照，初在孕，其母夢懷鏡，及生，因以名焉。鏡五歲便口授爲詩，婉有辭況。位太子舍人，作七悟文甚美，先溉卒。

鏡子藎，早聰慧，位尚書殿中郎，嘗從武帝幸京口，登北顧樓賦詩。藎受詔便就，上以示溉曰：「藎定是才子，翻恐卿從來文章假手於藎。」因賜絹二十疋。後溉每和御詩，上輒手詔戲溉曰：「得無貽厥之力乎？」又賜溉連珠曰：「硯磨墨以騰文，筆飛毫以書信，如飛蛾之赴火，豈焚身之可吝。必耄年其已及，可假之於少藎。」其見知賞如此。後除丹陽尹丞。太清亂，赴江陵卒。溉弟洽。

洽字茂沿，清警有才學。父坦以洽無外家，乃求娶於羊玄保以爲外氏。洽年十八，爲徐州迎西曹行事。謝朓文章盛於一時，見洽深相賞好，每稱其兼資文武。朓後爲吏部，欲薦之，洽覩時方亂，深相拒絕，遂築室巖阿，幽居積歲，時人號曰居士。任昉與洽兄沼、溉並善，嘗訪洽於田舍，歎曰：「此子日下無雙。」遂申拜親之禮。

梁武帝嘗問待詔丘遲曰：「到洽何如沆溉？」遲曰：「正情過於沆，文章不減溉；加以清言，〔二〕殆將難及。」卽召爲太子舍人。御幸華光殿，詔洽及沆、蕭琛、任昉侍宴，賦二十韻詩，以洽辭爲工，賜絹二十疋。上謂昉曰：「諸到可謂才子。」昉曰：「臣常竊議，宋得其武，梁得其文。」遷司徒主簿，直待詔省，敕使抄甲部書爲十二卷。遷尚書殿中郎。後爲太子中舍人，與庶子陸倕對掌東宮管記。俄爲侍讀，侍讀省仍置學士二人，洽充其選。遷國子博士，奉敕撰太學碑。累遷尚書吏部郎，請託不行。徙左丞，準繩不避貴戚。時帝欲親戎，軍國禮容多自洽出。

尋遷御史中丞，號爲勁直。少與劉孝綽善，下車便以名教隱穢，首彈之。孝綽託與諸弟書，實欲聞之湘東王。公事左降，猶居職。舊制中丞不得入尚書下舍，洽兄溉爲左戶尚書，洽引服親不應有礙，刺省詳決。左丞蕭子雲議許入溉省，亦以其兄弟素篤不相別也。出爲尋陽太守。卒，贈侍中，謚理子。洽美容質，善言吐，弱年聽伏曼容講，未嘗傍膝，伏深歎之。文集行於世。子仲舉。

仲舉字德言，無他藝業，而立身耿正。仕梁爲長城令，政號廉平。陳文帝居鄉里，嘗詣仲舉，時天陰雨，仲舉獨坐齋內，聞城外有簫鼓聲，俄而文帝至，仲舉異之，乃深自結。帝又嘗因飲夜宿仲舉帳中，忽有神光五采照于室內，由是祗事益恭。及侯景平，文帝爲吳興太守，以仲舉爲郡丞，與潁川庾持俱爲文帝賓客。文帝嗣位，授侍中，參掌選事。天嘉元年，守都官尚書，封寶安縣侯。三年，遷尚書左僕射、丹陽尹，參掌如故。改封建昌縣侯。

仲舉旣無學術，朝章非其所長，選舉引用，皆出自袁樞。性疎簡，不干時務，與朝士無所親狎，但聚財酣飲而已。文帝積年寢疾，不親萬機，尚書中書事，皆使仲舉斷決。〔三〕天康元年，遷侍中、尚書僕射。文帝疾甚，入侍醫藥。及帝崩，宣帝受遺詔爲尚書令入輔，〔四〕仲舉與左丞王暹、中書舍人劉師知、殷不佞，以朝望有歸，乃遣不佞宣旨遣宣帝還東府，事發，師知下獄賜死，暹、不佞並付推，乃以仲舉爲貞毅將軍、金紫光祿大夫。

初，仲舉子郁尙文帝妹信義長公主，官至中書侍郎，出爲宣城太守，文帝配以士馬。是年，遷南康內史，以國哀未之任。仲舉旣廢居私宅，與郁皆不自安。時韓子高在都，人馬素盛，郁每乘小輿蒙婦人衣與子高謀。子高軍主告其事，宣帝收子高、仲舉及郁，並於獄賜死。郁諸男女以帝甥獲免。

垣護之字彥宗，略陽桓道人也。〔一三〕族姓豪强，石季龍時，自略陽徙鄴。祖敞仕苻氏，爲長樂國郎中令。伯父遵、父苗仕慕容超，並見委任。遵爲尚書，苗爲京兆太守。宋武帝圍廣固，遵、苗踰城歸降，並以爲太尉行參軍。元嘉中，遵爲員外散騎常侍，苗屯騎校尉，仍家下邳。

護之少倜儻，不拘小節，形狀短陋而氣幹强果。元嘉初爲殿中將軍，隨到彥之北侵魏。彥之將回師，護之書諫，彥之不納，散敗而歸。文帝聞而善之。累遷鍾離太守，隨王玄謨入河。玄謨攻滑臺，護之百舸爲前鋒，進據石濟。及魏救將至，馳書勸玄謨急攻之，不見從。玄謨敗退，不暇報護之，而魏軍悉牽玄謨水軍大艚，連以鐵鎖三重，斷河以絕護之還路。河水迅急，護之中流而下，每至鐵鎖，以長柯斧斷之，魏人不能禁。唯失一舸，餘舸並全。留戍糜溝城。還爲江夏王義恭驃騎戶曹參軍，戍淮陰，領濟北太守。

三十年，文帝崩，還屯歷下。孝武入討，率所領馳赴，帝以爲冀州刺史。及南郡王義宣反，兗州刺史徐遺寶，護之妻弟也，與護之書，勸使同逆。護之馳使以聞，率軍隨沈慶之等擊魯爽。義宣率大衆至梁山，與王玄謨相持，柳元景率護之及護之弟詢之、柳叔仁、鄭琨等出鎮新亭，玄謨求救，〔一六〕上遣元景等進據南州。護之水軍先發，大破賊將龐法起，元景乃以精兵配護之追討，會朱脩之已平江陵，至尋陽而還。遷徐州刺史，封益陽縣侯。後拜青、冀二州刺史，鎮歷城。

大明三年，〔一七〕徵爲右衞將軍還，於道聞竟陵王誕據廣陵反，護之卽率部曲受車騎大將軍沈慶之節度。事平，轉臨淮太守，徙豫州刺史。護之所莅，多聚斂賄貨，七年，坐下獄免官。明年，起爲太中大夫，未拜，以憤卒。謚壯侯。

崇祖字敬遠，一字僧寶，護之弟子也。父詢之，驍敢有氣力。元凶弒逆，副輔國將軍張柬。〔一八〕時張超之手行大逆，〔一九〕亦領軍隸柬，詢之規殺之，慮柬不同，柬宿有此志，又未測詢之同否，互相觀察。會超之來論事，柬色動，詢之覺之，卽共定謀，遣召超之。超之疑之不至，改宿他所，詢之不知，逕往斫之，殺其僕於牀，因與柬南奔。時孝武已卽位，以爲積射將軍。梁山之役，力戰中流矢卒，贈冀州刺史。

崇祖年十四，有幹略，伯父護之謂門宗曰：「此兒必大吾門。」後隨徐州刺史薛安都入魏。尋又率門宗據朐山歸宋，求淮北立功，明帝以爲北琅邪、蘭陵二郡太守，封下邳子。及齊高帝鎮淮陰，崇祖時戍朐山，既受都督，祗奉甚至，帝以其武勇，善待之，崇祖謂其妹夫皇甫肅曰：「此眞吾君也」，遂密布誠節。高帝威名已著，宋明帝尤所忌疾，徵爲黃門郎，規害高帝，崇祖建策以免，由是甚見親，參豫密謀。元徽末，高帝懼禍，令崇祖入魏。崇祖卽以家口託皇甫肅，勒數百人將入魏界，更聽後旨，會蒼梧廢，召崇祖還都。及齊高帝新踐阼，恐魏致討，以送劉昶爲辭。以爲軍衝必在壽春，非崇祖莫可爲捍，徙爲豫州刺史、監豫、司二州諸軍事，封望蔡侯。

建元二年，魏遣劉昶攻壽春，崇祖乃於城西北立堰塞肥水，堰北起小城，使數千人守之。謂長史封延伯曰：「虜必悉力攻小城，若破此堰，放水一激，急逾三峽，自然沈溺，豈非小勞而大利邪？」〔二〇〕及魏軍由西道集堰南，分軍東路，肉薄攻小城，崇祖著白紗帽，肩輿上城，手自轉式，日晡時，決小史埭，水勢奔下，魏攻城之衆，溺死千數，大衆退走。初，崇祖於淮陰見高帝，便自比韓、白，唯上獨許之。及破魏軍啓至，上謂朝臣曰：「崇祖恒自擬韓、白，今眞其人也。」進爲都督。崇祖聞陳顯達、李安人皆增給軍儀，乃啓求鼓吹橫吹。上敕曰：「韓、白何可不與衆異。」給鼓吹一部。

崇祖慮魏復攻淮北，啓徙下蔡戍於淮東。其冬，魏果欲攻下蔡，及聞內徙，乃揚聲平除故城。衆疑魏當於故城立戍，崇祖曰：「下蔡去鎭咫尺，魏豈敢置戍，實是欲除此城，正恐奔走，殺之不盡耳。」魏果夷掘下蔡城，崇祖大破之。

武帝卽位，爲五兵尚書，領驍騎將軍。初，豫章王有盛寵，武帝在東宮，崇祖不自附。及破魏軍，詔使還朝，與共密議，武帝疑之，曲加禮待。酒後謂曰：「世間流言，我已豁懷抱，自今已後，富貴見付也。」崇祖拜謝。及去後，高帝復遣荀伯玉敕以邊事，受旨夜發，不得辭東宮，武帝以爲不盡誠心，銜之。永明元年，詔稱其與荀伯玉搆扇邊荒，誅之。故人無敢至者，獨有前豫州主簿夏侯恭叔出家財爲殯，時人以比欒布。

恭叔譙國人，崇祖爲豫州，聞其才義，辟爲主簿，兼掌書翰。高帝卽位，方鎭皆有賀表，王儉見崇祖啓，咨嗟良久，曰：「此恭叔辭也。」時宋氏封爵，隨運遷改，〔三〕恭叔以柳元景中興元勳，劉劻殞身王事，不宜見廢，上表論之，甚有義理。事雖不從，優詔見答。後爲竟陵令，惠化大行。木連理，上有光如燭，咸以善政所致。

滎祖字華先，崇祖從父兄也。父諒之，宋北中郎府參軍。滎祖少學騎射，或曰：「何不學書？」滎祖曰：「曹操、曹丕，上馬橫槊，下馬談論，此可不負飲食矣。君輩無自全之伎，何異犬羊乎。」

宋孝建中，爲後軍參軍。伯父豫州刺史護之子襲祖爲淮陽太守，孝武以事徙之嶺南，護之不食而死。帝疾篤，又使殺襲祖。臨死與滎祖書曰：「弟嘗勸我危行言遜，今果敗矣。」

明帝初卽位，四方反，除榮祖冗從僕射，遣還徐州，說刺史薛安都曰：「天之所廢，誰能與之？使君今不同八百諸侯，如下官所見，非計中也。」安都曰：「今京都無百里地，莫論攻圍取勝，自可相拍手笑殺；且我不欲負孝武。」榮祖曰：「孝武之行，足致餘殃，今雖天下雷同，正是速死，無能爲也。」安都曰：「不知諸人云何，我不畏此，大蹄馬在近，急便作計。」榮祖被拘不得還，因爲安都將領。安都引魏軍入彭城，榮祖攜家屬南奔朐山。齊高帝在淮陰，榮祖歸附，高帝保持之。及宋明帝崩，高帝書送榮祖詣僕射褚彥回，除東海太守。彥回謂曰：「蕭公稱卿幹略，故以郡相處。」

榮祖善彈，登西樓，見翔鵠雲中，謂左右當生取之。於是彈其兩翅，毛脫盡，墜地無傷，養毛生後飛去，其妙如此。

元徽末，蒼梧凶狂，恒欲危害高帝。帝欲奔廣陵起事，荀伯玉等皆贊成之。榮祖諫曰：「領府去臺百步，公走人豈不知。若單騎輕行，廣陵人一旦閉門不相受，公欲何之？公今動足下牀，恐便有叩臺門者，公事去矣。」蒼梧明夕自至領府扣門，欲害帝，帝嘗以書案下安鼻爲楯，以鐵爲書鎮如意，甚壯大，以備不虞，欲以代杖。蒼梧至府，而曰：「且申今夕，須至一處作適，〔三〕還當取奴。」尋遇殺。齊高帝謂榮祖曰：「不用卿言，幾無所成。」豫佐命勳，封將樂縣子。

永明二年，爲尋陽相、南新蔡太守。被告作大形棺材盛仗，使鄉人載度江北，案驗無實，見原。後拜兗州刺史。初，巴東王子響事，方鎭皆啓稱子響爲逆，榮祖曰：「此非所宜言，政應云劉寅等孤負恩獎，逼迫巴東，使至於此。」時諸啓皆不得通，事平後，上乃省視，以榮祖爲知言。九年卒。

從弟歷生，亦爲驍將，位太子右率。性苛暴，與始安王遙光同反，伏誅。

閎字叔通，榮祖從父也。父遵，位員外常侍。閎爲宋孝武帝南中郎參軍。孝武帝卽位，以爲交州刺史。時交土全實，閎罷州還，資財鉅萬。孝武末年貪慾，刺史二千石罷任還都，必限使獻奉，又以蒱戲取之，要令罄盡乃止。閎還至南州，而孝武晏駕，擁南資爲富人。明帝初，以爲司州刺史。北破薛道摽，封樂鄉縣男。出爲益州刺史。蜀還之貨，亦數千金，先送獻物，傾西資之半，明帝猶嫌其少。及閎至都，詣廷尉自簿，先詔獄官留閎，於是悉送資財，然後被遣。凡蠻夷不受鞭罰，輸財贖罪，謂之賧，時人謂閎被賧刺史。歷度支尙書，衞尉。

齊高帝輔政，使褚彥回爲子晃求閎女，閎辭以「齊大非偶」，帝雖嘉其退讓，而心不能歡，卽以晃婚王伷女。謂豫章王嶷曰：「前欲以白象與垣公婚者，重其夷澹，事雖不遂，心常依然。」白象，晃小字也。及高帝卽位，以有誠心，封爵如故。卒於金紫光祿大夫，謚曰定。子憘伯襲爵。

憘伯少負氣豪俠，妙解射雉，尤爲武帝所重，以爲直閤將軍。與王文和俱任，頗以地勢陵之。後出爲巴西、梓潼二郡太守，時文和爲益州刺史，曰：「每憶昔日俱在閤下，卿時視我，如我今日見卿。」因誣其罪，馳信啓之，又輒遣蕭寅代憘伯爲郡。憘伯亦別遣啓臺，閉門待報，寅以兵圍之。齊明帝輔政，知其無罪，不欲乖文和，乃敕憘伯解郡。還爲寅軍所躡，束手受害。

閎弟子曇深，以行義稱。爲臨城縣，罷歸，得錢十萬，以買宅奉兄，退無私蓄。先是劉楷爲交州，謂王儉曰：「欲一人爲南土所聞者同行。」儉良久曰：「得之矣。昔垣閎爲交州，閎弟閲又爲九眞郡，皆著信南中。羽林監曇深者，閎之子也，雅有學行，當令同行。」及隨楷，未至交州而卒，楷惆悵良久。曇深妻鄭氏，字獻英，滎陽人，時年二十，子文凝始生，仍隨楷到鎭。晝夜紡織，傍無親援，年旣盛美，甚有容德，自厲冰霜，無敢望其門者。居一年，私裝了，乃告楷求還。楷大驚曰：「去鄉萬里，固非孀婦所濟」，遂不許。鄭又曰：「垣氏羇魂不反，而其孤藐幼，妾若一同灰壤，則何面目以見先姑。」因大悲泣。楷愴然許之，厚爲之送，於是間關危險，遂得至鄉。葬畢，乃曰：「可以下見先姑矣。」時文凝年甫四歲，親教經禮，訓以義方，州里稱美。

又有吳興丘景賓，字彥先，亦以節義聞。父康祖，無錫令，亡後，僮僕數十人及宅宇產畜，景賓悉讓與兄鎮之。鎮之又推齋屋三間與之，亦不肯受。太守孔山士歎曰：「聞柳下惠之風，貪夫廉，懦夫有立志。復見之矣。」終於奉朝請。

張興世字文德，竟陵人也。本單名世，宋明帝益爲興世。少家貧，白衣隨王玄謨伐蠻。後隨孝武鎮尋陽，補南中郎參軍督護，從入討元凶。及南郡王義宣反，又隨玄謨出梁山，有戰功。

明帝卽位，四方反叛，進興世龍驤將軍，領水軍拒南賊。時臺軍據赭圻，朝廷遣吏部尚書褚彥回就赭圻行選。是役也，皆先戰授位，檄板不供，由是有黃紙札。南賊屯在鵲尾，旣相持久不決，興世建議曰：「賊據上流，兵張地勝，今以奇兵潛出其上，使其首尾周惶，進退疑沮，〔三〕糧運艱礙，乃制勝之奇。」沈攸之、吳喜並贊其計，分戰士七千配之。興世乃令輕舸泝流而上，旋復回還，一二日中輒復如此，使賊不爲之防。賊帥劉胡聞興世欲上，笑之曰：「我尚不敢越彼下取揚州，興世何人欲據我上。」興世謂攸之等曰：「上流唯有錢溪可據。」乃往據之。及劉胡來攻，將士欲迎擊之，興世曰：「賊來尚遠而氣驟盛矣。夫驟既力盡，盛亦易衰，此曹劌所以破齊也。將士不得妄動。」賊來轉近，興世乃命壽寂之、任農夫率壯士擊走之。袁顗慍曰：「賊據人肝藏裏，云何得活。」是月朔，赭圻軍士伐木爲柵，於青山遇一童子曰：「賊下旬當平，無爲自苦。」忽不見。至是果敗。興世又遏其糧道，賊衆漸飢，劉胡棄軍走，袁顗仍亦奔散，興世遂與吳喜共平江陵。遷右軍將軍，封作唐縣侯。歷雍州刺史，左衞將軍。以疾，徙光祿大夫，尋卒。

興世居臨沔水，自襄陽以下至于江二千里，先無洲嶼，興世初生，當其門前水中，一旦忽生洲，年年漸大。及興世爲方伯，而洲上遂十餘頃。〔二四〕

父仲子由興世致位給事中，興世欲將往襄陽，愛鄉里不肯去。嘗謂興世曰：「我雖田舍老公，樂聞鼓角，汝可送一部，行田時欲吹之。」興世素恭謹畏法，譬之曰：「此是天子鼓角，非田舍公所吹。」興世欲拜墓，仲子謂曰：「汝衞從太多，先人必當驚怖。」興世減撤而行。子欣泰。

欣泰字義亨，不以武業自居，好隸書，讀子史。年十餘，詣吏部尚書褚彥回，彥回問：「張郎弓馬多少？」答曰：「性怯畏馬，無力牽弓。」彥回甚異之。歷諸王府佐。

宋元徽中，與世在家，擁雍州還資見錢三千萬，蒼梧王自領人劫之，一夜垂盡，與世憂懼病卒。欣泰兄欣華時爲安成郡，欣泰悉封餘財以待之。齊建元初，爲尚書都官郎。武帝與欣泰早款遇，及卽位，以爲直閤將軍。後爲武陵內史，坐臟私殺人被糾，見原。還復爲直閤、步兵校尉，領羽林監。

欣泰通涉雅俗，交結多是名素，下直輒著鹿皮冠，衲衣錫杖，挾素琴。有以啓武帝，帝曰：「將家兒，何敢作此舉止。」後從駕出新林，敕欣泰廉察，欣泰停仗，於松樹下飲酒賦詩。制局監呂文度以啓武帝，帝大怒，遣出。數日意釋，召謂曰：「卿不樂武職，當處卿淸貴。」〔二五〕除正員郎。出爲鎭軍中兵參軍、南平內史。〔二六〕

巴東王子響殺僚佐，上遣中庶子胡諧之西討，使欣泰爲副。欣泰謂諧之曰：「今太歲在西南，逆歲行軍，兵家深忌，若且頓軍夏口，宣示禍福，可不戰而禽也。」諧之不從，進江津，尹略等見殺。事平，欣泰徙爲隨王子隆鎭西中兵，改領河東內史。子隆深相愛重，數與談宴，意遇與謝朓相次。典籤密啓之，武帝怒，召還都。屏居家巷，置宅南岡下，面接松山，欣泰負弩射雉，恣情閑放，聲伎雜藝，頗多開解。〔二七〕明帝卽位，爲領軍長史，遷諮議參軍。上書陳便宜二十條，其一條言宜毀廢塔寺，帝並優詔報答。

建武二年，魏圍鍾離，欣泰爲軍主，隨崔慧景救援。及魏軍退，而邵陽洲上餘兵萬人，求輸馬五百匹假道，慧景欲斷路攻之。欣泰說慧景曰：「歸師勿遏，古人畏之，死地兵不可輕也。」慧景乃聽過。時領軍蕭坦之亦援鍾離，還啓明帝曰：「邵陽洲有死賊萬人，慧景、欣泰放而不取」。帝以此皆不加賞。

四年，出爲永陽太守。永元初，還都。崔慧景圍城，欣泰入城守備。事寧，除廬陵王安東司馬。梁武帝起兵，東昏以欣泰爲雍州刺史。欣泰與弟前始安內史欣時密謀結太子右率胡松、前南譙太守王靈秀、直閤將軍鴻選、含德主帥苟勵、直後劉靈運等，並同契會。帝遣中書舍人馮元嗣監軍救郢，茹法珍、梅蟲兒及太子右率李居士、制局監楊明泰等十餘人相送中興堂。欣泰等使人懷刀，於坐斫元嗣，頭墜果柈中。又斫明泰，破其腹。蟲兒傷數創，手指皆墮。居士踰牆得出，茹法珍亦散走還臺。靈秀仍往石頭迎建安王寶寅，率文武數百，唱警蹕，至杜姥宅。欣泰初聞事發，馳馬入宮，冀法珍等在外，城內處分，必盡見委，因行廢立。既而法珍得返，處分關門上仗，不配欣泰兵，鴻選在殿內亦不敢發，城外衆尋散。少日事覺，欣泰、胡松等皆伏誅。

欣泰少時，有人相其當得三公，而年裁三十。後屋瓦墜傷額，又問相者，云：「無復公相，年壽更增，亦可得方伯耳。」死時年三十六。

論曰：王仲德受任二世，能以功名始終。入關之役，檀、王咸出其下。元嘉北討，則受督於人，有蘭生之志，而無關公之憤，長者哉。道豫雖地居豐、沛，榮非恩假，時歷四代，人焉不絕，文武之道，不墜斯門，殆爲優矣。垣氏宋、齊之際，世著武節，崇祖陳力疆場，以韓、白自許，竟而杜郵之酷，可爲痛哉。興世鵲浦之奇，遠有深致，其垂組建旆，豈徒然也。

校勘記

〔一〕而暴雨莫知津徑　「徑」各本作「逗」，太平御覽六五八引南史及通志並作「徑」。「津逗」無義，今改正。

〔二〕今日投草莽則同匹夫　「今日」宋書作「今自」。

〔三〕仲德率龍驤將軍朱牧寧遠將軍竺靈秀嚴綱等開鉅野入河　「牧」朱齡石傳作「枚」。宋書於本傳作「牧」，於朱齡石傳作「林」。

〔四〕今賊去我猶自千里　「今賊」二字各本並脫，據宋書補。

〔五〕十月魏軍向金墉城　「十月」各本作「十年」，據宋文帝元嘉七年紀及通志改。

〔六〕撝問訊不修部下敬　「部下」南齊書作「民」，此避唐諱改。

〔七〕恒提攜溉洽二人　「恒」各本作「坦」，據通志改。

〔八〕方古信爲儔　「方古」元大德本作「万古」；其他各本作「萬古」。按「萬古」一詞用之於此不合。蓋「方」誤爲「万」，「万」又易爲「萬」。今據册府元龜八八二改正。

〔九〕百代易名實　「代易」二字各本互倒，據太平御覽六九三引、通志乙正。

〔一〇〕溉忤之如初　「忤」各本作「仵」或「許」。册府元龜六三七作「計」；九三九作「忤」。今改從「忤」。

〔一一〕石即迎置華林園宴殿前　按華林園有宴居殿，疑此脫「居」字。

〔一二〕加以清言　「以」各本作「此」，據梁書改。

〔一三〕尚書中書事皆使仲舉斷決　「尚書中書事」陳書作「尚書中事」。按傳不言仲舉爲中書，疑此衍一「書」字。

〔一四〕宣帝受遺詔爲尚書令入輔　「詔」字各本並脫，據陳書補。

〔一五〕略陽桓道人也　「桓道」各本作「垣道」，據宋書改。

〔一六〕玄謨求救　「救」字各本並脫，據宋書補。

〔一七〕大明三年　「三」各本作「二」。按下云「於道聞竟陵王誕據廣陵反」，誕之反在孝武大明三年，見本紀。今改正。

〔一八〕副輔國將軍張柬　「副」各本作「嗣」，據宋書垣護之傳改。按通志作「隸」，錢大昕廿二史考異：

「當是隸字。」或以下文「亦領軍隸東」而推及之。

〔一九〕時張超之手行大逆　「之」字各本皆脫。元凶劭傳、宋書二凶傳、通鑑並作「張超之」，今補正。

〔二〇〕豈非小勞而大利邪　「利」各本作「制」，據南齊書、册府元龜三六三改。

〔二一〕時宋氏封爵隨運遷改　「運」各本譌「軍」，今改正。

〔二二〕而曰且申今夕須至一處作適　「而曰」、「今夕」各本作「而日」、「令夕」，據通志改。

〔二三〕進退疑沮　「沮」各本作「阻」，據宋書、通志改。

〔二四〕而洲上遂十餘頃　「上」通志作「大」。

〔二五〕當處卿清貴　「貴」南齊書作「貫」。

〔二六〕出爲鎮軍中兵參軍南平內史　「中兵」上各本衍「南」字，據南齊書、册府元龜三九八刪。

〔二七〕頗多開解　「開」南齊書作「閑」。

南史卷二十六

列傳第十六

袁湛 弟豹 豹子淑 淑兄子顗 顗從弟粲 顗弟子彖 彖從弟昂

馬仙琕 昂子君正 君正子樞 憲 君正弟敬 泌

袁湛字士深，陳郡陽夏人也。祖耽，晉歷陽太守，父質，琅邪內史，並知名。湛少與弟豹並爲從外祖謝安所知，安以其兄子玄女妻湛。

宋武帝起兵，以爲鎭軍諮議參軍。以從征功，封晉寧縣五等男。義熙十二年，爲尙書右僕射。武帝北伐，湛兼太尉，與兼司空尙書范泰奉九命禮物拜授武帝，〔一〕帝沖讓。湛等隨軍至洛陽，住栢谷塢。泰議受使未畢，不拜晉帝諸陵，湛獨至五陵展敬，時人美之。

初，陳郡謝重，王胡之外孫也，於諸舅敬禮多闕，重子絢，湛之甥也，嘗於公坐慢湛，湛正色謂曰：「汝便是兩世無渭陽情。」絢有愧色。十四年，卒，贈左光祿大夫。文帝卽位，以后父贈侍中，以左光祿大夫，開府儀同三司，諡曰敬公。大明三年，孝武幸籍田，經湛墓，遣使致祭，增守墓五戶。

子淳，淳子植，並早卒。

湛弟豹字士蔚，好學博聞，善談雅俗。每商較古今，兼以誦詠，聽者忘疲。爲御史中丞時，鄱陽縣侯孟懷玉上母檀拜國太夫人，有司奏許。豹以婦人從夫爵，懷玉父大司農綽見居列卿，妻不宜從子。奏免尚書右僕射劉柳等官，詔並贖論。後爲丹陽尹，太尉長史，義熙九年，卒官。以參伐蜀謀，追封南昌縣五等子。子淑。

淑字陽源，少有風氣。年數歲，伯父湛謂人曰：「此非凡兒。」至十餘歲，爲姑夫王弘所賞，博涉多通，不爲章句學。文采遒豔，從橫有才辯。彭城王義康命爲司徒祭酒。義康不好文學，雖外相禮接，意好甚疎。從母兄劉湛欲其附己，而淑不爲改意，由是大相乖失。淑乃賦詩曰：「種蘭忌當門，懷璧莫向楚。楚少別玉人，門非植蘭所。」尋以久疾免官。

元嘉二十六年，累遷尚書吏部郎。其秋大舉北侵，從容曰：「今當席卷趙、魏，檢玉岱宗，願上封禪書一篇。」文帝曰：「盛德之事，我何足以當之。」出爲始興王濬征北長史、南東海太守。淑始到府，濬引見謂曰：「不意舅遂垂屈佐？」淑答曰：「朝廷遣下官，本以光公府望也。」還爲御史中丞。

時魏軍南伐至瓜步，文帝使百官議防禦之術，淑上議，其言甚誕。淑喜誇，每爲時人所嘲。始與王濬嘗送錢三萬餉淑，一宿復遣人追取，謂爲使人謬誤，欲以戲淑，淑與濬書曰：「聞之前志曰，『七年之中，一與一奪，義士猶或非之』。況密邇旬次，何其裒益之亟也。竊恐二三諸侯有以觀大國之政。」遷太子左衞率。

元凶將爲逆，其夜淑在直，呼淑及蕭斌等，流涕告以「明旦當行大事，望相與勠力」。淑、斌並曰：「自古無此，願加善思。」劭怒，斌懼曰：「謹奉令。」淑叱之曰：「卿便謂殿下眞有是邪？殿下幼時嘗患風，或是疾動耳。」劭愈怒，因問曰：「事當剋不？」淑曰：「居不疑之地，何患不剋；但旣剋之後，爲天地所不容，大禍亦旋至耳。」劭左右引淑衣曰：「此是何事，而可言罷。」劭因起，賜淑等袴褶，又就主衣取錦，裁三尺爲一段，又中裂之，分斌與淑及左右，使以縛袴褶。淑出還省，繞牀至四更乃寢。劭將出，已與蕭斌同載，呼淑甚急，淑眠終不起。劭停車奉化門，催之相續。徐起至車後，劭使登車，辭不上。劭命左右殺之於奉化門外槐樹下。劭卽位，追贈太常。孝武卽位，贈侍中、太尉，謚曰忠憲公。又詔淑及徐湛之、江湛、王僧綽、卜天與四家長給稟。〔三〕淑文集傳於世。諸子並早卒。

兄洵，吳郡太守，謚曰貞。洵子顗。

顗字國章，〔三〕初爲豫州主簿，累遷晉陵太守，襲南昌縣五等子。大明末，拜侍中，領前軍將軍。時新安王子鸞以母嬖有盛寵，太子在東宮多過，上微有廢太子立子鸞之意，從容言之。顗盛稱太子好學，有日新之美。帝怒，振衣而入，顗亦厲色而出。左丞徐爰言於帝，請宥之，帝意解。後帝又以沈慶之才用不多，言論頗相嗤毀，顗又陳慶之忠勤有幹略，堪當重任。由是前廢帝深感顗，慶之亦懷其德。

景和元年誅羣公，欲引進顗，任以朝政，遷爲吏部尚書，封新淦縣子。〔四〕俄而意趣乖異，寵待頓衰，始令顗與沈慶之、徐爰參知選事；尋復反以爲罪，使有司糾奏，坐白衣領職。從幸湖熟，往反數日不被命，顗慮禍求出，乃除建安王休仁安西長史。休仁不行，即以顗爲領寧蠻校尉、雍州刺史，加都督。顗舅蔡興宗謂曰：「襄陽星惡，〔五〕豈可冒邪？」顗曰：「白刃交前，不救流矢。今日之行，本願生出虎口。且天道遼遠，何必皆驗？如其有徵，當修德以禳之。」於是狼狽上路，恒慮見追。後至尋陽，曰：「今知免矣。」與鄧琬款狎過常，每清閑必盡日窮夜。顗與琬人地本殊，衆知其有異志矣。

及至襄陽，使劉胡繕修兵械，會明帝定大事，進顗號右將軍。遣荆州典籤邵宰乘驛還江陵，道由襄陽。顗反意已定，而糧仗未足，欲且奉表於明帝。顗子祕書丞戩曰：「一奉表疏，便爲彼臣，以臣伐君，於義不可。」顗從之。顗詐云被太皇太后令，使其起兵。便建牙馳檄，奉勸晉安王子勛卽大位，與琬書使勿解甲。子勛卽位，進顗號安北將軍，加尙書左僕射。顗本無將略，在軍中未嘗戎服，語不及戰陣，唯賦詩談義而已，〔六〕不能撫接諸將。劉胡每論事，酬對甚簡，由此大失人情，胡常切齒恚恨。

胡以南運未至，軍士匱乏，〔七〕就顗換襄陽之資。顗答曰：「都下兩宅未成，方應經理，不可損徹。」又信往來之言，言都下米貴，斗至數百，以爲不勞攻伐，行自離散，於是擁甲以待之。明帝使顗舊門生徐碩奉手詔譬顗曰：「卿未經爲臣，今追蹤竇融，猶未晚也。」及劉胡叛走不告顗，顗至夜方知，大怒，罵曰：「今年爲小子所誤。」呼取飛燕，謂其衆曰：「我當自出追之。」因又遁走。至鵲頭，與戍主薛伯珍及其所領數千，步取青林，欲向尋陽。夜止山間宿，殺馬勞將士。顗顧伯珍曰：「我舉八州以謀王室，未一戰而散，豈非天邪。非不能死，豈欲草間求活，望一至尋陽，謝罪主上，然後自刎耳。」因慷慨叱左右索節，無復應者。及旦，伯珍請求間言，乃斬顗首詣錢溪馬軍主襄陽俞湛之降。湛之因斬伯珍併送首以爲己功。明帝忿顗違叛，流尸於江，弟子彖收瘞於石頭後岡。後廢帝卽位，方得改葬。

顗子戩、昂。戩爲黃門侍郞，戍盆城。尋陽敗，伏誅。

粲字景倩，洵弟子也。父濯，揚州秀才，早卒。粲幼孤，祖哀之，名之曰愍孫。伯叔並當世榮顯，而愍孫飢寒不足。母琅邪王氏，太尉長史誕之女也。躬事績紡，以供朝夕。

愍孫少好學，有清才，隨伯父洵爲吳郡，擁弊衣讀書，足不踰戶。其從兄顗出遊，要愍孫，愍孫輒稱疾不動。叔父淑雅重之，語子弟曰：「我門不乏賢，愍孫必當復爲三公。」〔八〕或有欲與顗婚，顗父洵曰：「顗不堪，政可與愍孫婚耳。」愍孫在坐，流涕起出。早以操行見知，宋孝武即位，稍遷尙書吏部郎，太子右衞率，侍中。孝建元年，文帝諱日，羣臣並於中興寺八關齋，中食竟，愍孫別與黃門郎張淹更進魚肉食。尙書令何尙之奉法素謹，密以白孝武，孝武使御史中丞王謙之糾奏，並免官。

大明元年，復爲侍中，領射聲校尉，封興平縣子。三年，坐納山陰人丁承文貨，舉爲會稽郡孝廉，免官。五年，爲左衞將軍，加給事中。七年，轉吏部尙書，左衞如故。其年，皇太子冠，上臨宴東宮，與顏師伯、柳元景、沈慶之等並摴蒱，愍孫勸師伯酒，師伯不飲，愍孫因相裁辱曰：「不能與佞人周旋。」師伯見寵於上，上常嫌愍孫以寒素陵之，因此發怒曰：「袁濯兒不逢朕，員外郎未可得也，而敢以寒士遇物！」〔九〕將手刃之，命引下席。愍孫色不變，沈、柳並起謝，久之得釋。出爲海陵太守。

廢帝卽位，愍孫在郡，夢日墮其胸上，因驚。尋被徵管機密，歷吏部尚書，侍中，驍衞將軍。愍孫峻於儀範，廢帝倮之迫使走，愍孫雅步如常，顧而言曰：「風雨如晦，雞鳴不已。」明帝泰始元年，〔一〇〕爲司徒左長史、南東海太守。

愍孫淸整有風操，自遇甚高，嘗著妙德先生傳以續嵇康高士傳後以自況曰：「有妙德先生，陳國人也。氣志深虛，姿神淸映，性孝履順，棲沖業簡，有舜之遺風。先生幼夙多疾，性疎懶，無所營尚，然九流百氏之言，雕龍談天之藝，皆泛識其大歸，而不以成名。家貧嘗仕，非其好也。混其聲迹，晦其心用，席門常掩，三逕裁通。雖揚子寂漠，嚴叟沈冥，不是過也。修道遂志，終無得而稱焉。」又嘗謂周旋人曰：「昔有一國，國中一水號曰狂泉，國人飲此水無不狂，唯國君穿井而汲，獨得無恙。國人旣並狂，反謂國主之不狂爲狂，於是聚謀共執國主，療其狂疾。火艾針藥，莫不必具，〔一一〕國主不任其苦，於是到泉所酌水飲之，飲畢便狂，君臣大小其狂若一，衆乃歡然。我旣不狂，難以獨立，比亦欲試飲此水矣。」

幼慕荀奉倩爲人，孝武時求改名粲，不許，至明帝立，乃請改爲粲，字景倩。其外孫王筠又云：「明帝多忌諱，反語袁愍爲『殞門』，帝意惡之，乃令改焉。」二年，遷領軍將軍，仗士三十人入六門。其年，徙中書令，領太子詹事。三年，轉尚書僕射，尋領吏部。五年，加中書令，又領丹陽尹。

粲負才尙氣，愛好虛遠，雖位任隆重，不以事務經懷。獨步園林，詩酒自適。家居負郭，每杖策逍遙，當其意得，悠然忘反。郡南一家頗有竹石，粲率爾步往，亦不通主人，直造竹所，嘯詠自得。主人出，語笑款然。俄而車騎羽儀併至門，方知是袁尹。又嘗步屧白楊郊野間，道遇一士大夫，便呼與酣飲，明日此人謂被知顧，到門求進。粲曰：「昨飲酒無偶，聊相要耳。」竟不與相見。嘗作五言詩，言「訪迹雖中宇，循寄乃滄洲」。蓋其志也。

七年，爲尙書令。初，粲忤於孝武，其母候乘輿出，負塼叩頭流血，塼碎傷目。自此後，粲與人語，有誤道眇目者，輒涕泣彌日。嘗疾，母憂念，晝寢，夢見父容色如平生，與母語曰：「愍孫無憂，將爲國家器，不患沈沒。但恐富貴，終當傾滅耳。」母未嘗言及。粲貴重，恒懼傾滅，乃以告之，粲故自挹損。明帝臨崩，粲與褚彥回、劉勔並受顧命，加班劍二十人，給鼓吹一部。後廢帝卽位，加兵五百人。元徽元年，丁母憂，葬竟，攝令親職，加衞將軍，不受。性至孝，居喪毀甚，祖日及祥，詔衞軍斷客。

二年，桂陽王休範爲逆，粲扶曳入殿，詔加兵自隨，府置佐吏。時兵難危急，賊已至南掖門，諸將意沮，咸莫能奮。粲慷慨謂諸將帥曰：「寇賊已逼，而衆情離阻，孤子受先帝顧託，本以死報，今日當與褚護軍同死社稷。」〔三〕因命左右被馬，辭色哀壯。於是陳顯達等感激出戰，賊卽平殄。事寧，授中書監，卽本號開府儀同三司，領司徒。以揚州解爲府，固不肯移。三年，徙尚書令，衞軍、開府如故，並固辭，服終乃受命。加侍中，進爵爲侯，又不受。

時粲與齊高帝、褚彥回、劉彥節遞日入直，平決萬機。粲閑默寡言，不肯當事，主書每往諮決，或高詠對之。時立一意，則衆莫能改。素寡往來，門無雜賓，閑居高卧，一無所接。談客文士，所見不過一兩人。順帝卽位，遷中書監，司徒、侍中如故。

齊高帝旣居東府，故使粲鎭石頭。粲素靜退，每有朝命，逼切不得已，然後方就。及詔移石頭，卽便順旨。有周旋人解望氣，謂粲曰：「石頭氣甚凶，往必有禍。」粲不答。又給油絡通幰車，仗士五十人入殿。

時齊高帝方革命，粲自以身受顧託，不欲事二姓，密有異圖。劉彥節宋氏宗室，前湘州刺史王蘊太后兄子，素好武事，並慮不見容於齊高帝，皆與粲結，諸將帥黃回、任候伯、孫曇瓘、王宜興、彭文之、卜伯興等並與粲合。昇明元年，荆州刺史沈攸之舉兵反，齊高帝自詣粲，粲稱疾不見。粲宗人袁達以爲不宜示異同。粲曰：「彼若劫我入臺，便無辭以拒，一如此，不復得出矣。」時齊高帝入屯朝堂，彥節從父弟領軍將軍韞入直門下省，卜伯興爲直閤，黃回諸將皆率軍出新亭。粲剋日謀矯太后令，使韞、伯興率宿衞兵攻齊高帝於朝堂，〔一三〕回率軍來應，彥節、候伯等並赴石頭。事泄。先是，齊高帝遣將薛深、蘇烈、王天生等領兵戍石頭，云以助粲，實禦之也。又令腹心王敬則爲直閤，與伯興共總禁兵。王蘊聞彥節已奔，歎曰：「今年事敗矣。」乃狼狽率部曲向石頭，薛深等據門射之。蘊謂粲已敗，乃便散走。齊高帝以報敬則，敬則誅蘊并伯興，〔一四〕又遣軍主戴僧靜向石頭助薛深自倉門入。時粲與彥節等列兵登東門，僧靜分兵攻府西門，彥節與兒踰城出。粲還坐，列燭自照，謂其子最曰：「本知一木不能止大廈之崩，但以名義至此耳。」僧靜挺身暗往，奮刀直前欲斬之。子最覺有異，大叫抱父乞先死，兵士人人莫不隕涕。粲曰：「我不失忠臣，汝不失孝子。」仍求筆作啓云：「臣義奉大宋，策名兩畢，今便歸魂墳壠，永就山丘。」僧靜乃并斬之。

初，粲大明中與蕭惠開、周朗同車行，逢大航開駐車，惠開自照鏡曰：「無年可仕。」朗執鏡良久曰：「視死如歸。」粲最後曰：「當至三公而不終。」至是如言。

最字文高，時年十七，既父子俱殞，左右分散，任候伯等其夜並自新亭赴石頭，其後皆誅。

粲小兒數歲，乳母將投粲門生狄靈慶。靈慶曰：「吾聞出郎君者有厚賞，今袁氏已滅，汝匿之尚誰爲乎？」遂抱以首。乳母號泣呼天曰：「公昔於汝有恩，故冒難歸汝，奈何欲殺郎君以求小利。若天地鬼神有知，我見汝滅門。」此兒死後，靈慶常見兒騎大羖狗戲如平常，經年餘，鬬場忽見一狗走入其家，遇靈慶於庭噬殺之，少時妻子皆沒。此狗卽袁郎所常騎

者也。〔一五〕

齊永明元年，武帝詔曰：「袁粲、劉彥節並與先朝同奬宋室，沈攸之於景和之世特有乃心，雖末節不終，而始誠可錄。歲月彌往，宜沾優隆。」於是並命改葬。

粲省事莫嗣祖，粲常所委信，與劉彥節等宣密謀。至是齊高帝問曰：「汝知袁粲謀逆，何不啓？」嗣祖曰：「小人無識，曲蒙袁公厚恩，實不仰負，今日就死分甘。官若賜性命，亦不忍背粲而獨生也。」戴僧靜勸殺之。帝曰：「彼各爲其主。」遂赦焉，用爲省事。歷朝所賞。梁豫章王直新出閤，中旨用嗣祖爲師。

彖字偉才，顗弟覬之子也。覬好學美才，早有清譽，仕宋位武陵內史。彖少有風氣，善屬文及談玄，舉秀才，歷諸王府參軍，不就。覬臨終與兄顗書曰：「史公才識可喜，足懋先基矣。」〔一六〕史公，彖小字也。及顗見誅，宋明帝投尸江中，不許斂葬。彖與舊奴一人，微服求尸，四十餘日乃得，密瘞石頭後岡，身自負土。懷其文集，未嘗離身。明帝崩後，乃改葬顗。從叔司徒粲、祖舅征西將軍蔡興宗並器之。

仕宋爲齊高帝太傅相國主簿，秘書丞。仕齊爲中書郎，兼太子中庶子。又以中書郎兼御史中丞。坐彈謝超宗簡奏依違，免官。後拜廬陵王諮議。時南郡江陵縣人苟蔣之弟胡之婦爲曾口寺沙門所淫，夜入苟家，蔣之殺沙門，爲官司所檢，蔣之列家門穢行，欲告則恥，欲忍則不可，實己所殺，胡之列又如此，兄弟爭死。江陵令宗躬啓州，荆州刺史廬江王求博議。彖曰：「夫迅寒急節，乃見松筠之操，危機迴構，方識貞孤之風。竊以蔣之、胡之殺人，原心非暴，辯讞之日，友于讓生，事憐左右，義哀行路。昔文舉引謗，獲漏疏網，蔣之心迹，同符古人，若陷以深刑，實傷爲善。」由是蔣之兄弟免死。

累遷太子中庶子，出爲冠軍將軍，監吳興郡事。彖性剛固以微言忤武帝，又薄王晏爲人，晏請交不答。武帝在便殿用金柄刀子剸瓜，晏在側曰：「外聞有金刀之言，恐不宜用此物。」帝窮問所以，晏曰：「袁彖爲臣說之。」上銜怒良久。彖到郡，坐過用祿錢，免官付東冶。彖妹爲竟陵王子良妃，子良世子昭胄時年八歲，見武帝而形容慘悴，帝問其故，昭胄流涕曰：「臣舅負罪，今在尚方，臣母悲泣不食已積日，臣所以不寧。」帝曰：「特爲兒赦之。」既而帝遊孫陵，望東冶，曰：「冶中有一好貴囚。」數日，與朝臣幸冶，履行庫藏，因宴飲，賜囚徒酒肉，敕見彖與語，明日釋之。後爲侍中。彖充腴異衆，每從射雉郊野，數人推扶，乃能徒步。幼而母卒，養於伯母王氏，事之如親，閨門孝義。隆昌元年卒，謚靖子。

彖宗人廓之，字思度，宏之曾孫也。父景雋，宋世爲淮南太守，以非罪見誅。廓之終身不聽音樂，布衣蔬食，足不出門，示不臣於宋，時人以比晉之王裒。顏延之見其幼時，歎曰：

「有子如袁廓足矣。」〔一七〕齊國建，方出仕，稍至殿中郎，王儉、柳世隆傾心待之。爲太子洗馬。于時何僩亦稱才子，〔一八〕爲文惠太子作楊畔歌，辭甚側麗，太子甚悅。廓之諫曰：「夫楊畔者，既非典雅，而聲甚哀思，殿下當降意簫韶，奈何聽亡國之響。」太子改容謝之。

昂字千里，雍州刺史顗之子也，顗敗，藏於沙門。沙門將以出關，關吏疑非常人，沙門杖而語之，遂免。或云：顗敗時，昂年五歲，乳媼攜抱匿於廬山，州郡於野求之，於乳媼匿所見一彪，因去，遂免。會赦得出，猶徙晉安。在南唯勤學，至元徽中聽還，時年十五。初顗敗傳首建鄴，藏於武庫，以漆題顗名以爲誌，至是始還之。昂號慟嘔血，絕而復蘇，以淚洗所題漆字皆滅，人以爲孝感。葬訖，更制服廬于墓次，從兄彖常撫視抑譬之。

昂容質修偉，冠絕人倫，以父亡不以理，終身不聽音樂。後與彖同見從叔司徒粲，粲謂彖曰：「昂幼孤而能至此，故知名器自有所在。」仕齊爲王儉鎮軍府功曹史。儉後爲丹陽尹，於後堂獨引見昂，指北堂謂曰：「卿必居此。」累遷黃門郎。

昂本名千里，齊永明中，武帝謂曰：「昂昂千里之駒，在卿有之。今改卿名爲昂，卽字千里。」後爲衞軍武陵王長史。丁母憂，哀毀過禮，服未除而從兄彖卒。昂幼孤，爲彖所養，乃制朞服。人有怪而問之，昂致書以喻之曰：

竊聞禮由恩斷，服以情申，故小功他邦，加制一等，同爨有緦，明之典籍。孤子夙以不天，幼傾乾蔭，資敬未奉，過庭莫承，藐藐沖年，未達朱紫。從兄提養訓教，示以義方，每假其談價，虛其聲譽，得及人次，實亦有由。兼開拓房宇，處以華曠，同財共有，恣其取足，爾來三十餘年。憐愛之至，言無異色，姊妹孤姪，成就一時。篤念之深，在終彌固，此恩此愛，畢壤不追。既情若同生，而服爲諸從，言心即事，實未忍安。昔馬棱與從弟毅同居，毅亡，棱爲心服三年。由也之不除喪，亦緣情而致制。雖識不及古，誠懷感慕。常願千秋之後，從服朞齊；不圖門衰禍集，一旦草土，殘息復罹今酷。尋惟慟絕，彌劇彌深。今以餘喘，欲遂素志，庶寄其罔慕之痛，少伸無已之情。雖禮無明據，乃事有先例，率迷而至，必欲行之。臨紙哽咽，言不識次。

後爲御史中丞。時尚書令王晏弟詡爲廣州，多納賕貨，昂依事劾奏，不憚權家，當時號爲正直。

初，昂爲洗馬，明帝爲領軍，欽昂風素，頻降駕焉。及踐阼，奏事多留與語，謂曰：「我昔以卿有美名，親經相詣。」昂答曰：「陛下在田之日，遂蒙三顧草廬。」帝甚悅。尋出爲豫章內史，丁所生母憂去職。以喪還，江路風潮暴駭，昂乃縛衣著柩，誓同沉溺。及風止，餘船皆沒，唯昂船獲全，咸謂精誠所致。葬訖，起爲吳興太守。

永元末，梁武帝起兵，州郡望風皆降，昂獨拒境。帝手書喻之曰：

夫禍福無門，興亡有數，天之所棄，人孰能匡。機來不再，圖之宜早。頃藉聽道路，承欲狼顧一隅，既未喻雅懷，聊申往意。獨夫狂悖，振古未聞，窮凶極虐，歲月滋甚。天未絕齊，聖明啓運，億兆有賴，百姓來蘇。吾荷任前驅，掃除京邑，屠潰之期，當不云遠。兼熒惑出端門，太白入氐室，天文表於上，人事符於下，不謀同契，實在茲辰。且范岫、申冑久薦誠款，各率所守，仍爲掎角；而足下欲以區區之郡，禦堂堂之師，根本既傾，枝葉安附？今竭力昏主，未足爲忠，家門屠滅，非所謂孝。忠孝俱盡，將欲何依，去就之宜，幸加詳擇。

昂答曰：

都史至辱誨，承藉以衆論，謂僕有勤王之舉，兼蒙誚責，獨無送款。循復嚴旨，若臨萬仞。三吳內地，非用兵之所，況以偏隅一郡，何能爲役？近奉敕，以此境多虞，見使安慰。自承麾旆届止，莫不膝袒軍門，唯僕一人敢後至者，正以自揆庸素，文武無施，直是陳國賤男子耳。雖欲獻心，不增大軍之勇，置其愚默，寧沮衆帥之威。幸藉將軍含弘之大，可得從容以禮。竊以一飡微施，尚復投殞；況食人之祿，而頓忘一旦，非唯物議不可，亦恐明公鄙之。

建康城平，昂舉哀慟哭。時帝使豫州刺史李元履巡撫東土，敕元履曰：「袁昂道素之門，世有忠節，天下須共容之，勿以兵威陵辱。」元履至宣旨，昂亦不請降，開門徹備而已。及至，帝亦不問其過。

天監二年，以爲後軍臨川王參軍事。昂啓謝曰：

恩隆絕望之辰，慶集冥心之日，焰灰非喻，荑枯未擬。摳衣聚足，顛狽不勝。臣偏歷三墳，備詳六典，巡校賞罰之科，洞檢生死之律，莫不嚴五辟於明君之朝，峻三章於聖主之日。是以塗山始會，致防風之誅，酆邑方構，有崇侯之伐。未有緩憲於斮戮之人，賖刑於耐罪之族，出萬死入一生如臣者也。推恩及罪，在臣實大，披心瀝血，敢乞言之。

臣東國賤人，學行何取，既殊鳴雁直木，固無結綬彈冠，徒藉羽儀，易農就仕。往年濫職，守秩東隅，仰屬龔行，風驅電掩，當其時也，負鼎圖者日至，執玉帛者相望；獨在愚臣，頓昏大義，徇鴻毛之輕，忘同德之重。但三吳險薄，五湖交通，屢起田儋之變，每懼殷通之禍，空慕君魚保境，遂失師涓抱器。後至者斬，臣甘斯戮，明刑徇衆，誰曰不然。幸因約法之弘，承解網之宥，猶當降等薪粲，遂乃頓釋鉗赭。斂骨吹魂，還編黔庶，濯疵蕩穢，入楚遊陳，天波既洗，雲油遽沐。古人有言：非死之難，處死之難。臣之所荷，曠古不書，臣之所死，未知何地。」武帝答曰：「朕遺射鉤，卿無自外。」尋爲侍中，遷吏部尚書。帝謂曰：「齊明帝用卿爲黑頭尚書，我用卿爲白頭尙書，良以多愧。」對曰：「臣生四十七年于兹矣，四十以前，臣之自有，七年以後，陛下所養。七歲尙書，未爲晚達。」帝曰：「士固不妄有名。」

十五年，爲尙書左僕射，尋爲尙書令。時僕射徐勉勢傾天下，在昂處宴，賓主甚歡。勉求昂出內人傳盃，昂良久不出，勉苦求之。昂不獲已，命出五六人，始至齋閤，昂謂勉曰：「我無少年，老嫗並是兒母，非王妃母，便是主大家，今令問訊卿。」勉聞大驚求止，方知昂爲貴。

昂在朝謇諤，世號宗臣。昭明太子薨，立晉安王綱爲皇太子，昂獨表言宜立昭明長息歡爲皇太孫。雖不見用，擅聲朝野。自是告老乞骸骨，不干時務。

昂雅有人鑒，遊處不雜，入其門者號登龍門。大通中，位司空，大同六年，薨，時年八十。詔卽日舉哀。初，昂臨終遺疏不受贈謚，敕諸子不得言上行狀及立銘誌，凡有所須，悉皆停省。因復曰：「吾釋褐從仕，不期富貴，但官序不失等倫，衣食粗知榮辱，以此闔棺，無慚鄉里。往忝吳興，屬在昏明之際，既闇於前覺，無誠於聖朝，不識天命，甘貽顯戮，幸遇殊恩，得全門戶。自念負罪私門，階榮望絕，保存性命，以爲幸甚，不謂叨竊寵靈，一至於此。常欲竭誠酬報，申吾乃心，所以朝廷每興師北伐，吾輒啓求行。誓之丹款，實非矯言。旣庸懦無施，皆不蒙許，雖欲罄命，其議莫從。今日瞑目，畢恨泉壤，聖朝遵古，如吾名品，或有追遠之恩，脫有贈官，愼勿祇奉。」諸子累表陳奏，詔不許，謚曰穆正公。有集二十卷。

初，昂之歸梁，有馬仙琕者亦以義烈稱。

仙琕字靈馥，扶風郿人。父伯鸞，宋冠軍司馬。仙琕少以果敢聞，父憂毀瘠過禮，負土成墳，手植松栢。仕齊位豫州刺史。

梁武起兵，使其故人姚仲賓說之，仙琕先爲設酒，乃斬於軍門以徇。帝又遣其族叔懷遠說之，仙琕曰：「大義滅親。」又命斬之。懷遠號泣，軍中爲請乃免。

武帝至新林，仙琕猶於江西日抄運漕。建康城平，仙琕舉哀謂衆曰：「我受人任寄，義不容降，今衆寡不侔，勢必屠滅。公等雖無二心，其如親老何。我爲忠臣，君爲孝子，各盡其道，不亦可乎。」於是悉遣城內兵出降，餘壯士數十，閉門獨守。俄而兵入，圍之數十重。仙琕令士皆持滿，兵不敢近。日晚乃投弓曰：「諸君但來見取，我義不降。」乃檻送建康，至石頭而脫之。帝使待袁昂至俱入，曰：「使天下見二義士。」帝勞之曰：「射鉤斬袪，昔人弗忌，卿勿以戮使斷運苟自嫌絕也。」謝曰：「小人如失主犬，後主飼之，便復爲用。」帝笑而美之。俄而母卒，帝知其貧，賻給甚厚。仙琕號泣謂弟仲艾曰：「蒙大造之恩，未獲上報，今復荷殊澤，當與爾以心力自効耳。」

天監四年，師侵魏，仙琕每戰，恒冠三軍，與諸將論議，口未嘗言功。人問其故，仙琕曰：「大丈夫爲時所知，當進不求名，退不逃罪，乃平生願也，何功可論？」爲南義陽太守，累破山蠻，郡境清謐。以功封浛洭縣伯。遷司州刺史，進號貞威將軍。

魏豫州人白早生使以懸瓠來降，〔一九〕武帝使仙琕赴之，又遣直閤將軍武會超、馬廣率衆爲援。仙琕進頓楚王城，遣副將齊苟兒助守懸瓠。魏中山王英攻懸瓠，執齊苟兒，進禽馬廣送洛陽，仙琕不能救。會超等亦相次退散，魏軍進據三關，仙琕坐徵還爲雲騎將軍。

十年，朐山人殺琅邪太守劉晣，以城降魏，詔假仙琕節討之。魏徐州刺史盧昶以衆十餘萬赴焉，仙琕累戰破走之。進爵爲侯，還豫州刺史，加都督。

仙琕自爲將及居州郡，能與士卒同勞逸，身衣不過布帛，所居無幃幕衾屏，行則飲食與厮養最下者同。其在邊境，常單身潛入敵境，伺知壁壘村落險要處所，攻戰多克捷，〔二〇〕士卒亦甘心爲用，帝雅愛仗之。卒於州，贈左衞將軍，謚曰剛。初，仙琕幼名仙婢，及長以婢名不典，乃以玉代女云。子巖夫嗣。

昂子君正字世忠，少聰敏。年數歲，父疾，晝夜不眠，專侍左右。家人勸令暫臥，答曰：「官旣未差，眠亦不安。」歷位太子庶子。

君正美風儀，善自居處，以貴公子早得時譽。爲豫章內史。性不信巫邪，有師萬世榮稱道術，爲一郡巫長。君正在郡小疾，主簿熊岳薦之。師云：「須疾者衣爲信命。」君正以所著襦與之，事竟取襦，云「神將送與北斗君」。君正使檢諸身，於衣裏獲之，以爲亂政，卽刑於市而焚神，一郡無敢行巫。

遷吳郡太守。侯景亂，率數百人隨邵陵王綸赴援，及臺城陷，還郡。君正當官莅事有名稱，而蓄聚財產，服玩靡麗。賊遣張太墨攻之，新城戍主戴僧易勸令拒守，己以戍兵自外擊之，君正不能決。吳人陸映公等懼不濟，賊種族其家，勸之迎賊。君正性怯懦，乃送米及牛酒郊迎賊，賊掠奪其財物子女，因是感疾卒。子樞。

樞字踐言，美容儀，性沈靜，好學，手不釋卷。家本顯貴，貲產充積，而樞獨處率素，傍無交往，非公事未嘗出游，榮利之懷淡如也。

侯景之亂，樞往吳郡省父疾，丁父憂。時四方擾亂，人求苟免，樞居喪以至孝聞。王僧辯平侯景，鎮建鄴，衣冠爭往造請，樞杜門靜居，不求聞達。紹泰中，歷吏部尚書、吳興郡太守。陳永定中，徵爲侍中，掌選。遷都官尚書，掌選如故。

樞博學，明悉舊章。初，陳武帝長女永嗣公主，〔三〕先適陳留太守錢蔵，生子岊，主及岊並卒于梁時。武帝受命，唯主追封。至是將葬，尚書請議加蔵駙馬都尉，幷贈岊官。樞議曰：

昔王姬下嫁，必適諸侯。同姓爲主，聞於公羊之說；車服不繫，顯於詩人之篇。漢氏初興，列侯尚主，自斯以後，降嬪素族。駙馬都尉，置由漢武，或以假諸功臣，或以加於戚屬。是以魏曹植表駙馬、奉車取爲一號。齊職儀曰：「凡尚公主，必拜駙馬都尉，魏、晉以來，因爲瞻準。」蓋以王姬之重，庶姓之輕，若不加其等級，寧可合卺而酳。所以假駙馬之位，乃崇於皇女也。今公主早薨，伉儷已絕，既無禮數致疑，何須駙馬之授。案杜預尚晉宣帝第二女，晉武踐阼而主已亡，泰始中追贈公主，元凱無復駙馬之號。梁文帝女新安穆公主早薨，天監初，王氏無追拜之事。遠近二例，足以校明，無勞此授。今宜追贈亭侯。

時議以爲當。

天嘉三年，爲吏部尚書，領丹陽尹。以葬父拜表自解，詔令葬訖停宅視郡事，服闋還職。時僕射到仲舉雖參掌選事，銓衡汲引，並出於樞，舉薦多會上旨。謹愼周密，清白自居，文武職司，鮮有遊其門者。廢帝即位，遷尚書左僕射，卒，謚曰簡懿。有集十卷行於世。弟憲。

憲字德章，幼聰敏好學，有雅量。梁武帝修建庠序，別開五館，其一館在憲宅西，憲常招引諸生與之談論，新義出人意表，同輩咸嗟服焉。

大同八年，武帝撰孔子正言章句，詔下國學宣制旨義。憲時年十四，被召爲正言生，祭酒到溉目送之，愛其神采。國子博士周弘正謂憲父君正曰：「賢子今茲欲策試不？」君正曰：「未敢令試。」居數日，君正遣門客岑文豪與憲候弘正。會弘正將升講坐，弟子畢集，乃延憲入室，授以麈尾，令憲豎義。時謝岐、何妥在坐，弘正謂曰：「二賢雖窮奧賾，得無憚此後生邪？」何、謝乃遞起義端，深極理致，憲與往復數番，酬對閑敏。弘正謂妥曰：「恣卿所問，勿以童幼期之。」時觀者重沓，憲神色自若，辯論有餘，弘正亦起數難，終不能屈。因告文豪曰：「卿還諮袁吳郡，此郎已堪見代博士矣。」時生徒對策，多行賄賂，文豪請具束脩。君正曰：「我豈能用錢爲兒買第邪？」學司銜之。及憲試，爭起劇難，憲隨問抗答，剖析如流。到溉顧憲曰：「袁君正其有後矣。」及君正將之吳郡，溉祖道於征虜亭，謂君正曰：「昨策生，蕭敏孫、徐孝克非不解義，至於風神器局，去賢子遠矣。」尋舉高第，以貴公子選尚南沙公主，卽梁簡文帝女也。

大同元年，釋褐祕書郎，遷太子舍人。侯景寇逆，憲東之吳郡。尋丁父憂，哀毁過禮。陳武帝作相，除司徒戶曹，初謁，遂抗禮長揖。中書令王勱謂憲曰：「卿何矯衆，不拜錄公？」憲曰：「於理不應致拜。」衞尉趙知禮曰：「袁生舉止詳中，故有陳、汝之風。」

陳受命，授中書侍郎，兼散騎常侍，與黄門郎王瑜使齊，數年不遣，天嘉初乃還。太建三年，累遷御史中丞，羽林監。時豫章王叔英不奉法度，逼取人馬，憲依事劾奏，免叔英。自是朝野嚴憚。

憲詳練朝章，尤明聽斷，至有獄情未盡而有司具法者，卽伺閑爲帝言之，所申理甚衆。嘗陪宴承香閤，賓退後，宣帝留憲與衞尉樊俊徙席山亭，談宴終日。帝謂俊曰：「袁家故爲有人。」其見重如此。

自侍中遷吳郡太守，以父任固辭，改授南康內史。遷吏部尚書。憲以久居清顯，累表自求解任，帝曰：「諸人在職，屢有謗書，卿處事已多，可謂清白，別相甄錄，且勿致辭。」遷右僕射，參掌選事。先是憲長兄樞爲左僕射，至是憲爲右僕射，臺省目樞爲大僕射，憲爲小僕射，朝廷榮之。

及宣帝不豫，憲與吏部尚書毛喜俱受顧命。始興王叔陵之肆逆也，憲指麾部分，預有力焉。後主被創病篤，執憲手曰：「我兒尚幼，後事委卿。」憲曰：「羣情喁喁，冀聖躬康復，後事之委，未敢奉詔。」

以功封建安縣伯，領太子中庶子。尋除侍中、太子詹事。及太子加元服，行釋奠禮，憲表請解職，不許，尋給扶二人。皇太子頗不率典訓，憲手表陳諫十條，皆援引古今，言辭切直。太子雖外示容納，心無悛改。後主欲立寵姬張貴妃子始安王爲嗣，嘗從容言之，吏部尚書蔡徵順旨稱贊，憲厲色折之曰：「皇太子國家儲副，億兆宅心，卿是何人，輕言廢立。」然是夏竟廢太子爲吳興王。後主知憲有規諫之事，歎曰：「袁德章實骨鯁臣。」〔三〕卽日詔爲尚書僕射。

禎明三年，隋軍來伐，隋將賀若弼進燒宮城北掖門，兵衞皆散走，朝士各藏，唯憲侍左右。後主謂曰：「我從來待卿不先餘人，今日見卿，可謂歲寒知松柏後凋也。非唯由我無德，亦是江東衣冠道盡。」後主將避匿，憲正色曰：「北兵之入，必無所犯，大事如此，陛下安之？臣願陛下依梁武見侯景故事以待之。」不從，因下榻馳去。憲從出後堂景陽殿，後主投井中，憲拜哭而出。

及至長安，隋文帝嘉其雅操，下詔以爲江表稱首，授開府儀同三司、昌州刺史。開皇十四年，授晉王廣府長史。十八年，卒，時年七十，贈大將軍、安成郡公，謚曰簡。長子承家，仕隋至祕書丞、國子司業。君正弟敬。

敬字子恭，純素有風格。幼便篤學，老而無倦。仕梁位太子中舍人。魏剋江陵，流寓嶺表。陳武帝受禪，敬在廣州依歐陽頠。頠卒，其子紇據州，將有異志，敬累諫不從。宣帝卽位，遣章昭達討紇，紇將敗，恨不納敬言。朝廷義之，徵爲太子中庶子。歷左戶、都官二尚書，太常卿，散騎常侍，金紫光祿大夫，加特進。至德三年，卒，謚靖德子。子元友嗣。敬弟泌。

泌字文洋，清正有幹局，容體魁岸，志行修謹。仕梁歷諸王府佐。侯景之亂，泌兄君正爲吳郡太守，梁簡文帝在東宮，板泌爲東宮領直，令往吳中，召募士卒。及景圍臺城，泌率所領赴援。城陷，依鄱陽嗣王範。範卒，泌降景。景平，王僧辯表泌爲富春太守，兼丹陽尹。貞陽侯明僭位，以爲侍中，使於齊。陳武帝受禪，泌自齊從梁永嘉王莊往王琳所。及莊稱尊號，以泌爲侍中、丞相長史。琳敗，衆皆散，唯泌輕舟送達于北境，屬莊於御史中丞劉仲威，然後拜辭歸陳請罪，文帝深義之。

累遷通直散騎常侍，兼侍中，聘周。及宣帝入輔，以泌爲司徒左長史，卒于官。臨終戒其子芳華曰：〔三〕「吾於朝廷素無功績，瞑目之後，斂手足旋葬，無得受贈謚。」其子述泌遺意，朝廷不許，贈金紫光祿大夫，謚曰質。

論曰：天長地久，四時代謝，靈化悠遠，生不再來，所以據洪圖而輕天下，吝寸陰而賤尺璧。夫義重於生，空傳前誥，投軀徇主，罕遇其人。觀夫宋、齊以還，袁門世蹈忠義，固知風霜之概，松筠其性乎。若無陽源之節，丹靑夫何取貴。顗雖末路披猖，原心有本。彖之出處所蹈，實懋家風。粲執履之迹，近乎仁勇，古人所謂疾風勁草，豈此之謂乎？昔王經峻節，旣被旌於晉世，粲之貞固，亦改葬於齊朝，其激厲之方，異代同符者矣。昂命屬崩離，身逢危季，雖獨夫喪德，臣節無改。拒梁武之命，義烈存焉，隆從兄之服，悌心高已。旣而抗言儲嗣，無忘直道，辭榮身後，有心黜殯。自初及末，無虧風範，從微至著，皆爲稱職，蓋一代之名公也。樞風格峻整，憲仁義率由，韓子稱「人臣委質，心無有二」，憲弗渝歲暮，良可稱云。敬、泌立履之地，亦不爲替矣。

校勘記

〔一〕與兼司空尚書范泰奉九命禮物拜授武帝　「物」字各本並脫，據宋書補。

〔二〕又詔淑及徐湛之江湛王僧綽卜天與四家長給稟　「卜天與」各本作「卜天興」，據宋書改。按卜天與本書入孝義傳。

〔三〕頵字國章　「國章」宋書作「景章」。

〔四〕封新淦縣子　「淦」各本譌「塗」，據册府元龜四六一改。

〔五〕襄陽星惡　「星」各本作「至」，據宋書改。

〔六〕唯賦詩談義而已　「談義」各本作「談議」，據宋書改。

〔七〕胡以南運未至軍士匱乏　「運」各本作「軍」，據通鑑改。

〔八〕愍孫必當復爲三公　「爲」字各本並脫，據通志補。

〔九〕而敢以寒士遇物　「以」字各本並脫，據宋書、通志補。

〔一〇〕明帝泰始元年　「泰始」各本譌「泰初」，今改正。

〔一一〕火艾針藥莫不必具　「必」册府元龜九一七、通志並作「畢」。

〔一二〕今日當與褚護軍同死社稷　「褚護軍」各本作「諸護軍」，據宋書改。按南齊書及本書褚彥回傳並云褚爲護軍將軍，而護軍將軍固不得多除，未可言「諸」也。

〔一三〕粲剋日謀矯太后令使韞伯興率宿衞兵攻齊高帝於朝堂　「使」字各本並脫，據宋書補。

〔一四〕敬則誅韞幷伯興　「韞」宋書作「藴」。按韞謂劉韞，藴則王藴也。

〔一五〕此狗即袁郎所常騎者也　「者」字各本並脫，據通志補。

〔一六〕足懋先基矣　「懋」各本作「慰」，據南齊書改。

〔一七〕有子如袁廓足矣　「袁廓」即上之「袁廓之」。六朝人名帶「之」字，有時可省去，非脫文。

〔一八〕于時何倜亦稱才子　「何倜」各本作「何澗」。王鳴盛十七史商榷六十：「何遜傳作『從叔倜字彥夷』，作『澗』誤。」今從改。

〔一九〕魏豫州人白早生使以懸瓠來降　「早生」梁書作「皁生」；魏書、通鑑作「早生」，皆無「使」字。

〔二〇〕攻戰多剋捷　「攻」梁書作「故」，疑「攻」爲「故」之形誤。

〔二一〕初陳武帝長女永嗣公主　「永嗣」陳書作「永世」，此避唐諱改。

〔二二〕歎曰袁德章實骨鯁臣　「歎曰」各本作「答曰」，據陳書改。

〔二三〕戒其子芳華曰　「芳華」陳書作「蔓華」。

南史卷二十七

列傳第十七

孔靖 孫琇之 琇之曾孫奐　孔琳之 孫覬　殷景仁 從祖弟淳

孔靖字季恭，會稽山陰人也，名與宋武帝祖諱同，故以字稱。祖愉，晉車騎將軍。父誾，散騎常侍。

季恭始察孝廉，累遷司徒左西掾，未拜，遭母憂。隆安五年，被起爲山陰令，不就。宋武帝東征孫恩，屢至會稽，過季恭宅，季恭正晝臥，有神人衣服非常，謂曰：「起！天子在門。」既而失之，遽出，適見帝，延入結交，執手曰：「卿後當大貴，願以身爲託。」於是曲意禮接，贍給甚厚。

帝後討孫恩，時桓玄篡形已著，帝欲於山陰建義。季恭以山陰路遠，且玄未居極位，不如待其篡後，於京口圖之，帝亦以爲然。時虞嘯父爲會稽內史，季恭求爲府司馬不得，乃出詣都。及帝定桓玄，以季恭爲會稽內史，使齎封板拜授，正與季恭遇。季恭便回舟夜還，至卽叩扉入郡。嘯父本爲桓玄所授，聞玄敗，開門請罪。季恭慰勉，使且安所住，明日乃移。季恭到任，釐整浮華，翦罰遊惰，由是境內肅清。

累遷吳興太守，加冠軍。〔一〕先是吳興頻喪太守，言項羽神爲卞山王，居郡聽事，二千石常避之。季恭居聽事，竟無害也。遷尚書左僕射，固讓。義熙八年，復爲會稽內史，修飾學校，督課誦習。十年，復爲右僕射，又讓不拜。除領軍，加散騎常侍。

十二年致仕，拜金紫光祿大夫。是歲，武帝北伐，季恭求從，以爲太尉軍諮祭酒。從平關、洛。

宋臺初建，以爲尚書令，又讓，乃拜侍中、特進、左光祿大夫。辭事東歸，帝親餞之戲馬臺，百僚咸賦詩以述其美。及受命，加開府儀同三司，讓累年不受，薨以爲贈。

子靈符，位丹陽尹，會稽太守，尋加豫章王子尚撫軍長史。靈符家本豐富，產業甚廣，又於永興立墅，周回三十三里，水陸地二百六十五頃，含帶二山，又有果園九處。爲有司所糾，詔原之。而靈符答對不實，坐免。尋又復官。靈符鷙實有材幹，不存華飾，每所莅官，政績修理。廢帝景和中，犯忤近臣，爲所讒構，遣使鞭殺之。二子湛之、深之於都賜死。〔二〕

明帝即位，追贈靈符金紫光祿大夫。

深之大明中爲尚書比部郎。時安陸應城縣人張江陵與妻吳共罵母黃令死，黃忿恨自經死，已値赦。案律，子賊殺傷毆父母梟首，罵詈棄市，謀殺夫之父母亦棄市。會赦，免刑補治。江陵罵母，母以自裁，重於傷毆。若同殺科則疑重，用傷毆及詈科則疑輕。制唯有打母遇赦猶梟首，無詈母致死會赦之科。深之議曰：「夫題里逆心而仁者不入，名且惡之，況乃人事？故毆傷呪詛，法所不原，詈之致盡，則理無可宥。罰有從輕，蓋疑失善，求之文旨，非此之謂。江陵雖遇赦恩，故合梟首。婦本以義，愛非天屬，黃之所恨，情不在吳，原死補治，有允正法。」詔如深之議，吳免棄市。〔三〕

靈符弟靈運位著作郎。靈運子琇之。

琇之有吏能，仕齊爲吳令。有小兒年十歲，偷刈隣家稻一束，琇之付獄案罪。或諫之，琇之曰：「十歲便能爲盜，長大何所不爲。」縣中皆震肅。遷尚書左丞，又以職事知名。後兼左戶尚書，廷尉卿。出爲臨海太守，在任清約。罷郡還，獻乾薑二千斤，〔四〕齊武帝嫌其少，及知琇之清，乃歎息。出監吳興郡，尋拜太守，政稱清嚴。

明帝輔政，防備諸蕃，致密旨於上佐，使便宜從事。隆昌元年，遷琇之晉熙王冠軍長史、江夏內史，行郢州事，欲令殺晉熙。琇之辭，不許，欲自引決，友人陸閑諫之，琇之不從，遂不食而死。

子臻，至太子舍人，尚書三公郎。〔五〕臻子幼孫，〔六〕梁寧遠枝江公主簿、無錫令。幼孫子奐。

奐字休文，數歲而孤，爲叔父虔孫所養，好學善屬文。沛國劉顯以博學稱，每深相歎美，執其手曰：「昔伯喈墳素悉與仲宣，吾當希彼蔡君，足下無愧王氏。所保書籍，尋以相付。」

仕梁爲尚書儀曹侍郎。時左戶郎沈炯爲飛書所謗，將陷重辟，連官臺閣，人懷憂懼，奐廷議理之，竟得明白。

侯景陷建鄴，朝士並被拘縶，或薦奐於賊率侯子鑒，乃脫桎梏，厚遇之，令掌書記。時子鑒景之腹心，朝士莫不卑屈，奐獨無所下。或諫奐曰：「不宜高抗。」奐曰：「吾性命有在，豈有取媚凶醜，以求全乎。」時賊徒剝掠子女，拘逼士庶，奐保持得全者甚衆。

尋遭母憂。時天下喪亂，皆不能終三年喪，唯奐及吳國張種在寇亂中，守法度，並以孝聞。

及景平，司徒王僧辯先下辟書，引爲左西掾。梁元帝於荊州即位，徵奐及沈炯，僧辯累表請留之。帝手敕報曰：「孔、沈二士，今且借公。」其爲朝廷所重如此。

僧辯爲揚州刺史，又補中從事史。時侯景新平，每事草創，憲章故事，無復存者。奐博物强識，甄明故實，問無不知，儀注體式，牋書表翰，皆出於奐。

陳武帝作相，除司徒左長史，遷給事黃門侍郎。齊遣東方老、蕭軌來寇，四方壅隔，糧運不繼，三軍取給，唯在都下，乃除奐建康令。武帝剋日決戰，乃令奐多營麥飯，以荷葉裹之，一宿之間，得數萬裹。軍人旦食訖，盡棄其餘，因而決戰，大破賊。

武帝受禪，遷太子中庶子。永定三年，除晉陵太守。晉陵自宋、齊以來爲大郡，雖經寇擾，猶爲全實，前後二千石多行侵暴，奐清白自守，妻子並不之官，唯以單船臨郡。所得秩俸，隨即分贍孤寡，郡中號曰神君。曲阿富人殷綺見奐居處儉素，乃餉以衣氈一具。奐曰：「太守身居美祿，何爲不能辦此？但百姓未周，不容獨享溫飽。勞卿厚意，幸勿爲煩。」

陳文帝即位，徵爲御史中丞。奐性剛直，多所糾劾，朝廷甚敬憚之。又達於政體，每所奏，未嘗不稱善，百司滯事，皆付咨決。

遷散騎常侍，領步兵校尉、中書舍人。重除御史中丞，尋爲五兵尚書。時文帝不豫，臺閣衆事，〔七〕並令僕射到仲舉共決。及帝疾篤，奐與宣帝及到仲舉幷吏部尚書袁樞、中書舍人劉師知等入侍醫藥。文帝嘗謂奐等曰：「今三方鼎峙，宜須長君，朕欲近則晉成，遠隆殷法，卿等須遵此意。」奐乃流涕歔欷跪而對曰：「陛下御膳違和，痊復非久，皇太子春秋鼎盛，聖德日躋，廢立之事，臣不敢聞。」帝曰：「古之遺直，復見之卿。」乃用奐爲太子詹事。

廢帝卽位，除散騎常侍、國子祭酒。出爲南中郞康樂侯長史、尋陽太守，行江州事。宣帝卽位，爲始興王長史。奐在職淸儉，多所規正，宣帝嘉之，賜米五百斛，幷累降敕書，殷勤勞問。

太建六年，爲吏部尚書。八年，加侍中。時有事北邊，剋復淮、泗，封賞敍用，紛紜重疊，奐應接引進，門無停賓。加以識鑒人物，詳練百氏，凡所甄拔，衣冠搢紳莫不悅服。

性耿介，絕諸請託，雖儲副之尊，公侯之重，溺情相及，終不爲屈。始興王叔陵之在湘州，累諷有司，固求台鉉。奐曰：「袞章本以德舉，未必皇枝。」因抗言於宣帝。帝曰：「始興那忽望公，且朕兒爲公，須在鄱陽王後。」奐曰：「臣之所見，亦如聖旨。」後主時在東宮，欲以江總爲太子詹事，令管記陸瑜言之奐。奐曰：「江有潘、陸之華，而無園、綺之實，輔弼儲貳，竊謂非材。」後主深以爲恨，乃自言於宣帝。宣帝將許之，奐乃奏曰：「江總文華之人，今皇太子文華不少，無藉於總。如臣愚見，願選敦重之才，以居輔導。」帝曰：「誰可？」奐曰：「都官尚書王廓，代有懿德，識性敦敏，可以居之。」後主時亦在側，乃曰：「廓王泰之子，不可居太子詹事。」奂又曰：「宋朝范曄卽范泰之子，亦爲太子詹事。」後主固爭之，帝以總爲詹事，由是忤旨。

初，後主欲官其私寵，微諷於奂，奂不從。及左僕射陸繕遷職，宣帝欲用奂代繕，已草詔訖，後主抑遂不行。

十四年，爲散騎常侍、金紫光祿大夫，領前軍將軍。未行，改領弘範宮衞尉。至德元年卒，年七十餘。有集十五卷，彈文四卷。

子紹安、紹薪、紹忠。紹忠字孝揚，亦有才學，位太子洗馬、鄱陽王東曹掾。

孔琳之字彥琳，會稽山陰人也。曾祖羣，晉御史中丞。祖沈，丞相掾。父廞，光祿大夫。

琳之强正有志力，少好文義，解音律，能彈棊，妙善草隸。桓玄輔政爲太尉，以爲西閤祭酒。玄時議欲廢錢用穀帛，琳之議曰：

洪範八政，以貨次食，豈不以交易之所資，爲用之至要者乎。故聖王制無用之貨，以通有用之財，既無毁敗之費，又省難運之苦，此錢所以嗣功龜貝，歷代不廢者也。穀帛爲寶，本充衣食，今分以爲貨，則致損甚多，又勞煩於商販之手，耗棄於割截之用，此之爲弊，著於自曩。故鍾繇曰：「巧僞之人，競濕穀以要利，制薄絹以充資。」魏世制以嚴刑，弗能禁也。是以司馬芝以爲「用錢非徒豐國，亦所以省刑」。今旣用而廢之，則百姓頓亡其利，〔八〕是有錢無糧之人，皆坐而飢困，此斷之之弊也。魏明帝時，錢廢穀用四十年矣，以不便於人，乃舉朝大議，精才達政之士，莫不以爲宜復用錢。〔九〕彼尙舍穀帛而用錢，足以明穀帛之弊著於已試也。

玄又議復肉刑，琳之以爲：

唐虞象刑，夏禹立辟，蓋淳薄旣異，致化不同。書曰「世輕世重」，言隨時也。夫三代風純而事簡，故罕蹈刑辟，季末俗巧而務殷，故動陷憲網。若三千行於叔世，必有踊貴之尤，此五帝不相循法，肉刑不可悉復者也。漢文發仁惻之意，傷自新之路莫由，革古創制，號稱刑厝；然名輕而實重，反更傷人。故孝景嗣位，輕之以緩，緩而人慢，又不禁邪。期于刑罰之中，所以見美於昔，歷代詳論而未獲厥中者也。兵荒已後，罹法更多，棄市之刑，本斬右趾，漢文一謬，承而弗革，所以前賢悵恨，議之而未辯。鍾繇、陳羣之意雖小有不同，欲以右趾代棄市。若從其言，則所活者衆矣。降死之生，誠爲輕法，可以全其性命，蕃其產育，仁旣濟物，功亦益衆。又今之所患，逋逃爲先，屢叛不革，宜令逃身靡所，亦以肅戒未犯，永絕惡原。至於餘條，宜且依舊。玄好人附悅，而琳之不能順旨，是以不見知。累遷尚書左丞，揚州中從事史，所居著績。時責衆官獻便宜，議者以爲宜修庠序，卹典刑，審官方，明黜陟，舉逸拔才，務農簡調。琳之於衆議之外，別建言曰：

夫璽印者，所以辨章官爵，立契符信。官莫大於皇帝，爵莫尊於公侯，而傳國之璽，歷代遞用，襲封之印，奕世相傳。貴在仍舊，無取改作。今世唯尉一職獨用一印，至於內外羣官，每遷悉改，討尋其義，私所未達。若謂官各異姓，與傳襲不同，則未若異代之爲殊也；若論其名器，雖有公卿之貴，未若帝王之重；若以或有誅夷之臣，忌其凶穢，則漢用秦璽，延祚四百，未聞以子嬰身戮國亡而棄不佩。帝王公侯之尊，不疑於傳璽，人臣衆僚之卑，何嫌於卽印？載籍未聞其說，推例自乖其準，〔一〇〕而終年刻鑄，喪功消實，金銀銅炭之費，不可稱言，非所以因循舊貫，易簡之道。愚請衆官卽用一印，無煩改作，若新置官，又官多印少，文或零失，〔一一〕然後乃鑄，則仰裨天府，非唯小益。

又曰：

凶門柏裝，不出禮典，起自末代，積習生常，遂成舊俗，爰自天子達于庶人。誠行之有由，卒革必駭；然苟無關於情，而有愆禮度，存之未有所明，去之未有所失，固當式遵先典，釐革後謬，況復兼以游費，實爲人患者乎。凡人士喪儀，多出閭里，每有此須，動十數萬，損人財力，而義無所取。至於寒庶，則人思自竭，雖復室如懸磬，莫不傾產單財，所謂「葬之以禮」，其若此乎？謂宜一罷凶門之式。遷尚書吏部郎。義熙十一年，除宋武帝平北、征西長史，遷侍中。宋臺初建，除宋國侍中。永初二年，爲御史中丞，明憲直法，無所屈橈，奏劾尚書令徐羨之虧違憲典。時羨之領揚州刺史，琳之弟璩之爲中從事，羨之使璩之解釋琳之，使停寢其事。琳之不許，曰：「我觸忤宰相，政當罪止一身。汝必不應從坐，何須勤勤邪。」自是百僚震肅，莫敢犯禁。武帝甚嘉之，行經蘭臺，親加臨幸。遷祠部尚書，不事產業，家尤貧素。景平元年卒，追贈太常。

子邈有父風，官至揚州中從事。邈子覬。

覬字思遠，少骨鯁有風力，以是非爲己任。口吃，好讀書，早知名。歷位中書黃門侍郎。初，晉安帝時，散騎常侍選望甚重，與侍中不異，其後職任閑散，用人漸輕。孝建三年，孝武欲重其選，於是吏部尚書顏竣奏以覬及司徒左長史王景文應舉。帝不欲威權在下，其後分吏部尚書置二人以輕其任。侍中蔡興宗謂人曰：「選曹要重，常侍閑淡，改之以名而不以實，雖主意欲爲輕重，人心豈可變邪？」既而常侍之選復卑，選部之貴不異。

大明元年，徙太子中庶子，領翊軍校尉，歷祕書監，廷尉卿，爲御史中丞。鞭令史，爲有司所糾，原不問。

六年，除安陸王子綏後軍長史、江夏內史。性使酒仗氣，每醉輒彌日不醒，僚類間多所陵忽，尤不能曲意權幸，莫不畏而疾之。居常貧罄，無有豐約，未嘗關懷。爲府長史，典籤諮事，不呼前不敢前，不令去不敢去。雖醉日居多，而明曉政事，醒時判決，未嘗有壅。衆咸曰：「孔公一月二十九日醉，勝世人二十九日醒也。」孝武每欲引見，先遣人覘其醉醒。

性眞素，不尙矯飾，遇得寶玩，服用不疑，而他物粗敗，終不改易。時吳郡顧覬之亦尙儉素，衣裘器服皆擇其陋者。宋世清儉，稱此二人。

覬弟道存、從弟徽，頗營產業，二弟請假東還，覬出渚迎之，輜重十餘船，皆是綿絹紙席之屬。覬見之僞喜，謂曰：「我比乏，得此甚要。」因命置岸側，旣而正色謂曰：「汝輩忝預士流，何至還東作賈客邪？」命燒盡乃去。

先是，庾徽之爲御史中丞，性豪麗，服玩甚華，覬代之，衣冠器用莫不粗率。蘭臺令史並三吳富人，咸有輕之之意。覬蓬首緩帶，風貌清嚴，皆重跡屏氣，莫敢欺犯。庾徽之字景猷，潁川鄢陵人也，後卒於南東海太守。

覬後爲司徒左長史，道存代覬爲後軍長史、江夏內史。時東土大旱，都邑米貴，一斗將百錢。道存慮覬甚乏，遣吏載五百斛米餉之。覬呼吏謂之曰：「我在彼三載，去官之日，不辦有路糧。郎至彼未幾，那能得此米邪？可載米還彼。」吏曰：「自古以來無有載米上水者，都下米貴，乞於此貨之。」不聽，吏乃載米而去。

永光元年，遷侍中，後爲尋陽王右軍長史、行會稽郡事。明帝即位，召爲太子詹事，遣故佐平西司馬庾業爲右軍司馬，代覬行會稽郡事。時上流反叛，上遣都水使者孔璪入東慰勞。璪至，說覬以廢帝侈費，倉儲耗盡，都下罄匱，資用已竭；今南北並起，遠近離叛，若擁五郡之銳，招動三吳，事無不剋。覬然其言，遂發兵馳檄。覬子長公，璪二子淹、玄並在都，馳信密報，泰始二年正月，並逃叛東歸。遣書要吳郡太守顧琛，琛以母年篤老，又密邇建鄴，與長子寶素謀議未判。少子寶先時爲山陰令，馳書報琛，以南師已近，朝廷孤弱，不時順從，必有覆滅之禍。覬前鋒軍已度浙江，琛遂據郡同反。吳興太守王曇生、義興太守劉延熙、晉陵太守袁標一時響應。

庾業既東，明帝即以代延熙爲義興，以延熙爲巴陵王休若鎮東長史。業至長塘湖，即與延熙合。明帝遣建威將軍沈懷明東討，尚書張永係進。巴陵王休若董統東討諸軍。時覬所遣孫曇瓘等軍頓晉陵九里，部陣甚盛。懷明至奔牛，所領寡弱，張永至曲阿，未知懷明安否，退還延陵就休若。諸將帥咸勸退破岡，休若宣令敢有言退者斬，衆小定。軍主劉亮又繼至，兵力轉集，人情乃安。

時齊高帝率軍東討，與張永等於晉陵九里曲結營，與東軍相持。上遣積射將軍江方興、南臺御史王道隆至晉陵視賊形勢，賊帥孫曇瓘、程扞宗、陳景遠凡有五城，互相連帶。扞宗城猶未固，道隆率所領急攻之，俄頃城陷，斬扞宗首。劉亮果勁，便刀楯，乃負楯而進，直入重柵，衆軍因之，卽皆摧破。齊高帝與永等乘勝馳擊之，又大破之。曇瓘因此敗走，孔璪與曇生焚倉庫，奔錢唐。

會稽聞西軍稍近，將士多奔亡，覬不能復制。上虞令王晏起兵攻郡，覬憂遽不知所爲。其夕率千人聲云東討，實趨石𤅢。遇潮涸不得去，衆叛都盡，門生載以小船，竄于山嶀村。村人縛以送晏，晏謂曰：「此事孔璪所爲，〔一二〕無豫卿事，可作首辭，當相爲申上。」覬曰：「江東處分，莫不由身，委罪求活，便是君輩行意耳。」晏乃斬之東閤外。臨死求酒，曰：「此是平生所好。」顧琛、王曇生、袁標等並詣吳喜歸罪，喜皆宥之。東軍主凡七十六人，於陣斬十七人，餘皆原宥。

覬之起兵也，夢行宣陽門道上，顧望皆丘陵。覬寤，私告人曰：「丘陵者弗平，建康其殆難剋。」

覬弟道存，位黃門吏部郎、南郡太守。〔一三〕晉安王子勛建僞號，以爲侍中，行雍州事，事敗見殺。

殷景仁，陳郡長平人也。曾祖融，晉太常。祖茂之，特進、左光祿大夫。父道裕，早亡。景仁少有大成之量，司徒王謐見而以女妻之。爲宋武帝太尉行參軍，歷位中書侍郎。景仁不爲文而敏有思致，不談義而深達理，至於國典朝儀，舊章記注，莫不撰錄，識者知其有當世之志也。

嘗建議請百官舉才，以所薦能否黜陟，武帝甚知之。少帝卽位，補侍中，累表辭讓。優詔申其請，以爲黃門侍郎，歷左衞將軍。文帝卽位，委遇彌厚。俄遷侍中，左衞如故。時與王華、王曇首、劉湛四人並爲侍中，以風力局幹，冠冕一時，同升之美，近代莫及。元嘉三年，車駕征謝晦，司徒王弘入居中書下省，景仁長直，共掌留任。晦平，代到彥之爲中領軍，侍中如故。

文帝所生章太后早亡，上奉太后所生蘇氏甚謹。六年，蘇氏卒，車駕親往臨哭，詔欲遵二漢推恩之典。景仁議以爲「漢氏推恩加爵，于時承秦之弊，儒術蔑如，懼非盛明所宜軌蹈。晉監二代，朝政之所因，君舉必書，哲王之所愼。體至公者懸爵賞於無私，奉天統者每屈情以申制，所以作孚萬國，貽則後昆」。上從之。

丁母憂，葬竟，起爲領軍將軍，固辭。上使綱紀代拜，遣中書舍人周赳輿載詣府。〔一四〕服闋，遷尚書僕射。太子詹事劉湛代爲領軍，湛與景仁素善，皆被遇於武帝，俱以宰相許之。湛常居外任。會王弘、王華、王曇首相係亡，景仁引湛還朝，共參朝政。湛既入，以景仁位遇本不踰己，一旦居前，意甚憤憤。知文帝信仗景仁，不可移奪，乃深結司徒彭城王義康，欲倚宰相之重以傾之。十二年，景仁遷中書令、護軍將軍，僕射如故，尋復加領吏部。湛愈怒，義康納湛言，毀景仁於文帝，帝遇之益隆。景仁密陳相王權重，非社稷計，上以爲然。景仁對親舊嘆曰：「引之令入，便噬人。」乃稱疾請解，不見許，使停家養病。湛議欲遣人若劫盜者於外殺之，以爲文帝雖知，當不能傷至親之愛。上微聞之，徙景仁於西掖門外晉鄱陽主第，〔一五〕以爲護軍府。密邇宮禁，故其計不行。

景仁臥疾者五年，雖不見上，而密函去來，日中以十數，朝政大小必以問焉。影迹周密，莫有窺其際者。及將收湛之日，景仁便拂拭衣冠。寢疾既久，左右皆不悟其意。其夜，上出華林園延賢堂召之，景仁猶稱脚疾，小牀輿以就坐，誅討處分，一皆委之。

代義康爲揚州刺史，僕射、吏部如故。遣使者授印綬，主簿代拜畢，便覺疾甚，情理乖錯。性本寬厚，而忽更苛暴，問左右曰：「今年男婚多，女嫁多？」是冬大雪，景仁乘輿出聽事觀望，忽驚曰：「當閤何得有大樹？」既而曰：「我誤耳。」疾篤，文帝謂不利在州，使還住僕射下省。爲州凡月餘日卒，或云見劉湛爲祟。追贈侍中、司空，謚曰文成公。大明五年，孝武行經景仁墓，詔遣致祭。

子道矜，幼而不慧，位太中大夫。道矜子恒，明帝時，位侍中、度支尚書。屬父疾積久，爲有司所奏。詔曰：「道矜生便有病，更無横疾；恒因愚習惰，久妨清序，可除散騎常侍。」

淳字粹遠，景仁從祖弟也。祖允，晉太常。父穆，以和謹致稱，自五兵尚書爲宋武帝相國左長史。元嘉中，位特進、右光祿大夫，領始興王師。卒官，謚曰元子。

淳少好學，有美名，歷中書黄門侍郎。黄門清切，直下應留下省，以父老特聽還家。高簡寡言，早有清尚，愛好文義，未嘗違捨。在祕書閣撰四部書大目，〔一六〕凡四十卷，行於世。元嘉十一年卒，朝廷痛惜之。

子孚有父風。嘗與侍中何勗共食，孚羹盡，勗云：「益殷蕁羹。」勗司空無忌子也，孚徐輟筯曰：「何無忌諱。」孚位吏部郎，爲順帝撫軍長史。

子臻字後同，幼有名行，袁粲、褚彥回並賞異之。每造二公之席，輒清言畢景。王儉爲丹陽尹，引爲郡丞。袁昂先拜祕書丞，求臻爲到省表。臻答曰：「何不見倩拜，而見倩作表。」遂不爲作。歷位太子洗馬。

淳弟沖字希遠，位御史中丞，有司直之稱。再遷度支尚書。元凶妃卽淳女，而沖在東宮爲劭所知遇。劭弒立，以爲司隸校尉。沖有學義文辭，劭使爲尚書符，罪狀孝武，亦爲劭盡力。建鄴平，賜死。

沖弟淡字夷遠，亦歷黃門吏部郎，太子中庶子。大明中，又以文章見知。

論曰：季恭命偶興王，恩深惟舊，及位致崇寵，而每存謙挹。觀夫持滿之戒，足以追蹤古人。琇之貞素之風，不踐無義之地。易曰：「王臣蹇蹇，其動也直。」休文行己之度，可謂近之。琳之二議，深達變通之道。覬持身之節，亦曰一時之良，而聽言則悖，晚致覆沒，痛矣哉！景仁遠大之情，著於初筮，元嘉之盛，卒致宗臣，言聽計從，於斯爲重，美矣乎。

校勘記

〔一〕累遷吳興太守加冠軍　錢大昕廿二史考異：「冠軍下當有將軍二字。」

〔二〕二子湛之深之於都賜死　「深之」宋書作「淵之」，此避唐諱改。

〔三〕吳免棄市　「免」各本作「可」，據宋書改。按深之議吳當「原死」，詔既「如深之議」，則不得云「可棄市」。

〔四〕獻乾薑二千斤　「二千斤」南齊書作「二十斤」。

〔五〕子臻至太子舍人尚書三公郎　「臻」陳書作「⿰王存」。

〔六〕臻子幼孫　「幼」陳書作「稚」，此避唐諱改。

〔七〕臺閣衆事　「衆」各本作「事」，據陳書改。

〔八〕則百姓頓亡其利　「利」各本作「財」，據通典食貨典、册府元龜四九九改。

〔九〕莫不以爲宜復用錢　「爲」字據通典食貨典補。

〔一〇〕推例自乖其準　「例」各本作「別」，據宋書改。

〔一一〕文或零失　「文」宋書、太平御覽六八三引作「又」。

〔一二〕晏調曰此事孔璪所爲　「所」各本作「之」，據通鑑改。

〔一三〕覬弟道存位黃門吏部郎南郡太守　「南郡」各本作「南海」，據宋書改。按宋書臨海王子頊傳，子頊爲廣州刺史未之鎮，徙荆州刺史，進號前將軍，孔道存爲其府長史。則是以長史而領南郡太守。

〔一四〕遣中書舍人周赳輿載詣府　「輿」各本作「與」，據宋書改。

〔一五〕徙景仁於西掖門外晉鄱陽主第　「主」各本作「王」，據宋書改。

〔一六〕在秘書閣撰四部書大目　宋書無「大」字，疑衍文。

南史卷二十八

列傳第十八

褚裕之 弟淡之 玄孫球 裕之兄子湛之 湛之子彥回 彥回子賁 蓁 蓁子向 向子翔 彥回弟澄 從父弟炤 炫 炫子澐 澐子蒙 蒙子玠

褚裕之字叔度，河南陽翟人，晉太傅裒之曾孫也。祖歆，祕書監。父爽，金紫光祿大夫。長兄秀之字長倩，歷大司馬琅邪王從事中郎，黃門侍郎，宋武帝鎮西長史。秀之妹，晉恭帝后也。秀之雖晉氏姻戚，而盡心於武帝。遷侍中，出補大司馬右司馬。晉恭帝卽位，爲祠部尚書。宋受命，徙太常。元嘉初，卒於官。

秀之弟淡之字仲原，亦歷顯官，爲宋武帝車騎從事中郎，尚書吏部郎，廷尉卿，左衞將軍。宋受命，爲侍中。

淡之兄弟並盡忠事武帝，恭帝每生男，輒令方便殺焉，或誘賂內人，或密加毒害，前後如此非一。及恭帝遜位居秣陵宮，常懼見禍，與褚后共止一室，慮有酖毒，自煮食於前。武帝將殺之，不欲遣人入內，令淡之兄弟視后。褚后出別室相見，兵人乃踰垣而入，進藥於恭帝。帝不肯飲，曰：「佛教自殺者不得復人身。」乃以被掩殺之。〔一〕後會稽郡缺，朝議欲用蔡廓，武帝曰：「彼自是蔡家佳兒，何關人事。可用褚佛。」佛，淡之小字也。乃用淡之爲會稽太守。

景平元年，〔二〕富陽孫氏聚合門宗謀逆，其支黨在永興縣潛相影響。永興令羊恂覺其謀，以告淡之，淡之不信，乃以誣人之罪收縣職局。於是孫法先自號冠軍大將軍，與孫道慶等攻沒縣邑，〔三〕更相樹置，遙以鄮令司馬文宣爲征西大將軍，建旗鳴鼓，直攻山陰。淡之自假陵江將軍，以山陰令陸邵領司馬，加振武將軍，前員外散騎常侍王茂之爲長史，前國子博士孔欣、前員外散騎常侍謝苓之並參軍事，召行參軍七十餘人。前鎮西諮議參軍孔甯子、左光祿大夫孔季恭子山士並在艱中，皆起爲將軍。遣隊主陳願、郡議曹掾虞道納二軍過浦陽江。願等戰敗，賊遂推鋒而前，去城二十餘里。淡之遣陸邵水軍禦之，而身率所領出次近郊。邵與行參軍漏恭期合力，〔四〕大敗賊於柯亭。淡之尋卒，謚曰質子。

裕之名與武帝同，故行字焉。初爲太宰琅邪王行參軍，武帝車騎參軍，司徒左西屬，中軍諮議參軍，署中兵，加建威將軍。從征鮮卑，盡其誠力。盧循攻查浦，叔度力戰有功。循南走，武帝板行廣州刺史，加督，建威將軍，領平越中郎將。在任四年，廣營貲貨，資財豐積，坐免官，禁錮終身。還至都，凡諸親舊及一面之款，無不厚加贈遺。尋除太尉諮議參軍、相國右司馬。武帝受命，爲右衞將軍。武帝以其名家，而能竭盡心力，甚嘉之，封番禺縣男。尋加散騎常侍。永初三年，〔五〕出爲雍州刺史，領寧蠻校尉。在任三年，以淸簡致稱。景平二年，卒。

子恬之嗣。恬之弟寂之，著作佐郎，早卒。寂之子曖尙宋文帝第六女琅邪貞長公主，〔六〕位太宰參軍，亦早卒。曖子績位太子舍人，亦尙宋公主。

績子球字仲寶，少孤貧，篤志好學，有才思。宋建平王景素，元徽中誅滅，唯有一女存，故吏何昌寓、王思遠聞球淸立，以此女妻之。仕齊爲溧陽令，在縣淸白，資公奉而已。仕梁歷都官尙書，通直散騎常侍，祕書監，領著作，司徒右長史，常侍、著作如故。自魏孫禮、晉荀組以後，台佐加貂，始自球也。後爲散騎常侍，光祿大夫，加給事中。

湛之字休玄，秀之子也。尙宋武帝第七女始安哀公主，拜駙馬都尉、著作佐郎。哀公主薨，復尚武帝第五女吳郡宣公主。諸尚主者，並因世冑，不必皆有才能。湛之謹實有意幹，故爲文帝所知。歷顯位，爲太子中庶子，司徒左長史，侍中，左衞將軍，左戶尚書，丹陽尹。

元凶弒逆，以爲吏部尚書，復出爲丹陽尹，統石頭戍事。孝武入伐，劭自攻新亭壘，使湛之率水師俱進，湛之因攜二息彥回、澄，登輕舟南奔。彥回始生一男，爲劭所殺。孝武即位，以爲尚書右僕射。孝建元年，爲中書令、丹陽尹。後拜尚書左僕射，以南奔賜爵都鄉侯。大明四年卒，諡敬侯。子彥回。

彥回幼有清譽。〔七〕宋元嘉末，魏軍逼瓜步，百姓咸負擔而立。時父湛之爲丹陽尹，使其子弟並著芒屩，於齋前習行。或譏之，湛之曰：「安不忘危也。」彥回時年十餘，甚有慚色。湛之有一牛，至所愛，無故墮聽事前井，湛之率左右躬自營救之，郡中喧擾，彥回下簾不視也。又有門生盜其衣，彥回遇見，謂曰：「可密藏之，勿使人見。」此門生慚而去，不敢復還，後貴乃歸罪，待之如初。

尚宋文帝女南郡獻公主，拜駙馬都尉，除著作佐郎，累遷祕書丞。湛之卒，彥回悉推財與弟澄，唯取書數千卷。湛之有兩厨寶物，在彥回所生郭氏間，嫡母吳郡主求之，〔八〕郭欲不與，彥回曰：「但令彥回在，何患無物。」猶不許，彥回流涕固請，乃從之。襲爵都鄉侯，歷位尚書吏部郎。

景和中，山陰公主淫恣，窺見彥回悅之，以白帝。帝召彥回西上閤宿十日，公主夜就之，備見逼迫，彥回整身而立，從夕至曉，不爲移志。公主謂曰：「君鬚髯如戟，何無丈夫意？」彥回曰：「回雖不敏，〔九〕何敢首爲亂階。」

宋明帝即位，累遷吏部尚書。有人求官，密袖中將一餅金，因求請間，出金示之，曰：「人無知者。」彥回曰：「卿自應得官，無假此物。若必見與，不得不相啓。」此人大懼，收金而去。彥回敍其事，而不言其名，時人莫之知也。

帝之在蕃，與彥回以風素相善，至是深相委仗，陳事皆見從。改封雩都伯，歷侍中，領尚書，右衞將軍。〔一〇〕

彥回美儀貌，善容止，俯仰進退，咸有風則。每朝會，百僚遠國使，莫不延首目送之。明帝嘗嘆曰：「褚彥回能遲行緩步，便得宰相矣。」時人以方何平叔。嘗聚袁粲舍，初秋涼夕，風月甚美，彥回援琴奏別鵠之曲，宮商既調，風神諧暢。王彧、謝莊並在粲坐，撫節而歎曰：「以無累之神，合有道之器，宮商暫離，不可得已。」

時傖人常珍奇與薛安都爲逆，降叛非一。後又求降，明帝加以重位。彥回謂全其首領，於事已弘，不足大加寵異。帝不從。珍奇尋又叛。

彥回後爲吳興太守，〔二〕帝寢疾危殆，馳使召之，欲託後事。及至召入，帝坐帳中流涕曰：「吾近危篤，故召卿，欲使著黃羅襹。」指牀頭大函曰：「文書皆函內置，此函不得復開。」彥回亦悲不自勝。黃羅襹，乳母服也。帝雖小間，猶懷身後慮。建安王休仁，人才令美，物情宗向，帝與彥回謀誅之，彥回以爲不可。帝怒曰：「卿癡不足與議事。」彥回懼而奉旨。復爲吏部尚書，衞尉卿，尚書右僕射。以母老疾，晨昏須養，辭衞尉，不許。

明帝崩，遺詔以爲中書令、護軍將軍，與尚書令袁粲受顧命，輔幼主。粲等雖同見託，而意在彥回。彥回同心理事，務弘儉約，百姓賴之。既而王道隆、阮佃夫用事，姦賂公行，彥回不能禁也。

遭所生喪，毀頓不復可識，朞年不盥櫛，唯泣淚處乃見其本質焉。詔斷哭，禁弔客。葬畢，起爲中軍將軍，本官如故。

元徽二年，桂陽王休範反，彥回與衞將軍袁粲入衞宮省，鎮集衆心。彥回初爲丹陽，與從弟炤同載，道逢齊高帝，彥回舉手指高帝車謂炤曰：「此非常人也。」出爲吳興，高帝餉物別，彥回又語人曰：「此人才貌非常，將來不可測也。」及顧命之際，引高帝豫焉。

高帝既平桂陽，遷中領軍，領南兗州，〔三〕高帝固讓，與彥回及衞軍袁粲書陳情，彥回、粲答書不從，高帝乃受命。其年加彥回尙書令、侍中，給班劍二十人，固讓令。三年，進爵爲侯。服闋，改授中書監，侍中、護軍如故，給鼓吹一部。

時淮北屬，江南無復鰒魚，或有間關得至者，一枚直數千錢。人有餉彥回鰒魚三十枚，彥回時雖貴，而貧薄過甚，門生有獻計賣之，云可得十萬錢。彥回變色曰：「我謂此是食物，非曰財貨，且不知堪賣錢，聊爾受之。雖復儉乏，寧可賣餉取錢也。」悉與親游噉之，少日便盡。

明年，嫡母吳郡公主薨，毁瘠骨立。葬畢，詔攝職，固辭，又以朞祭禮及，表解職，並不許。

蒼梧暴虐稍甚，齊高帝與彥回及袁粲言世事，粲曰：「主上幼年，微過易改，伊、霍之事，非季世所行，縱使功成，亦終無全地。」彥回默然，歸心高帝。及廢蒼梧，羣公集議，袁粲、劉彥節既不受任，彥回曰：「非蕭公無以了此。」手取事授高帝。高帝曰：「相與不肯，我安得辭。」事乃定。順帝立，改號衞將軍、開府儀同三司，侍中如故，甲仗五十人入殿。

及袁粲懷貳，曰：「褚公眼睛多白，所謂白虹貫日，亡宋者終此人也。」他日，粲謂彥回曰：「國家所倚，唯公與劉丹陽及粲耳，願各自勉，無使竹帛所笑。」彥回曰：「願以鄙心寄公之腹則可矣。」然竟不能貞固。

及高帝輔政，王儉議加黃鉞，任遐曰：「此大事，應報褚公。」帝曰：「褚脫不與，卿將何計？」遐曰：「彥回保妻子，愛性命，非有奇才異節，遐能制之。」果無違異。及沈攸之事起，高帝召彥回謀議，彥回曰：「西夏釁難，事必無成，公當先備其內耳。」高帝密爲其備。事平，進中書監、司空。

齊臺建，彥回白高帝，引何曾自魏司徒爲晉丞相，求爲齊官。高帝謙而不許。建元元年，進位司徒，侍中、中書監如故，改封南康郡公。彥回讓司徒，乃與僕射王儉書，欲依蔡謨事例。儉以非所宜言，勸彥回受命。終不就。尋加尚書令。二年，重申前命爲司徒，又固讓。

魏軍動，高帝欲發王公以下無官者從軍，彥回諫以爲無益實用，空致擾動，上乃止。三年七月，帝親嘗酎，盛暑欲夜出，彥回與左僕射王儉諫，以爲「自漢宣帝以來，不夜入廟，所以誡非常。人君之重，所宜克慎」。從之。

時朝廷機事，彥回多與議謀，每見從納，禮遇甚重。上大宴集，酒後謂朝臣曰：「卿等並宋時公卿，亦當不言我應得天子。」王儉等未及答，彥回斂板曰：「陛下不得言臣不早識龍顏。」上笑曰：「吾有愧文叔，知公爲朱祜久矣。」〔一三〕

彥回善彈琵琶，齊武帝在東宮宴集，賜以金鏤柄銀柱琵琶。性和雅，有器度，不妄舉動。宅嘗失火，煙燭甚逼，左右驚擾，彥回神色怡然，索輿徐去。然世頗以名節譏之，于時百姓語曰：「可憐石頭城，寧爲袁粲死，不作彥回生。」

高帝崩，遺詔以爲錄尚書事。江左以來，無單拜錄者，有司疑立優策。尚書令王儉議，以爲「見居本官，別拜錄，應有策書，而舊事不載。中朝以來，三公王侯，則優策並設；官品第二，策而不優。優者褒美，策者兼明委寄。尚書職居天官，政化之本，故尚書令品雖第三，拜必有策。錄尚書品秩不見，而總任彌重，前代多與本官同拜，故不別有策。即事緣情，不容均之凡僚，宜有策書，用申隆寄。旣異王侯，不假優文」。從之。尋增彥回班劍爲三十人，五日一朝。

頃之寢疾。彥回少時嘗篤病，夢人以卜蓍一具與之，遂差其一，至是年四十八矣，歲初便寢疾。而太白熒惑相係犯上將，彥回慮不起，表遜位。武帝不許，乃改授司空、驃騎將軍，侍中、錄尚書事如故。薨年四十八，家無餘財，負責數十萬，詔給東園祕器。

時司空掾屬以彥回未拜，疑應爲吏敬以不？王儉議：「依禮，婦在塗，聞夫家喪，改服而入。今掾屬雖未服勤，而吏節稟於天朝，宜申禮敬。」司徒府史又以彥回旣解職，而未恭後授，府應上服以不？儉又議：「依中朝士孫德祖從樂陵遷爲陳留，未入境，卒，〔一四〕樂陵郡吏依見君之禮，陳留迎吏依『娶女有吉日，齎衰弔』。司徒府宜依居官制服。」又詔贈太宰，侍中、錄尙書、公如故，增班劍爲六十人，葬送禮悉依宋太保王弘故事，謚曰文簡。先是庶姓三公，轜車未有定格，王儉議官品第一，皆加幢絡，自彥回始也。又詔彥回妻宋故巴西主埏隧暫啓，宜贈南康郡公夫人。

長子賁字蔚先，少耿介。父背袁粲等附高帝，賁深執不同，終身愧恨之，有棲退之志。位侍中。彥回薨，服闋，見武帝，賁流涕不自勝。上甚嘉之，以爲侍中、領步兵校尉、左戶尙書。常謝病在外，上以此望之，遂諷令辭爵，讓與弟蓁，仍居墓下。及王儉薨，乃騎水牛出弔，以繫門外柱，入哭盡哀而退，家人不知也。會疾篤，其子霽載以歸。疾小間，知非故處，大怒，不肯復飮食，內外閤悉釘塞之，不與人相聞，數日裁餘氣息。謝瀹聞其弊，往候之，排閤不可開，以杵搥破，進見賁曰：「事之不可得者身也，身之不可全者名也，名與身俱滅者君也，豈不全之哉！」賁曰：「吾少無人間心，豈身名之可慕。但願啓手歸全，必在舊隴。兒輩不才，未達余趣，移尸徙殯，失吾素心，更以此爲恨耳。」永明七年卒。

蓁字茂緒，位義興太守。八年，改封巴東郡公。〔一五〕明年，表讓封還賁子霽，詔許之。建武末，蓁位太子詹事、度支尙書，領前軍將軍。永元元年卒，贈太常，謚穆子。〔一六〕

蓁子向字景政，年數歲，父母相繼亡沒，哀毀若成人，〔一七〕親表異之。及長，淹雅有器量，位長兼侍中。向風儀端麗，眉目如畫，每公庭就列，爲衆所瞻望焉。仕梁，卒於北中郎廬陵王長史。子翔。

翔字世舉，起家祕書郎，累遷宣城王主簿。中大通五年，梁武帝宴羣臣樂游苑，別詔翔與王訓爲二十韻詩，限三刻成。翔於坐立奏，帝異焉，卽日補宣城王文學，俄遷友。時宣城友、文學加正王二等，〔一八〕翔超爲之，時論美焉。

出爲義興太守，在政潔己，省繁苛，去游費，百姓安之。郡西亭有古樹，積年枯死，翔至郡，忽更生枝葉，咸以爲善政所感。以秩滿，吏人詣闕請之，敕許焉。尋徵爲吏部郎，去郡，百姓無老少追送出境，涕泣拜辭。翔居小選公淸，不爲請屬易意，號爲平允。遷侍中。

太淸二年，守吏部尙書，丁母憂，以毀卒。翔少有孝行，爲侍中時，母病篤，請沙門祈福，中夜忽見戶外有異光，又聞空中彈指。及旦，疾遂愈，咸以爲精誠所致云。

澄字彥道，彥回弟也。初湛之尙始安公主，薨，納側室郭氏，生彥回。後尙吳郡主，生澄。彥回事主孝謹，主愛之。湛之亡，主表彥回爲嫡。澄尙宋文帝女廬江公主，拜駙馬都尉。歷官淸顯，善醫術。

建元中，爲吳郡太守，百姓李道念以公事到郡，澄見謂曰：「汝有重疾。」答曰：「舊有冷疾，至今五年，衆醫不差。」澄爲診脈，謂曰：「汝病非冷非熱，當是食白瀹雞子過多所致。」令取蘇一升煮服之。〔一九〕始一服，乃吐出一物，如升，涎裹之動，開看是雞雛，羽翅爪距具足，能行走。澄曰：「此未盡。」更服所餘藥，又吐得如向者雞十三頭，而病都差，當時稱妙。豫章王感病，高帝召澄爲療，立愈。尋遷左戶尙書。

彥回薨，澄以錢一萬一千就招提寺贖高帝所賜彥回白貂坐褥，壞作裘及纓，又贖彥回介幘犀導及彥回常所乘黃牛。永明元年，爲御史中丞袁彖所奏，免官禁錮，見原。遷侍中，領右軍將軍，以勤謹見知。澄女爲東昏皇后。永元元年卒，追贈金紫光祿大夫。

炤字彥宣，彥回從父弟也。父法顯，鄱陽太守。

炤少有高節，王儉嘗稱才堪保傅。爲安成郡還，〔二〇〕以一目眇，召爲國子博士，不拜。常非彥回身事二代。彥回子賁往問訊炤，炤問曰：「司空今日何在？」賁曰：「奉璽紱，在齊大司馬門。」炤正色曰：「不知汝家司空將一家物與一家，亦復何謂。」彥回拜司徒，賓客滿坐，炤歎曰：「彥回少立名行，何意披猖至此！門戶不幸，乃復有今日之拜。使彥回作中書郎而死，不當是一名士邪？名德不昌，遂有期頤之壽。」

彥回性好戲，以軺車給之，炤大怒曰：「著此辱門戶，那可令人見。」索火燒之，馭人奔車乃免。炤弟炫。

炫字彥緒，少清簡，爲從舅王景文所知。從兄彥回謂人曰：「從弟廉勝獨立，乃十倍於我。」

爲正員郎。從宋明帝射雉，帝至日中無所得，甚猜羞，召問侍臣曰：「吾旦來如皐，遂空行可笑。」坐者莫答，炫獨曰：「今節候雖適，而雲霧尙凝，故斯翬之禽，驕心未警。但得神駕游豫，〔三〕羣情便可載驩。」帝意解，乃於雉場置酒。遷中書侍郎、司徒右長史。

昇明初，炫以清尙，與彭城劉俁、陳郡謝朏、濟陽江斅入殿侍文義，號爲四友。齊臺建，爲侍中，領步兵校尉。以家貧，建元初，出補東陽太守。前後三爲侍中，與從兄彥回操行不同，故彥回之世，不至大官。

永明元年，爲吏部尙書。炫居身清立，非弔問不雜交游，論者以爲美。及在選部，門庭蕭索，賓客罕至。出行，左右常捧一黃紙帽箱，風吹紙剝殆盡。罷江夏郡還，得錢十七萬，於石頭幷分與親族。病無以市藥，以冠劍爲質。表自陳解，改授散騎常侍，領安成王師。國學建，以本官領博士。未拜卒，無以殯斂，時年四十一。贈太常，謚貞子。子澐。

澐字士洋。仕梁爲曲阿令。歷晉安王中錄事，正員郞，烏程令。兄游亡，棄縣還，爲太尉屬，延陵令，中書侍郞，太子率更令，御史中丞，湘東王府諮議參軍。卒。澐之爲縣令，淸愼可紀。好學，解音律，重賓客，雅爲湘東王所親愛。

澐子蒙位太子舍人。蒙子玠。

玠字溫理，九歲而孤，爲叔父驃騎從事中郞隨所養。早有令譽，先達多以才器許之。及長，美風儀，善占對，博學能屬文，詞義典實，不尙淫靡。〔三〕

陳天嘉中，兼通直散騎常侍聘齊，還遷中書侍郞。

太建中，山陰縣多豪猾，前後令皆以贓汚免，宣帝謂中書舍人蔡景歷曰：「稽陰大邑，久無良宰，卿文士之內，試思其人。」景歷進玠，帝曰：「甚善，卿言與朕意同。」乃除山陰令。縣人張次的、王休達等與諸猾吏賄賂通姦，全丁大戶類多隱沒。玠鎖次的等，具狀啓臺，宣帝手敕慰勞，幷遣使助玠搜括，所出軍人八百餘戶。〔三〕時舍人曹義達爲宣帝所寵，縣人陳信家富，諂事義達，信父顯文恃勢橫暴。玠乃遣使執顯文，鞭之一百，於是吏人股慄。信後因義達譖玠，竟坐免官。玠在任歲餘，守祿俸而已，去官之日，不堪自致，因留縣境種蔬菜以自給。或以玠非百里才，玠曰：「吾委輸課最，不後列城，除殘去暴，姦吏局蹐。若謂其不能自潤脂膏，則如來命，以爲不達從政，吾未服也。」時人以爲信然。皇太子知玠無還裝，手書賜粟米二百斛，於是還都。

後累遷御史中丞。玠剛毅有膽決，善騎射。嘗從司空侯安都於徐州出獵，遇猛獸，玠射之，截發皆中口入腹，俄而獸斃。及爲御史中丞，甚有直繩之稱。卒於官，皇太子親製誌銘，以表惟舊。至德二年，贈祕書監。所製章奏雜文二百餘篇，皆切事理，由是見重於世。

子亮，位尚書殿中侍郎。

論曰：褚氏自至江左，人焉不墜。彥回以此世資，時譽早集，及於逢迎興運，謗議沸騰，旣以人望見推，亦以人望而責也。炤貞勁之性，炫廉勝之風，求之古人，亦何以加此。玠公平諒直，文武兼資，可謂世業無隕者矣。

校勘記

〔一〕乃以被掩殺之　「殺」字各本並脫，據宋書補。

〔二〕景平元年　「元年」各本作「二年」。按宋書少帝紀繫富陽孫氏舉兵事在景平元年二月，此作「二年」譌，今據改。

〔三〕於是孫法先自號冠軍大將軍與孫道慶等攻沒縣邑　「法先」宋書作「法亮」，而於少帝紀又作「法光」，册府元龜六九三同。

〔四〕邵與行參軍漏恭期　「漏」宋書作「灟」。

〔五〕永初三年　「三年」各本作「四年」。按下云「在任三年」。自永初三年(四二二)至景平二年(四二四)卒，適爲三年，據宋書改。

〔六〕寂之子曖尚宋文帝第六女琅邪貞長公主　「貞」各本作「眞」，據宋書改。

〔七〕彥回幼有清譽　彥回本名淵，南齊書有傳，此避唐諱以字行。

〔八〕嫡母吳郡主求之　「郡主」各本作「縣主」。張森楷南史校勘記：「宋書褚湛之傳作『吳郡宣公主』，則非縣也。」按下云「嫡母吳郡公主薨」，今據改。

〔九〕回雖不斂　「回」通志改「淵」；王懋竑讀書記疑：「回疑本字淵。」按古人雙名無單舉一字以爲稱者(但爲詩文則無此限，故何點爲贊云：「回既世族。」)此用書傳現成語(見論語顏淵篇)，一語雙闕。

〔一〇〕歷侍中領尚書右衞將軍　錢大昕廿二史考異：「按彥回在明帝時嘗爲吏部尚書及右僕射，此云『領尚書』，則當時無此官也。」按南齊書作「轉侍中，領右衞將軍」。當從之。

〔一一〕彥回後爲吳興太守　「吳興」各本作「吳郡」。錢大昕廿二史考異：「吳郡當作吳興，南齊書本傳及王儉碑文俱無守吳郡事，蓋傳寫之譌。下文亦有『出爲吳興』之語。」今從改。

〔一二〕遷中領軍領南兗州　下「領」字各本並脫，據南齊書補。

〔一三〕知公爲朱祐久矣　「朱祐」南齊書作「朱祜」。按後漢書朱祐傳李賢注引東觀記曰：「祐作福。避安帝諱。」宋劉攽東漢書刊誤：「案注引東觀記安帝諱，則此人當名祜。」祜譌爲祐，沿誤已久，不知所自始。

〔一四〕未入境卒　「卒」字各本並脫，據册府元龜五七七補。

〔一五〕改封巴東郡公　「郡公」各本作「郡侯」。錢大昕廿二史考異：「彥回本封南康郡公，蓁初襲父爵，至是以南康爲王國，而改蓁爲巴東公，見齊武帝諸子傳。此云『郡侯』恐誤。」按本書南康王子琳傳「改封南康公褚蓁爲巴東公」，今據改。

〔一六〕贈太常謚穆子　「贈」字各本並脫，據南齊書補。

〔一七〕哀毀若成人　「哀」字據通志補。

〔一八〕時宣城友文學加正王二等　「正王」梁書作「它王」。

〔一九〕令取蘇一升煮服之　「蘇」太平御覽七二三引南齊書、七三八引南史並作「蒜」，通志同。疑作「蒜」是。

〔二〇〕爲安成郡還　「安成」各本作「成安」，據通鑑乙正。

〔二一〕但得神駕游豫　「游豫」各本作「猶豫」。按此本孟子「一游一豫」語，「猶」字譌，據南齊書改。

〔二二〕詞義典實不尙淫靡　「詞義」各本作「訓義」，據陳書改。

〔二三〕所出軍人八百餘戶　「軍人」陳書作「軍民」，此避唐諱改。

南史卷二十九

列傳第十九

蔡廓 子興宗　孫約　約弟撙　曾孫凝

蔡廓字子度，濟陽考城人，晉司徒謨之曾孫也。祖系，撫軍長史。父綝，司徒左西屬。廓博涉羣書，言行以禮，起家著作佐郎。後爲宋武帝太尉參軍、中書黃門郎，以方鯁閑素，爲武帝所知。載遷太尉從事中郎，未拜，遭母憂。性至孝，三年不櫛沐，殆不勝喪。

宋臺建，爲侍中，建議以爲「鞫獄不宜令子孫下辭，明言父祖之罪。虧教傷情，莫此爲大。自今但令家人與囚相見，無乞鞫之訴，便足以明伏罪，不須責家人下辭」。朝議從之。世子左衞率謝靈運輒殺人，御史中丞王准之坐不糾免官。武帝以廓剛直，補御史中丞。多所糾奏，百僚震肅。時中書令傅亮任寄隆重，學冠當時，朝廷儀典，皆取定於亮。亮每事諮廓然後行，亮意若有不同，廓終不爲屈。遷司徒左長史，出爲豫章太守。

徽爲吏部尙書。廓因北地傅隆問亮：「選事若悉以見付，不論；不然，不能拜也。」亮以語錄尙書徐羨之，羨之曰：「黃門郎以下悉以委蔡，吾徒不復厝懷；自此以上，故宜共參同異。」廓曰：「我不能爲徐干木署紙尾。」遂不拜。干木，羨之小字也。選案黃紙，錄尙書與吏部尙書連名，故廓言署紙尾也。羨之亦以廓正直，不欲使居權要，徙爲祠部尙書。

文帝入奉大統，尙書令傅亮率百官奉迎，廓亦俱行。至尋陽，遇疾不堪前，亮將進路，詣別，廓謂曰：「營陽在吳，宜厚加供奉。一旦不幸，卿諸人有殺主之名，欲立於世，將可得邪？」時亮已與羨之議害少帝，乃馳信止之，信至已不及。羨之大怒曰：「與人共計，云何裁轉背便賣惡於人。」

及文帝卽位，謝晦將之荊州，與廓別，屛人問曰：「吾其免乎？」廓曰：「卿受先帝顧命，任以社稷，廢昏立明，義無不可；但殺人二昆，而以之北面，挾震主之威，據上流之重，以古推今，自免爲難也。」

廓年位並輕，而爲時流所推重，每至歲時，皆束帶詣門。〔一〕奉兄軌如父，家事大小，皆諮而後行，公祿賞賜，一皆入軌，有所資須，悉就典者請焉。從武帝在彭城，妻郗氏書求夏服。廓答書曰：「知須夏服，計給事自應相供，無容別寄。」時軌爲給事中。元嘉二年，廓卒。武帝常云：「羊徽、蔡廓，可平世三公。」少子興宗。

興宗字興宗，幼爲父廓所重，謂有己風。與親故書曰：「小兒四歲，神氣似可，不入非類室，不與小人游。」故以興宗爲之名，以興宗爲之字。

年十歲喪父，哀毁有異凡童。廓罷豫章郡還，起二宅，先成東宅以與兄軌。軌罷長沙郡還，送錢五十萬以裨宅直。興宗年十一，白母曰：「一家由來豐儉必共，今日宅直不宜受也。」母悅而從焉。軌深有愧色，謂其子淡曰：「我年六十，行事不及十歲小兒。」尋又喪母。

少好學，以業尚素立見稱，爲中書侍郎。中書令建平王宏、侍中王僧綽並與之厚善。元凶弑立，僧綽被誅，凶威方盛，親故莫敢往，興宗獨臨哭盡哀。

孝武踐阼，累遷尚書吏部郎。〔三〕時尚書何偃疾患，上謂興宗曰：「卿詳練清濁，今以選事相付，便可開門當之，無所讓也。」

後拜侍中，每正言得失，無所顧憚。孝武新年拜陵，興宗負璽陪乘。及還，上欲因以射雉，興宗正色曰：「今致虔園陵，情敬兼重，從禽猶有餘日，請待他辰。」上大怒，遣令下車，由是失旨。竟陵王誕據廣陵爲逆，事平，孝武輿駕出宣陽門，敕左右文武叫稱萬歲。興宗時陪輦，帝顧曰：「卿獨不叫？」興宗從容正色答曰：「陛下今日政應涕泣行誅，豈得軍中皆稱萬歲。」帝不悅。

興宗奉旨慰勞廣陵，州別駕范義與興宗素善，〔三〕在城內同誅。興宗至，躬自收殯，致喪還豫章舊墓。上聞謂曰：「卿何敢故爾觸網？」興宗抗言答曰：「陛下自殺賊，臣自葬周旋，既犯嚴制，政當甘於斧鉞耳。」帝有慚色。又廬陵內史周朗以正言得罪，鎖付寧州，親戚故人無敢瞻送，〔四〕興宗時在直，請急，詣朗別。上知尤怒。坐屬疾多日，白衣領職。

後爲廷尉卿，有解士先者告申坦昔與丞相義宣同謀。時坦已死，子令孫作山陽郡，自繫廷尉。興宗議曰：「若坦昔爲戎首，身今尚存，累經肆眚，猶應蒙宥。令孫天屬，理相爲隱。況人亡事遠，追相誣訐，斷以禮律，義不合關。」〔五〕見從。

出爲東陽太守，後爲左戶尚書，轉掌吏部。時上方盛淫宴，虐侮羣臣，自江夏王義恭以下咸加穢辱；唯興宗以方直見憚，不被侵媟。尚書僕射顏師伯謂儀曹郎王耽之曰：「蔡尚書常免昵戲，去人實遠。」耽之曰：「蔡豫章昔在相府，亦以方嚴不狎，武帝宴私之日，未嘗相召。每至官賭，常在勝朋。〔六〕蔡尚書今日可謂能負荷矣。」〔七〕

大明末，前廢帝即位，興宗告太宰江夏王義恭應須策文。義恭曰：「建立儲副，本爲今日，復安用此？」興宗曰：「累朝故事，莫不皆然。近永初之末，營陽王即位，亦有文策，〔八〕今在尚書，可檢視也。」不從。

時義恭錄尚書，受遺輔政，阿衡幼主，而引身避事，政歸近習。越騎校尉戴法興、中書舍人巢尚之專制朝權，威行近遠。興宗職管九流，銓衡所寄，每至上朝，輒與令錄以下陳欲登賢進士之意，又箴規得失，博論朝政。義恭素性恇撓，阿順法興，恒慮失旨，每聞興宗言，輒戰懼無計。

先是，大明世奢侈無度，多所造立，賦調煩嚴，徵役過苦，至是發詔悉皆削除。由此紫極殿南北馳道之屬皆被毀壞，自孝建以來至大明末，凡諸制度，無或存者。興宗於都坐慨然謂顏師伯曰：「先帝雖非盛德，要以道始終。三年無改，古典所貴。今殯宮始撤，山陵未遠，而凡諸制度興造，不論是非，一皆刊削，雖復禪代，亦不至爾，天下有識當以此窺人。」師伯不能用。

興宗每奏選事，法興、尚之等輒點定回換，僅有存者。興宗於朝堂謂義恭及師伯曰：「主上諒闇，不親萬機，選舉密事，多被刪改，非復公筆迹，不知是何天子意。」王景文、謝莊等遷授失序，興宗又欲改爲美選。時薛安都爲散騎常侍、征虜將軍，太子率殷恒爲中庶子。興宗先選安都爲左衞將軍，常侍如故；殷恒爲黄門，領校。太宰嫌安都爲多，欲單爲左衞。興宗曰：「率、衞相去，幾何之間。且已失征虜，非乃超越，復奪常侍，則頓爲降貶。若謂安都晚過微人，本宜裁抑，令名器不輕，〔九〕宜有選序，謹依選體，非私安都。」義恭曰：「若宮官宜加越授者，殷恒便應侍中，那得爲黄門而已？」興宗又曰：「中庶、侍中，相去實遠。且安都作率十年，殷恒中庶百日，今又領校，不爲少也。」使選令史顏禕之、薛慶先等往復論執，義恭然後署案。既而中旨以安都爲右衞，加給事中，由是大忤義恭及法興等。出興宗爲吳郡太守，固辭；又轉南東海太守，又不拜，苦求益州。義恭於是大怒，上表言興宗之失。詔付外詳議，義恭因使尙書令柳元景奏興宗及尙書袁愍孫私相許與，自相選署，亂羣害政，混穢大猷。於是除興宗新昌太守，郡屬交州。〔一〇〕朝廷喧然，莫不嗟駭。先是，興宗納何后寺尼智妃爲妾，姿貌甚美。迎車已去，而師伯密遣人誘之，潛往載取，興宗迎人不得。及興宗被徙，論者並言由師伯，師伯甚病之。法興等既不欲以徙大臣爲名，師伯又欲止息物議，由此停行。

頃之，法興見殺，尙之被繫，義恭、師伯並誅，復起興宗爲臨海王子頊前軍長史、南郡太守，行荆州事，不行。時前廢帝凶暴，興宗外甥袁顗爲雍州刺史，固勸興宗行，曰：「朝廷形勢，人情所見，在內大臣，朝夕難保。舅今出居陝西，爲八州行事，顗在襄、沔，地勝兵强，去江陵咫尺，水陸通便。若一朝有事，可共立桓、文之功，豈與受制凶狂，禍難不測，同年而語乎。」興宗曰：「吾素門平進，與主上甚疎，未容有患。宮省內外既人不自保，比者會應有變。若內難得弭，外釁未必可量。汝欲在外求全，我欲居內免禍，各行所見，不亦善乎。」時士庶危懼，衣冠咸欲遠徙，後皆流離外難，百不一存。

重除吏部尚書。太尉沈慶之深慮危禍，閉門不通賓客，嘗遣左右范羨詣興宗屬事。興宗謂羨曰：「公關門絕客，以避悠悠之請謁耳，身非有求，何爲見拒？」羨復命，慶之使要興宗。興宗因說之曰：「主上比者所行，人倫道盡，今所忌憚，唯在於公。公威名素著，天下所服，今舉朝惶惶，人懷危怖，指撝之日，誰不影從？如其不斷，旦暮禍及。僕昔佐貴府，蒙眷異常，故敢盡言，願思其計。」慶之曰：「僕比日前慮不復自保，但盡忠奉國，始終以之，正當委天任命耳。加老罷私門，兵力頓闕，雖有其意，事亦無從。」興宗曰：「當今懷謀思奮者，非復要富貴，期功賞，各欲救死朝夕耳。殿內將帥，正聽外間消息；若一人唱首，則俯仰可定。況公威風先著，統戎累朝，諸舊部曲，布在宮省，誰敢不從？僕在尚書中，自當唱率百僚，案前世故事，更簡賢明，以奉社稷。又朝廷諸所行造，人間皆言公悉豫之，今若沉疑不決，當有先公起事者，公亦不免附惡之禍也。且車駕屢幸貴第，酣醉彌留。又聞斥屏左右，獨入閤內。此萬世一時，機不可失。僕荷眷深重，故吐去梯之言，公宜詳其禍福。」慶之曰：「此事大，非僕所能行。事至，政當抱忠以沒耳。」頃之，慶之果以見忌致禍。

時領軍將軍王玄謨大將有威名，邑里訛言玄謨當建大事，或言已見誅。玄謨典籤包法榮家在東陽，興宗故郡人也，爲玄謨所信，使至興宗間。興宗謂曰：「領軍比日殊當憂懼。」法榮曰：「頃者殆不復食，夜亦不眠，恒言收已在門，不保俄頃。」興宗因法榮勸玄謨舉事。

玄謨又使法榮報曰：「此亦未易可行，其當不泄君語。」右衞將軍劉道隆爲帝所寵信，專統禁兵，乘輿當夜幸著作佐郎江斅宅，興宗乘馬車從。道隆從車後過，興宗謂曰：「劉公，比日思一閑寫。」〔一一〕道隆深達此旨，掐興宗手曰：「蔡公勿言。」

時帝每因朝宴，捶毆羣臣，自驃騎大將軍建安王休仁以下，侍中袁愍孫等咸見陵曳，唯興宗得免。

頃之，明帝定大事。玄謨責所親故吏郭季産、女壻韋希眞等曰：「當艱難時，周旋輩無一言相扣發者。」〔一二〕季産曰：「蔡尚書令包法榮所道，非不會機，但大事難行耳。季産言亦何益。」玄謨有慚色。

當明帝起事之夜，廢帝横屍太醫閤口。興宗謂尚書右僕射王景文曰：〔一三〕「此雖凶悖，是天下之主，宜使喪禮粗足。若直如此，〔一四〕四海必將乘人。」

時諸方並舉兵反，朝廷所保丹陽、淮南數郡，其間諸縣或已應賊。東兵已至永世，宮省危懼，上集羣臣以謀成敗。興宗曰：「宜鎭之以靜，以至信待人。比者，逆徒親戚布在宮省，若繩之以法，則土崩立至，宜明罪不相及之義。」上從之。

遷尚書右僕射，尋領衞尉。明帝謂興宗曰：「頃日人情言何？事當濟不？」興宗曰：「今米甚豐賤，而人情更安，以此算之，淸蕩可必。但臣之所憂，更在事後，猶羊公言既平之後，方當勞聖慮耳。」尚書褚彦回以手板築興宗，興宗言之不已。上曰：「如卿言。」

褚圻平，函送袁顗首，敕從登南掖門樓以觀之。興宗潸然流涕，上不悅。事平，封興宗始昌縣伯，固讓，不許，改封樂安縣伯，〔一五〕國秩吏力，終以不受。

時殷琰據壽陽爲逆，遣輔國將軍劉勔攻圍之。四方既平，琰嬰城固守。上使中書爲詔譬琰，興宗曰：「天下既定，是琰思順之日，陛下宜賜手詔數行。今直使中書爲詔，彼必疑非眞。」不從。琰得詔，謂劉勔詐造，果不敢降，久乃歸順。

先是，徐州刺史薛安都據彭城反，後遣使歸款，泰始二年冬，遣鎭軍將軍張永率軍迎之。興宗曰：「安都遣使歸順，此誠不虛，今不過須單使一人，咫尺書耳。若以重兵迎之，勢必疑懼，或能招引北虜，爲患不測。」時張永已行，不見信。安都聞大軍過淮，果引魏軍。永戰大敗，遂失淮北四州。其先見如此。初，永敗問至，上在乾明殿，先召司徒建安王休仁，又召興宗。謂休仁曰：「吾慚蔡僕射。」以敗書示興宗，曰：「我愧卿。」

三年，出爲郢州刺史。初，吳興丘珍孫言論常侵興宗。珍孫子景先人才甚美，興宗與之周旋。及景先爲鄱陽郡，會晉安王子勛爲逆，轉在竟陵，爲吳喜所殺。母老女幼，流離夏口。興宗至郢州，親自臨哭，致其喪柩，家累皆得東還。

還會稽太守，領兵置佐，加都督。會稽多諸豪右，不遵王憲，幸臣近習，參半宮省。封略山湖，妨人害政，興宗皆以法繩之。又以王公妃主多立邸舍，子息滋長，督責無窮，啓罷省之，并陳原諸逋負，解遣雜役，並見從。三吳舊有鄉射禮，元嘉中，羊玄保爲吳郡行之，久不復修。興宗行之，禮儀甚整。

明帝崩，興宗與尚書令袁粲、右僕射褚彥回、中領軍劉勔、鎮軍將軍沈攸之同被顧命。以興宗爲征西將軍、開府儀同三司、都督、荆州刺史，加班劍二十人，被徵還都。時右軍將軍王道隆任參國政，權重一時，躡履到興宗前，不敢就席，良久方去。竟不呼坐。元嘉初，中書舍人秋當詣太子詹事王曇首，不敢坐。其後中書舍人弘興宗爲文帝所愛遇，上謂曰：「卿欲作士人，得就王球坐，乃當判耳，〔一六〕殷、劉並雜，無所益也。若往詣球，可稱旨就席。」及至，球舉扇曰：「君不得爾。」弘還，依事啓聞。帝曰：「我便無如此何。」至是，興宗復爾。道隆等以興宗强正，不欲使擁兵上流，改爲中書監、左光祿大夫、開府儀同三司，固辭不拜。

興宗行己恭恪，光祿大夫北地傅隆與父廓善，興宗常修父友之敬。又太原孫敬玉嘗通興宗侍兒，被禽反接，興宗命與杖，敬玉了無怍容。興宗奇其言對，命釋縛，試以伎能，高其筆札，因以侍兒賜之，爲立室宇，位至尚書右丞。其遏惡揚善若此。敬玉子廉，仕梁，以清能位至御史中丞。

興宗家行尤謹，奉歸宗姑，事寡嫂，養孤兄子，有聞於世。太子左率王錫妻范，聰明婦人也，有才學。書讓錫弟僧達曰：「昔謝太傅奉寡嫂王夫人如慈母，今蔡興宗亦有恭和之稱。」其爲世所重如此。

妻劉氏早卒，一女甚幼，外甥袁覬始生子彖，而妻劉氏亦亡，興宗姊即覬母也。〔一七〕一孫一姪，躬自撫養，年齒相比，欲爲婚姻，每見興宗，輒言此意。大明初，詔興宗女與南平王敬猷婚。興宗以姊生平之懷，屢經陳啓。帝答曰：「卿諸人欲各行己意，則國家何由得婚。且姊言豈是不可違之處邪？」舊意既乖，彖亦他娶。其後彖家好不終，覬又禍敗，彖亦淪廢當時，孤微理盡。敬猷遇害，興宗女無子嫠居，名門高胄，多欲結姻。明帝亦敕適謝氏，興宗並不許，以女適彖。

泰豫元年卒，年五十八。遺命薄葬，奉還封爵。追贈後授，子順固辭不受，又奉表疏十餘上。詔特申其請，以旌克讓之風。

初，興宗爲郢州，府參軍彭城顏敬以式卜曰：「亥年當作公，官有大字者，不可受也。」及有開府之授，而太歲在亥，果薨於光祿大夫云。文集傳於世。

子順字景玄，方雅有父風，位太尉從事中郎。昇明末卒。弟約。

約字景撝，少尚宋孝武女安吉公主，拜駙馬都尉。仕齊，累遷太子中庶子、領屯騎校尉。永明八年八月合朔，約脫武冠解劍，〔一八〕於省眠至下鼓不起，爲有司所奏，贖論。出爲宜都王冠軍長史、淮南太守，行府州事。武帝謂曰：「今用卿爲近蕃上佐，想副我所期。」約曰：「南豫密邇京師，不化自理，臣亦何人，爝火不息。」時諸王行事，多相裁割，約居右任，主佐之間穆如也。

遷司徒左長史。齊明帝爲錄尚書輔政，百僚脫屐到席，約躡屐不改。帝謂江祏曰：「蔡氏是禮度之門，故自可悅。」祏曰：「大將軍有揖客，復見於今。」

約好飲酒，夷淡不與世雜。永元二年，卒於太子詹事，年四十四，贈太常。弟撙。

撙字景節，少方雅退默，與第四兄寅俱知名。仕齊位給事黃門侍郎。丁母憂，廬于墓側。齊末多難，服闋，因居墓所。除太子中庶子、太尉長史，並不就。

梁臺建，爲侍中，遷臨海太守。公事左遷太子中庶子，復爲侍中，吳興太守。初，撙在臨海，百姓楊元孫以婢采蘭貼與同里黃權，約生子，酬乳哺直。權死後，元孫就權妻吳贖婢母子五人，吳背約不還。元孫訴，撙判還本主。吳能爲巫，出入撙內，以金釧賂撙妾，遂改判與吳。元孫撾登聞鼓訟之，爲有司劾。時撙已去郡，雖不坐，而常以爲恥。口不言錢，及在吳興，不飲郡井，齋前自種白莧紫茄，以爲常餌，詔褒其清。加信武將軍。

時帝將爲昭明太子納妃，意在謝氏。袁昂曰：「當今貞素簡勝，唯有蔡撙。」乃遣吏部尚書徐勉詣之，停車三通不報。勉笑曰：「當須我召也。」遂投刺乃入。

天監九年，宣城郡吏吳承伯挾祆道聚衆攻宣城，殺太守朱僧勇，轉寇吳興，吏人並請避之。撙堅守不動，命衆出戰，摧破斬承伯，餘黨悉平。

累遷吏部尚書，在選弘簡有名稱。又爲侍中，領祕書監。武帝嘗謂曰：「卿門舊尚有堪事者多少？」撙曰：「臣門客沈約、范岫各已被升擢，此外無人。」約時爲太子少傅，岫爲右衞將軍。

撙風骨鯁正，氣調英嶷，當朝無所屈讓。嘗奏用琅邪王錡爲殿中郎，武帝嫌不取參掌通署，乃推白牒於香橙地下，曰：「卿殊不了事。」撙正色俯身拾牒起，曰：「臣謂舉爾所知，許允已有前事；既是所知而用，無煩參掌署名。臣撙少而仕宦，未嘗有不了事之目。」因捧牒直出，便命駕而去，仍欲抗表自解。帝尋悔，取事爲畫。

帝嘗設大臣䴵，撙在坐。帝頻呼姓名，撙竟不答，食䴵如故。帝覺其負氣，乃改喚蔡尚書，撙始放筯執笏曰：「爾。」帝曰：「卿向何聾，今何聰？」對曰：「臣預爲右戚，且職在納言，陛下不應以名垂喚。」帝有慚色。

性甚凝厲，善自居適。女爲昭明太子妃，自詹事以下咸來造謁，往往稱疾相聞，間遣之。及其引進，但暄寒而已，此外無復餘言。後爲中書令，卒於吳郡太守，諡曰康子。司空袁昂嘗謂諸賓曰：「自蔡侯卒，不復更見此人。」其爲名輩所知如此。

子彥深，宣城內史。彥深弟彥高，給事黃門侍郎。彥高子凝。

凝字子居，美容止。及長，博涉經傳，有文詞，尤工草隸。陳太建元年，累遷太子中舍人。以名公子選尚信義公主，拜駙馬都尉、中書侍郎，遷晉陵太守。及將之郡，更令左右修中書廨宇，謂賓友曰：「庶來者無勞。」

尋授吏部侍郎。凝年位未高，而才地爲時所重，常端坐西齋，自非素貴名流，罕所交接，趣時者多譏焉。宣帝嘗謂凝曰：「我欲用義興主壻錢肅爲黃門侍郎，卿意如何？」凝正色曰：「帝鄉舊戚，恩由聖旨，則無所復問。若格以僉議，黃散之職，故須人門兼美。」帝默然而止。肅聞而不平，義興公主日譖之，尋免官，遷交阯。頃之追還。

後主嗣位，爲給事黃門侍郎。後主嘗置酒，歡甚，將移宴弘範宮，衆人咸從，唯凝與袁憲不行。後主曰：「何爲？」凝曰：「長樂尊嚴，非酒後所過，臣不敢奉詔。」衆人失色。後主曰：「卿醉矣。」令引出。他日，後主謂吏部尙書蔡徵曰：「蔡凝負地矜才，無所用也。」尋遷信威晉熙王府長史，鬱鬱不得志。乃喟然歎曰：「天道有廢興，夫子云『樂天知命』，斯理庶幾可達。」因著小室賦以見志。陳亡入隋，道病卒，年四十七。子君知，頗知名。

論曰：蔡廓體業弘正，風格峻舉。興宗出內所踐，不隕家聲。位在具臣，而情懷伊、霍，仁者有勇，驗在斯乎。然自廓及凝，年移四代，高風素氣，無乏於時，其所以取貴，不徒然矣。至於矜倨之失，蓋其風俗所通，格以正道，故亦名教之深尤也。

校勘記

〔一〕廓年位並輕而爲時流所推重每至歲時皆束帶詣門　「爲」字各本並脫，據宋書補。「歲時」各本互倒作「時歲」，據宋書乙正。

〔二〕累遷尙書吏部郎　「吏部郎」各本作「吏部侍郎」，據宋書刪。按宋書百官志，尙書諸曹郎有吏部郎，無吏部侍郎。

〔三〕州別駕范義與興宗素善　「范義」各本作「范羲」，據宋書改。張森楷南史校勘記：「案竟陵王誕傳是『義』字，隋書經籍志有宋兗州別駕范義集十二卷，即此人，作『羲』非也。」

〔四〕又廬陵內史周朗以正言得罪鎖付寧州親戚故人無敢瞻送　「廬陵」各本作「廬江」，據宋書改。按宋書及本書周朗傳並作「廬陵內史」。又「瞻送」各本作「贍送」，世說新語俳調：「謝公將發新亭，朝士咸出瞻送。」「贍」「瞻」涉形近而譌，今改正。

〔五〕義不合關　「不」各本作「有」，據宋書改。

〔六〕每至官賭常在勝朋　「勝朋」各本作「勝明」，據宋書改。

〔七〕蔡尚書今日可謂能負荷矣　「負」字各本並脫，據宋書補。

〔八〕近永初之末營陽王即位亦有文策　「營」各本作「榮」或「滎」，涉形近而譌，據宋書改。

〔九〕令名器不輕　「令」各本作「今」，據宋書改。

〔一〇〕於是除興宗新昌太守郡屬交州　「新昌」各本作「永昌」，據宋書、通鑑改。按南齊書州郡志，新昌屬交州，而永昌則屬寧州也。

〔一一〕比日思一閑寫　「寫」字各本並脫，據宋書補。

〔一二〕當艱難時周旋輩無一言相扣發者　「扣」各本作「和」，據宋書改。

〔一三〕興宗謂尚書右僕射王景文曰　「右」各本作「左」，據宋書改。按本傳亦作「右」，其爲左僕射在明帝時。

〔一四〕宜使喪禮粗足若直如此　「若」各本作「者」，據宋書改。

〔一五〕固讓不許改封樂安縣伯　「改」各本作「之」。張元濟南史校勘記：「宋書無『之』字，疑『之』爲『改』之訛。」今從改。按元大德本作「固讓不許之」與宋書合；其他各本作「固讓而許之」。

〔一六〕其後中書舍人弘興宗爲文帝所愛遇至得就王球坐乃當判耳　「弘興宗」宋書作「王弘」。王鳴盛十七史商榷六〇：「此文於下仍云『弘還』，則其上作『弘興宗』似是一姓弘名興宗之人者，其爲傳寫之誤可知。王弘乃又是一人，非爲太保字休元者，彼乃王導曾孫，門閥甚高，何不坐之有？」李慈銘宋書札記：「王弘乃曇首之兄，球之從祖兄，爲元嘉功臣之首，位司徒太保，必無人敢與之同名。南史作『弘興宗』，其下又云『弘還』，若弘旣是姓，則下之還應稱名，蓋皆誤也。南史王球傳作『徐爰』，差爲得之。爰後在孝武時兼著作，修宋書。而在元嘉時，則權寵未盛。蓋『爰』誤作『宏』，又轉爲『弘』。宋書復因上言『王曇首』，遂譌『王弘』；南史因在蔡興宗傳，遂譌作『弘興宗』，皆傳寫之譌，非沈、李之誤。」

〔一七〕外甥袁覬始生子象而妻劉氏亦亡興宗姊即覬母也　「覬」各本作「顗」，錢大昕廿二史考異：「象爲顗弟覬之子，此兩『顗』當作『覬』。」今從改。

〔一八〕約脫武冠解劍　「脫」各本作「旣」，據南齊書改。

南史卷三十

列傳第二十

何尙之 子偃 孫戢 偃弟子求 求弟點 點弟胤 胤從弟炯 尙之弟子昌寓 昌寓子敬容

何尙之字彥德，廬江灊人也。曾祖準，高尙不應徵辟。祖惔，南康太守。〔一〕父叔度，恭謹有行業。姨適沛郡劉璩，與叔度母情愛甚篤。叔度母早卒，奉姨若所生。姨亡，朔望必往致哀，并設祭奠，食並珍新，躬自臨視。若朔望應有公事，則先遣送祭，皆手自料簡，流涕對之。公事畢卽往致哀，以此爲常。至三年服竟。義熙五年，吳興武康縣人王延祖爲劫，父睦以告官。新制：「凡劫身斬刑，家人棄市。」睦既自告，於法有疑。時叔度爲尙書，議曰：「設法止姦，必本於情理，非謂一人爲劫，闔門應刑。所以罪及同產，欲開其相告，以出造惡之身。睦父子之至，容可悉共逃亡，而割其天屬，還相縛送，解腕求存，於情可愍。並合從原。」〔三〕從之。後爲金紫光祿大夫，吳郡太守。太保王弘每稱其清身潔己。

尚之少頗輕薄，好摴蒱，及長，折節蹈道，以操立見稱。爲陳郡謝混所知，與之游處。家貧，初爲臨津令。宋武帝領征西將軍，補主簿。從征長安，以公事免，還都。因患勞病積年，飲婦人乳乃得差。以從征之勞，賜爵都鄉侯。

少帝卽位，爲廬陵王義眞車騎諮議參軍。義眞與司徒徐羨之、尚書令傅亮等不協，每有不平之言。尚之諫戒不納。義眞被廢，入爲中書侍郎，遷吏部郎。告休定省，傾朝送別於冶渚。及至郡，叔度謂曰：「聞汝來此，傾朝相送，可有幾客？」答曰：「殆數百人。」叔度笑曰：「此是送吏部郎耳，非關何彥德也。昔殷浩亦嘗作豫章定省，〔三〕送別者甚衆，及廢徙東陽，船泊征虜亭積日，乃至親舊無復相窺者。」

後拜左衞將軍，領太子中庶子。尚之雅好文義，從容賞會，甚爲文帝所知。元嘉十三年，彭城王義康欲以司徒長史劉斌爲丹陽尹，上不許，乃以尚之爲之。立宅南郭外，立學聚生徒。東海徐秀，廬江何曇、黃回，潁川荀子華，太原孫宗昌、王延秀，魯郡孔惠宣並慕道來游，〔四〕謂之南學。王球常云：「尚之西河之風不墜。」尚之亦云：「球正始之風尚在。」

尚之女適劉湛子黯，而湛與尚之意好不篤。湛欲領丹陽，乃徙尚之爲祠部尚書，領國子祭酒。尚之甚不平。湛誅，遷吏部尚書。

時左衛將軍范曄任參機密，尚之察其意趣異常，白文帝：「宜出爲廣州，若在內釁成，不得不加以鈇鉞。屢誅大臣，有虧皇化。」上曰：「始誅劉湛等，方欲引升後進。曄事跡未彰，便豫相黜斥，萬姓將謂卿等不能容才，以我爲信受讒說。但使共知如此，不憂致大變也。」〔五〕曄後謀反伏誅，上嘉其先見。

二十二年，爲尚書左僕射。是歲造玄武湖，上欲於湖中立方丈、蓬萊、瀛洲三神山，尚之固諫乃止。時又造華林園，並盛暑役人。尚之又諫，上不許，曰：「小人常日曝背，此不足爲勞。」時上行幸，還多侵夜，尚之又表諫，上優詔納之。

先是患貨少，鑄四銖錢，人間頗盜鑄，多翦鑿古錢以取銅，上患之。二十四年，錄尚書江夏王義恭議，以一大錢當兩，以防翦鑿，議者多同。尚之議曰：「凡創制改法，宜順人情，未有違衆矯物而可久也。泉布廢興，未容驟議。〔六〕前代赤仄白金，俄而罷息，六貨憒亂，人泣於市。良由事不晝一，難用遵行。自非急病權時，宜守長世之業。若今制遂行，富人之貲自倍，貧者彌增其困，懼非所以欲均之意。」中領軍沈演之以爲若以大錢當兩，〔七〕則國傳難朽之寶，家贏一倍之利，不俟加憲，巧源自絕。上從演之議，遂以一錢當兩。行之經時，公私非便，乃罷。

二十八年，爲尚書令、太子詹事。二十九年致仕，於方山著退居賦以明所守，而議者咸謂尚之不能固志。文帝與江夏王義恭詔曰：「羊、孟尚不得告謝，尚之任遇有殊，便當未宜申許。」尚之還攝職。羊即羊玄保，孟即孟顗。〔八〕

尚之既任事，上待之愈隆，於是袁淑乃錄古來隱士有迹無名者，爲眞隱傳以嗤焉。時或遣軍北侵，資給戎旅，悉以委之。

元凶弒立，進位司空、尚書令。時三方興義，將佐家在都者，劭悉欲誅之。尚之誘說百端，並得全免。

孝武即位，復爲尚書令。丞相南郡王義宣、車騎將軍臧質反，義宣司馬竺超、質長史陸展兄弟並應從誅，〔九〕尚之上言於法爲重，超從坐者由是得原。

時欲分荆州置郢州，議其所居。江夏王義恭、蕭思話以爲宜在巴陵。尚之議曰：「夏口在荆、江之中，正對沔口，通接雍、梁，寔爲津要，於事爲允。」上從其議。荆、揚二州戶口居江南之半，江左以來，揚州爲根本，委荆州以閫外，至是並分，欲以削臣下之權。而荆、揚並因此虛耗。尚之建言宜復合二州，上不許。

大明二年，以爲左光祿、開府儀同三司，〔一〇〕侍中如故。尚之在家，常著鹿皮帽。及拜開府，天子臨軒，百僚陪位，沈慶之於殿庭戲之曰：「今日何不著鹿皮冠？」慶之累辭爵命，朝廷敦勸甚苦。尚之謂曰：「主上虛懷側席，詎宜固辭。」慶之曰：「沈公不效何公去而復還也。」尚之有愧色。

尚之愛尚文義，老而不休。與太常顏延之少相好狎，二人並短小，尚之常謂延之爲猨，延之目尚之爲猴。同游太子西池，延之問路人云：「吾二人誰似猴？」路人指尚之爲似。延之喜笑，路人曰：「彼似猴耳，君乃眞猴。」

有人嘗求爲吏部郎，尚之歎曰：「此敗風俗也。官當圖人，人安得圖官。」延之大笑曰：「我聞古者官人以才，今官人以勢，彼勢之所求，子何疑焉。」所與延之論議往反，並傳於世。尚之立身簡約，車服率素，妻亡不娶，又無姬妾。執衡當朝，畏遠權柄，親故一無薦舉。既以此致怨，亦以此見稱。復以本官領中書令。薨年七十九，贈司空，謚曰簡穆公。子偃。

偃字仲弘，元嘉中，位太子中庶子。元凶弑立，以偃爲侍中，掌詔誥。時尚之爲司空、尚書令，偃居門下。父子並處權要，時爲寒心；而尚之及偃善攝機宜，曲得時譽。會孝武卽位，任遇無改。歷位侍中，領太子中庶子。時求讜言，偃以爲「宜重農卹本，幷官省事，考課以知能否，增奉以除吏姦。責成良守，久於其職，都督刺史，宜別其任」。

改領驍騎將軍，親遇隆密，有加舊臣。轉吏部尚書。尚之去選未五載，偃復襲其迹，世以爲榮。侍中顏竣至是始貴，與偃俱在門下，以文義賞會，相得甚歡。竣既任遇隆密，謂宜居重大，而位次與偃等未殊，意稍不悅。及偃代竣領選，竣逾憤懣，與偃遂隙。竣時權傾朝野，偃不自安，遂發悸病，意慮乖僻。上表解職，告靈不仕。孝武遇偃既深，備加醫療乃得差。

偃素好談玄，注莊子逍遙篇傳於時。卒官，孝武與顏竣詔，甚傷惜之。謚曰靖。子戢。

戢字慧景，選尚宋孝武長女山陰公主，拜駙馬都尉。累遷中書郎。景和世，山陰主就帝求吏部郎褚彥回侍己，彥回雖拘逼，終不肯從。與戢同居止月餘日，由是特申情好。元徽初，彥回參朝政，引戢爲侍中，時年二十九。戢以年未三十，苦辭內侍，改授司徒左長史。齊高帝爲領軍，與戢來往，數申歡宴。高帝好水引餅，戢每設上焉。久之，復爲侍中。累遷高帝相國左長史。建元元年，遷散騎常侍、太子詹事。尋改侍中，詹事如故。上欲轉戢領選，問尚書令褚彥回，以戢資重，欲加散騎常侍。彥回曰：「宋時王球從侍中、中書令單作吏部尚書，資與戢相似，領選職方昔小輕，不容頓加常侍。聖旨每以蟬冕不宜過多，臣與王儉既已左珥，若復加戢，則八座便有三蟬，若帖以驍、游，亦不爲少。」迺以戢爲吏部尚書，加驍騎將軍。

戢美容儀，動止與褚彥回相慕，時人號爲「小褚公」。家業富盛，性又華侈，衣被服飾，極爲奢麗。出爲吳興太守。上頗好畫扇，宋孝武賜戢蟬雀扇，善畫者顧景秀所畫。時吳郡陸探微、顧寶先皆能畫，〔一一〕歎其巧絕。戢因王晏獻之，上令晏厚酬其意。卒年三十六，謚懿子。女爲鬱林王后。又追贈侍中、右光祿大夫。〔一二〕

求字子有，偃弟子也。父鑠，仕宋位宜都太守。求元嘉末爲文帝挽郎。歷位太子洗馬，丹陽郡丞，清退無嗜慾。後爲太子中舍人。泰始中，妻亡，還吳葬舊墓。除中書郎，不拜。仍住吳，隱居波若寺，足不踰戶，人莫見其面。

宋明帝崩，出奔國哀，除永嘉太守。求時寄住南澗寺，不肯詣臺，乞於野外拜受，見許。一夜忽乘小船逃歸吳，隱武丘山。〔一三〕齊永明四年，拜太中大夫，不就，卒。

初，求父鑠素有風疾，無故害求母王氏，坐法死，求兄弟以此無宦情。求弟點。

點字子晳，年十一，居父母憂，幾至滅性。及長，感家禍，欲絕昏宦，尙之强爲娶琅邪王氏。禮畢，將親迎，點累涕泣，求執本志，遂得罷。

點明目秀眉，容貌方雅，眞素通美，不以門戶自矜。博通羣書，善談論。家本素族，親姻多貴仕。點雖不入城府，性率到，好狎人物。遨游人間，不簪不帶，以人地並高，無所與屈，大言踑踞公卿，敬下。或乘柴車，躡草屩，恣心所適，致醉而歸。故世論以點爲孝隱士，弟胤爲小隱士，大夫多慕從之。時人稱重其通，號曰「游俠處士」。兄求亦隱吳郡武丘山。求卒，點菜食不飲酒，訖于三年，腰帶減半。

宋泰始末，徵爲太子洗馬。齊初，累徵中書侍郎、太子中庶子，並不就。與陳郡謝瀹、吳國張融、會稽孔德璋爲莫逆友。〔一四〕

點門世信佛，從弟遁以東籬門園居之，德璋爲築室焉。園有卞忠貞冢，點植花於冢側，每飲必舉酒酹之。招攜勝侶，及名德桑門，清言賦詠，優游自得。

初，褚彥回、王儉爲宰相，點謂人曰：「我作齊書已竟，贊云『回既世族，儉亦國華，不賴舅氏，遑恤國家』。」王儉聞之，欲候點，知不可見，乃止。豫章王嶷命駕造點，點從後門遁去。司徒竟陵王子良聞之，曰：「豫章王尙望塵不及，吾當望岫息心。」後點在法輪寺，子良就見之，點角巾登席，子良欣悅無已，遺點嵇叔夜酒盃、徐景山酒鎗。

點少時嘗患渴利，積歲不愈。後在吳中石佛寺建講，於講所晝寢，夢一道人，形貌非常，授丸一掬，夢中服之，自此而差，時人以爲淳德所感。

性通侻好施，遠近致遺，一無所逆，隨復散焉。嘗行經朱雀門街，有自車後盜點衣者，見而不言，旁人禽盜與之，點乃以衣施盜。盜不敢受，點令告有司，盜懼乃受之。

點雅有人倫鑒，多所甄拔。知吳興丘遲於幼童，稱濟陽江淹於寒素，悉如其言。哀樂過人。嘗行逢葬者，歎曰：「此哭者之懷，豈可思邪。」於是悲慟不能禁。老又娶魯國孔嗣女，嗣亦隱者。點雖昏，亦不與妻相見，築別室以處之，人莫諭其意。吳國張融少時免官，而爲詩有高言，〔一五〕點答詩曰：「昔聞東都日，不在簡書前。」雖戲而融久病之。及點後昏，融始爲詩贈點曰：「惜哉何居士，薄暮遘荒淫。」點亦病之。

永元中，崔慧景圍城，人間無薪，點悉伐園樹以贍親黨。慧景性好佛義，先慕交點，點不顧之。至是乃逼召點，點裂裙爲袴，往赴其軍，終日談說，不及軍事。其語默之迹如此。慧景平後，東昏大怒，欲誅之。王瑩爲之懼，求計於蕭暢。暢謂茹法珍曰：「點若不誘賊共講，未必可量，以此言之，乃應得封。」東昏乃止。

梁武帝與點有舊，及踐阼，手詔論舊，賜以鹿皮巾等，并召之。點以巾褐引入華林園，帝贈詩酒，恩禮如舊，仍下詔徵爲侍中。捋帝鬚曰：「乃欲臣老子。」辭疾不起。復下詔詳加資給，並出在所，日費所須，太官別給。

天監二年卒，詔給第一品材一具，喪事所須，內監經理。點弟胤。

胤字子季，出繼叔父曠，故更字胤叔。年八歲，居憂，毀若成人。及長輕薄不羈，晚乃折節好學，師事沛國劉瓛，受易及禮記、毛詩。又入鍾山定林寺聽內典，其業皆通。而縱情誕節，時人未之知也，唯瓛與汝南周顒深器異之。

仕齊為建安太守，政有恩信，人不忍欺。每伏臘放囚還家，依期而反。歷黃門侍郎，太子中庶子。尚書令王儉受詔撰新禮，未就而卒。又使特進張緒續成，緒又卒，屬在司徒竟陵王子良。子良以讓胤，乃置學士二十人佐胤撰錄。

後以國子祭酒與太子中庶子王瑩並為侍中。時胤單作祭酒，疑所服。陸澄博古多該，亦不能據，遂以玄服臨試。爾後詳議，乃用朱服。祭酒朱服，自此始也。

及鬱林嗣位，胤為后族，甚見親待。為中書令，領臨海、巴陵王師。胤雖貴顯，常懷止足。建武初，已築室郊外，恒與學徒游處其內。至是遂賣園宅欲入東。未及發，聞謝朏罷吳興郡不還，胤恐後之，乃拜表解職，不待報輒去。明帝大怒，使御史中丞袁昂奏收胤。尋有詔許之。

胤以會稽山多靈異，往游焉，居若邪山雲門寺。初，胤二兄求、點並棲遁，求先卒，至是胤又隱，世號點為「大山」，胤為「小山」，亦曰「東山」。兄弟發迹雖異，克終皆隱，世謂何氏三高。

永元中，徵為太常、太子詹事，並不就。梁武帝霸朝建，引為軍謀祭酒，并與書詔，不至。〔一六〕及帝踐阼，詔為特進、光祿大夫，〔一七〕遣領軍司馬王杲之以手敕諭意，〔一八〕并徵謝朏。

杲之先至胤所，胤恐朏不出，先示以可起，乃單衣鹿皮巾執經卷，下牀跪受。詔出，就席伏讀。胤因謂杲之曰：「吾昔於齊朝欲陳三兩條事：一者欲正郊丘，二者欲更鑄九鼎，三者欲樹雙闕。世傳晉室欲立闕，王丞相指牛頭山云，『此天闕也』。是則未明立闕之意。闕者謂之象魏，懸法於其上，浹日而收之。象者法也，魏者當塗而高大貌也。鼎者神器，有國所先。圓丘南郊，舊典不同。南郊祠五帝靈威仰之類，圓丘祠天皇大帝、北極大星是也。往代合之郊丘，先儒之巨失。今梁德告始，不宜遂因前謬。卿宜陳之。」杲之曰：「僕之鄙劣，豈敢輕議國典，此當敬俟叔孫生耳。」

及杲之從謝朏所還，問胤以出期。胤知朏已應召，答杲之曰：「吾年已五十七，月食四斗米不盡，何容復有宦情？」杲之失色不能答。胤反謂曰：「卿何不遣傳詔還朝拜表，留與我同游邪？」杲之愕然曰：「古今不聞此例。」胤曰：「檀弓兩卷，皆言物始。自卿而始，何必有例？」胤、朏俱前代高士，胤處名譽尤邁矣。

杲之還，以胤意奏聞，有敕給白衣尚書祿。胤固辭。又敕山陰庫錢月給五萬，又不受。乃敕何子朗、孔壽等六人於東山受學。太守衡陽王元簡深加禮敬，月中常命駕式閭，談論終日。

胤以若邪處勢迫隘，不容學徒，乃遷秦望山。山有飛泉，廼起學舍，卽林成援，因巖爲堵，別爲小閣室，寢處其中，躬自啓閉，僮僕無得至者。山側營田二頃，講隙從生徒游之。胤初遷將築室，忽見二人著玄冠，容貌甚偉，問胤曰：「君欲居此邪？」乃指一處云：「此中殊吉。」忽不復見。胤依言而卜焉。尋而山發洪水，樹石皆倒拔，唯胤所居室巋然獨存。元簡乃命記室參軍鍾嶸作瑞室頌，刻石以旌之。

及元簡去郡，入山與胤別。胤送至都賜埭，去郡三里，因曰：「僕自棄人事，交游路斷，自非降貴山藪，豈容復望城邑。此埭之游，於今絕矣。」執手涕零。

何氏過江，自晉司空充並葬吳西山。胤家世年皆不永，唯祖尚之至七十二。〔一九〕胤年登祖壽，乃移還吳，作別山詩一首，言甚悽愴。

至吳，居武丘山西寺講經論，學僧復隨之。東境守宰經途者，莫不畢至。胤常禁殺，有虞人逐鹿，鹿徑來趨胤，伏而不動。又有異鳥如鶴紅色，集講堂，馴狎如家禽。

初，開善寺藏法師與胤遇於秦望山，後還都，卒於鍾山。死日，胤在波若寺見一名僧，授胤香爐奩并函書，〔二〇〕云：「貧道發自揚都，呈何居士。」言訖失所在。胤開函，乃是大莊嚴論，世中未有。訪之香爐，乃藏公所常用。又於寺內立明珠柱，柱乃七日七夜放光。太守何遠以狀啓昭明太子，太子欽其德，遣舍人何思澄致手令以褒美之。中大通三年卒，年八十六。

先是胤疾，妻江氏夢神告曰：「汝夫壽盡，旣有至德，應獲延期，爾當代之。」妻覺說焉，俄得患而卒，胤疾乃瘳。至是胤夢見一神女幷八十許人，並衣帢，行列在前，俱拜牀下，覺又見之，便命營凶具。旣而疾困不復瘳。

初，胤侈於味，食必方丈，後稍欲去其甚者，猶食白魚、䱇脯、糖蟹，以爲非見生物。疑食蚶蠣，使門人議之。學生鍾岏曰：「䱇之就脯，驟於屈申，蟹之將糖，躁擾彌甚。仁人用意，深懷如怛。至於車螯蚶蠣，眉目內闕，慚渾沌之奇，獷殼外緘，非金人之愼。不悴不榮，曾草木之不若，無馨無臭，與瓦礫其何算。故宜長充庖廚，永爲口實。」竟陵王子良見岏議大怒。汝南周顒與胤書，勸令食菜，曰：「變之大者，莫過死生，生之所重，無逾性命。性命之於彼極切，滋味之在我可賒。若云三世理誣，則幸矣良快，如使此道果然，而受形未息，一往一來，生死常事，則傷心之慘，行亦自及。丈人於血氣之類，雖不身踐，至於晨鳧夜鯉，不能不取備屠門。財貝之經盜手，猶爲廉士所棄，生性之一啓鸞刀，寧復慈心所忍。騶虞雖飢，非自死之草不食，聞其風者，豈不使人多媿。丈人得此有素，聊復片言發起耳。」故胤末年遂絕血味。

胤注百論、十二門論各一卷，注周易十卷，毛詩總集六卷，毛詩隱義十卷，禮記隱義二十卷，禮答問五十五卷。子撰亦不仕，有高風。

何炯字士光，胤從弟也。父撙，太中大夫。炯年十五，從胤受業，一朞並通五經章句。白皙美容貌，從兄求、點每曰：「叔寶神清，杜乂膚清，今觀此子，復見衞、杜在目。」從兄戢謂人曰：「此子非止吾門之寶，亦爲一代偉人。」炯常慕恬退，不樂進仕。從叔昌寓謂曰：「求、點皆已高蹈，汝無宜復爾。且君子出處亦各一途。」

年十九，解褐揚州主簿，舉秀才，累遷梁仁威南康王限內記室，書侍御史。以父疾陳解。炯侍疾踰旬，衣不解帶，頭不櫛沐，信宿之間，形貌頓改。及父卒，號慟不絕聲，藉地腰脚虛腫。醫云：「須服猪蹄湯。」炯以有肉味不肯服，親友請譬，終於不回，遂以毀卒。先是謂家人曰：「王孫、玄晏所尚不同，長魚、慶緒於事爲得。必須儉而中禮，無取苟異。月朝十五日，可置一甌粗粥，如常日所進。」又傷兩兄並淡仕進，故祿所不及，恐而今而後，溫飽無資。乃潸然下泣，自外無所言。

何昌寓字儼望，尙之弟子也。父佟之，位侍中。〔三〕昌寓少而清靖，獨立不羣，所交者必當世淸名，是以風流籍甚。仕宋爲尙書儀曹郎、建平王景素征北南徐州府主簿，以風素見重。母老求祿，出爲湘東太守。還爲齊高帝驃騎功曹。

昌寓在郡，景素被誅，昌寓痛之，至是啓高帝理其寃，又與司空褚彥回書極言之。高帝嘉其義。歷位中書郎、王儉衞軍長史，儉謂昌寓曰：「後任朝事者，非卿而誰？」

臨海王昭秀爲荆州，以昌寓爲西中郎長史、南郡太守，行荆州事。明帝將踐阼，先使裴叔業賫旨詔昌寓，令以便宜從事。〔二二〕昌寓拒之曰：「國家委身以上流之重，〔二三〕付身以萬里之事，臨海王未有失，寧得從君單詔邪？卽時自有啓聞，須反更議。」叔業曰：「若爾便是拒詔，拒詔，軍法行事耳。」〔二四〕答曰：「能見殺者君也，能拒詔者僕也。君不能見殺，政有沿流之計耳。」昌寓素有名德，叔業不敢逼而退。上聞而嘉之，昭秀由此得還都。

昌寓後爲吏部尙書，嘗有一客姓閔求官。昌寓謂曰：「君是誰後？」答曰：「子騫後。」昌寓團扇掩口而笑，謂坐客曰：「遙遙華胄。」

昌寓不雜交游，通和汎愛，歷郡皆以淸白稱。後卒於侍中，領驍騎將軍。贈太常，謚曰簡子。子敬容。

敬容字國禮，弱冠尙齊武帝女長城公主，拜駙馬都尉。梁天監中，爲建安內史，淸公有美績，吏人稱之。累遷守吏部尚書，銓序明審，號爲稱職。出爲吳郡太守，爲政勤卹人隱，辯訟如神，視事四年，政爲天下第一。吏人詣闕請樹碑，詔許之。復爲吏部尚書、侍中，領太子中庶子。

敬容身長八尺，白皙美鬚眉，性矜莊，衣冠鮮麗。武帝雖衣浣衣，而左右衣必須潔。嘗有侍臣衣帶卷摺，帝怒曰：「卿衣帶如繩，欲何所縛。」敬容希旨，故益鮮明。常以膠清刷鬢，衣裳不整，伏牀熨之，或暑月背爲之焦。每公庭就列，容止出人。爲尚書右僕射，參掌選事。遷左僕射、丹陽尹，並參掌大選如故。敬容接對賓朋，言詞若訥，酬答二宮，則音韻調暢。大同中，朱雀門災，武帝謂羣臣曰：「此門制狹，我始欲改構，遂遭天火。」相顧未答，敬容獨曰：「此所謂先天而天不違。」時以爲名對。

五年，改爲尚書令，參選事如故。敬容久處臺閣，詳悉晉魏以來舊事，且聰明識達，勤於簿領，詰朝理事，日旰不休。職隆任重，專預機密，而拙於草隸，淺於學術，通包苴餉餽，無賄則略不交語。自晉宋以來，宰相皆文義自逸，敬容獨勤庶務，貪吝爲時所嗤鄙。

其署名「敬」字，則大作「苟」，小爲「文」，「容」字大爲「父」，小爲「口」。〔二五〕陸倕戲之曰：「公家『苟』既奇大，『父』亦不小。」敬容遂不能答。又多漏禁中語，故嘲誚日至。嘗有客姓吉，敬容問：「卿與邴吉遠近？」答曰：「如明公之與蕭何。」時蕭琛子巡頗有輕薄才，因製卦名、離合等詩嘲之，亦不屑也。

帝嘗夢具朝服入太廟拜伏悲感，且於延務殿說所夢。敬容對曰：「臣聞孝悌之至，通於神明。陛下性與天通，故應感斯夢。」上極然之，便有拜陵之議。

後坐妾弟費慧明爲導倉丞夜盜官米，爲禁司所執，送領軍府。時河東王譽爲領軍，敬容以書解慧明。譽前經屬事不行，因此卽封書以奏。帝大怒，付南司推劾。御史中丞張綰奏敬容協私罔上，合棄市。詔特免職。到溉謂朱异曰：「天時便覺開霽。」其見嫉如此。初，沙門釋寶誌嘗謂敬容曰：「君後必貴，終是『何』敗耳。」及敬容爲宰相，謂何姓當爲其禍，故抑沒宗族，無仕進者，至是竟爲河東所敗。

中大同元年三月，武帝幸同泰寺講金字三慧經，敬容啓預聽，敕許之。又起爲金紫光祿大夫，未拜，又加侍中。敬容舊時賓客門生諠譁如昔，冀其復用。會稽謝郁致書戒之曰：

草萊之人，聞諸道路，君侯已得瞻望朝夕，出入禁門。醉尉將不敢呵，灰然不無其漸，甚休！敢賀於前，又將弔也。

昔流言裁至，公旦東奔，燕書始來，子孟不入。夫聖賢被虛過以自斥，未有嬰時釁而求親者也。且暴鰓之魚，不念杯酌之水，雲霄之翼，豈顧籠樊之糧。何者？所託已盛也。昔君侯納言加首，鳴玉在腰，回豐貂以步文昌，聳高蟬而趨武帳，可謂盛矣。不以此時薦才拔士，少報聖主之恩，今卒如爰絲之說，受責見過，方復欲更窺朝廷，觖望萬分，竊不爲左右取也。昔竇嬰、楊惲亦得罪明時，不能謝絕賓客，猶交黨援，卒無後福，終益前禍。僕之所弔，實在於斯。

人人所以頗猶有踵君侯之門者，未必皆感惠懷仁，有灌夫、任安之義，乃戒翟公之大署，冀君侯之復用也。夫在思過之日，而挾復用之意，未可爲智者說矣。夫君侯宜杜門念失，無有所通，築茅茨於鍾阜，聊優游以卒歲，見可憐之意，著待終之情，復仲尼能改之言，惟子貢更也之譬，少戢言於衆口，微自救於竹帛，所謂「失之東隅，收之桑榆」。如此，令明主聞知，尙有冀也。

僕東皐鄙人，入穴幸無銜寠，耻天下之士，不爲執事道之，故披肝膽，示情素，君侯豈能鑒焉。

太清元年，遷太子詹事，侍中如故。二年，侯景襲建鄴，敬容自府移家臺內。初，景渦陽退敗，未得審實，傳者乃云其將暴顯反，景身與衆並沒。朝廷以爲憂。敬容尋見東宮，簡文謂曰：「淮北始更有信，侯景定得身免。」敬容曰：「得景遂死，深是朝廷之福。」簡文失色，問其故，對曰：「景翻覆叛臣，終當亂國。」

是年，簡文頻於玄圃自講老莊二書，學士吳孜時寄詹事府，每日入聽。敬容謂孜曰：「昔晉氏喪亂，頗由祖尙虛玄，胡賊遂覆中夏。今東宮復襲此，殆非人事，其將爲戎乎。」俄而侯景難作，其言有徵也。三年，卒于園內。

何氏自晉司空充、宋司空尙之奉佛法，並建立塔寺，至敬容又捨宅東爲伽藍，趨權者因助財造搆，敬容並不拒，故寺堂宇頗爲宏麗。時輕薄者因呼爲「衆造寺」。及敬容免職出宅，止有常用器物及囊衣而已，竟無餘財貨，時亦以此稱之。

敬容特爲從兄胤所親愛，胤在若邪山嘗疾篤，有書云：「田疇館宇悉奉衆僧，書經並歸從弟敬容。」其見知如此。敬容唯有一子，年始八歲。在吳，臨還與胤別，胤問名，敬容曰：「仍欲就兄求名。」胤卽命紙筆，名曰瑴。曰：「書云兩玉曰瑴，吾與弟二家共此一子，所謂瑴也。」位祕書丞，早卒。

論曰：尙之以雅道自居，用致公輔，行己之迹，動不踰閑。及乎洗閤取譏，皮冠獲誚，貞粹之地，高人未之全許。然父子一時並處權要，雖經屯詖，咸以功名自卒，古之所謂巧宦，此之謂乎。點、胤弟兄俱云遁逸，求其蹈履，則非曰山林，察其持身，則未捨名譽。觀夫子晳之赴慧景，子季之矯敬沖，〔二六〕以迹以心，居然可測。而高自標致，一代歸宗，以之入用，未知所取。斯殆虛勝之風，江東所尚，不然何以至於此也？昌寓雅仗名節，殆曰人望。敬容材實幹蠱，賄而敗業，惜乎。

校勘記

〔一〕祖惔南康太守　「惔」各本作「恢」，據晉書何準傳改。

〔二〕並合從原　宋書此句上有「睦既縛送，則餘人無應復告」二句，則「從原」爲免其家人，意自顯豁；此處删節不當，似並其子亦原免。

〔三〕昔殷浩亦嘗作豫章定省　張森楷南史校勘記：「『作』，疑當作『往』，字近而譌。」按張說蓋是。

〔四〕立學聚生徒東海徐秀廬江何曇黃回至並慕道來遊　「立學」宋書作「立玄學」；「回」字各本並脫，據宋書補。

〔五〕不變致大變也　「變」字各本並脫，據宋書補。

〔六〕泉布廢興未容驟議　「未容」二字各本並脫，據通志補。

〔七〕中領軍沈演之以爲若以大錢當兩　「錢」字各本並脫，據宋書補。

〔八〕孟即孟顗　「顗」各本作「覬」，據宋書改。按孟顗附見謝靈運傳。

〔九〕義宣司馬竺超至並應從誅　「竺超」宋書作「竺超民」，此避唐諱而省。

〔一〇〕以爲左光祿開府儀同三司　「爲」字各本並脫，據宋書補。

〔一一〕時吳郡陸探微顧寶先皆能畫　「寶」各本作「彥」，據太平御覽九四四引改。按顧寶先附顧琛傳，宋孝武帝大明中爲尙書水部郎，時正相接。本書卷二十二王曇首傳子僧虔附傳稱「吳郡顧寶先卓越多奇，自以伎能，僧虔乃作飛白以示之」，即其人。

〔一二〕又追贈侍中右光祿大夫　「又」各本作「父」，據南齊書改。

〔一三〕隱武丘山　「武」本字「虎」，避唐諱改。

〔一四〕與陳郡謝瀹吳國張融會稽孔德璋爲莫逆友　「孔德璋」即「孔稚珪」，此避唐諱而改稱其字。

〔一五〕而爲詩有高言　「高」下梁書有「尙」字。

〔一六〕梁武帝霸朝建引爲軍謀祭酒并與書詔不至　時梁武帝未即位，不得言詔，疑此「詔」字衍文。通志無「詔」字。

〔一七〕詔爲特進光祿大夫　「光祿」上梁書有「右」字。

〔一八〕遣領軍司馬王杲之以手敕諭意　「王杲之」梁書作「王果」。

〔一九〕唯祖尙之至七十二　按南史及宋書何尙之傳並作薨年七十九，此與梁書處士何胤傳又並作尙之年至七十二，疑當以尙之本傳爲正。

〔二〇〕胤在波若寺見一名僧授胤香爐奩并函書　梁書無「名」字，疑此衍文。

〔二一〕父佟之位侍中　張森楷南史校勘記：「南齊書作『父佟之，太常。』按『佟』當作『攸』，梁書何敬容傳作『攸之』。宋書江湛傳有『侍中何攸之』，即其人也；何尚之傳又作『悠之位太常、侍中』。何佟之別一人，見梁書儒林傳。」

〔二二〕先使裴叔業賫旨詔昌寓令以便宜從事　「詔」通志作「詣」。「賫旨詔昌寓」北監本、殿本作「往密敕昌寓」，其他各本如本文。「裴叔業」南齊書作「徐玄慶」。

〔二三〕國家委身以上流之重　北監本、殿本作「國家委身以六尺之孤」，其他各本如本文。

〔二四〕拒詔軍法行事耳　北監本、殿本作「拒詔恐非佳事耳」，其他各本如本文。

〔二五〕容字大爲父小爲口　各本脫「爲父小」三字，據册府元龜九五四補。按下陸倕云「父亦不小」，則作「大爲父而小爲口」爲是。

〔二六〕子季之矯敬沖　「子季」各本作「子秀」，據何胤傳改。按子季，何胤之字；敬沖，謝朏之字。

南史卷三十一

列傳第二十一

張裕 子永 岱 岱兄子緖 緖子完 充 永子瓌 瓌子率 率弟盾 瓌弟稷 稷子嵊 稷從子種

張裕字茂度，吳郡吳人也，名與宋武帝諱同，故以字稱。曾祖澄，晉光祿大夫。祖彭祖，廣州刺史。父敞，侍御史、度支尚書、吳國內史。

茂度仕爲宋武帝太尉主簿、揚州中從事，累遷別駕。武帝西伐劉毅，北伐關洛，皆居守留任州事。出爲都督、廣州刺史、平越中郎將，綏靜百越，嶺外安之。

元嘉元年，爲侍中、都督、益州刺史。帝討荆州刺史謝晦，詔益州遣軍襲江陵。晦平，西軍始至白帝。茂度與晦素善，議者疑其出軍遲留。弟邵時爲湘州刺史，起兵應大駕。上以邵誠節，故不加罪。累遷太常，以脚疾出爲義興太守。上從容謂曰：「勿以西蜀介懷。」對曰：「臣不遭陛下之明，墓木拱矣。」

後爲都官尚書，以疾就拜光祿大夫，加金章紫綬。茂度內足於財，自絕人事，經始本縣之華山爲居止。優游野澤，如此者七年。十八年，除會稽太守。素有吏能，職事甚理。卒於官，謚曰恭子。

子演，位太子中舍人。演四弟鏡、永、辯、岱俱知名，〔一〕時謂之張氏五龍。鏡少與光祿大夫顏延之鄰居，顏談義飲酒，喧呼不絕，而鏡靜默無言聲。後鏡與客談，延之從籬邊聞之，取胡牀坐聽，辭義清玄。延之心服，謂客曰：「彼有人焉。」由是不復酣叫。仕至新安太守。演、鏡兄弟中名最高，餘並不及。

初，裕曾祖澄當葬父，郭璞爲占墓地，曰：「葬某處，年過百歲，位至三司，而子孫不蕃。某處年幾減半，位裁卿校，而累世貴顯。」澄乃葬其劣處。位光祿，年六十四而亡，其子孫遂昌云。

永字景雲，初爲郡主簿，累遷尚書中兵郎。先是尚書中條制繁雜，元嘉十八年，欲加修撰，徙永爲刪定郎，掌其任。二十二年，除建康令，所居皆有稱績。又除廣陵王誕北中郎錄事參軍。

永涉獵書史，能爲文章，善隸書，騎射雜藝，觸類兼善。又有巧思，益爲文帝所知。紙墨皆自營造，上每得永表啓，輒執玩咨嗟，自嘆供御者了不及也。二十三年，造華林園、玄武湖，並使永監統。凡所制置，皆受則於永。永既有才能，每盡心力，文帝謂堪爲將。二十九年，以永爲揚威將軍、冀州刺史，加都督。督王玄謨、申坦等諸將經略河南，〔三〕進攻碻磝，累旬不拔，爲魏軍所殺甚衆。永卽夜撤圍退軍，不報告諸將，衆軍驚擾，爲魏所乘，死敗塗地。永及申坦並爲統府撫軍將軍蕭思話所收，繫於歷城獄。文帝以屢征無功，諸將不可任，詔責永等與思話。又與江夏王義恭書曰：「早知諸將輩如此，恨不以白刃驅之，今者悔何所及。」

三十年，元凶弒立，起永爲青州刺史。及司空南譙王義宣起義，又改永爲冀州刺史，加都督。永遣司馬崔勳之、中兵參軍劉宣則二軍馳赴國難。時蕭思話在彭城，義宣慮二人不相諧緝，與思話書，勸與永坦懷。又使永從兄長史張暢與永書勗之，使遠慕廉、藺在公之德，近効平、勃亡私之美。事平，召爲江夏王義恭大司馬從事中郎，領中兵。

孝武孝建元年，臧質反，遣永輔武昌王渾鎮京口。大明三年，累遷廷尉。上謂曰：「卿既與釋之同姓，欲使天下復無寃人。」永曉音律，太極殿前鍾聲嘶，孝武嘗以問永。永答鍾有銅滓，乃扣鍾求其處，鑿而去之，聲遂淸越。

明帝卽位，爲青冀二州刺史，監四州諸軍事，統諸將討徐州刺史薛安都，累戰剋捷。破薛索兒。又遷鎭軍將軍，尋爲南兗州刺史，加都督。

時薛安都據彭城請降，而誠心不款。明帝遣永與沈攸之重兵迎之，加都督前鋒諸軍事，進軍彭城。安都招引魏兵既至，永狼狽引軍還，爲魏軍追大敗，復遇寒雪，士卒離散。永脚指斷落，僅以身免，失其第四子。

三年，徙會稽太守，加都督，將軍如故。以北行失律，固求自貶，降號左將軍。永痛悼所失之子，有兼常哀，服制雖除，猶立靈座，飮食衣服，待之如生。每出行，常別具名車好馬，號曰侍從。有軍事，輒語左右報郎君知也。以破薛索兒功，封孝昌縣侯。在會稽，賓客有謝方童、阮須、何達之等竊其權，贓貨盈積。方童等坐贓下獄死，永又降號冠軍將軍。

廢帝卽位，爲右光祿大夫、侍中，領安成王師。出爲吳郡太守。元徽二年，爲征北將軍、南兗州刺史，加都督。永少便驅馳，志在宣力，其爲將帥，能與士卒同甘苦。朝廷所給賜脯𩞄，必棊坐齊割，手自頒賜。年雖已老，志氣未衰，優游閑任，意甚不樂。及有此授，喜悅非常，卽日命駕還都。未之鎭，遇桂陽王休範作亂，永率所領屯白下。休範至新亭，前鋒攻南掖門，永遣人覘賊，既反，唱言臺城陷，永衆潰，棄軍還。以舊臣不加罪，止免官削爵。以愧發病卒。

岱字景山，州辟從事，累遷東遷令。時殷沖爲吳興太守，謂人曰：「張東遷親貧須養，所以棲遲下邑。然名器方顯，終當大至。」

後爲司徒左西曹掾。母年八十，籍注未滿，岱便去官，從實還養。有司以岱違制，將欲糾舉。宋孝武曰：「觀過可以知仁，不須案也。」

累遷山陰令，職事閑理。巴陵王休若爲北徐州，未親政事，以岱爲冠軍諮議參軍，領彭城太守，行府、州、國事。後臨海王爲征虜將軍廣州，豫章王爲車騎揚州，晉安王爲征虜南兗州，岱歷爲三府諮議三王行事，與典籤主帥共事，事舉而情得。或謂岱曰：「主王既幼，執事多門，而每能緝和公私，云何致此？」岱曰：「古人言，一心可以事百君。我爲政端平，待物以禮，悔吝之事，無由而及；明闇短長，更是才用多少耳。」

入爲黃門郎。新安王子鸞以盛寵爲南徐州，割吳郡屬焉。高選佐史，孝武召岱謂曰：「卿美効夙著，兼資宦已多，今欲用卿爲子鸞別駕，總刺史之任，無謂小屈，終當大申也。」

帝崩，累遷吏部郎。泰始末，爲吳興太守。元徽中，爲益州刺史，加都督。數年，益土安其政。

累遷吏部尚書。王儉爲吏部郎，時專斷曹事，岱每相違執。及儉爲宰相，以此頗不相善。

兄子瓌、弟恕誅吳郡太守劉遐，齊高帝欲以恕爲晉陵郡。岱曰：「恕未閑從政，美錦不宜濫裁。」高帝曰：「恕爲人我所悉，其又與瓌同勳，自應有賞。」岱曰：「若以家貧賜祿，此所不論；語功推事，臣門之恥。」加散騎常侍。

建元元年，中詔序朝臣，欲以右僕射擬岱。褚彥回謂得此過優，若別有忠誠，特宜升引者，別是一理。」詔更量。

出爲吳郡太守。高帝知岱歷任清直，至郡未幾，手敕曰：「大郡任重，乃未欲回換，但總戎務殷，宜須望實。今用卿爲護軍。加給事中。」岱拜竟，詔以家爲府。

武帝卽位，復爲吳興太守。岱晚節在吳興，更以寬恕著名。遷南兗州刺史，未拜卒。

岱初作遺命，分張家財，封置箱中，家業張減，隨復改易，如此十數年。諡曰貞子。

緖字思曼，岱兄子也。父演，宋太子中舍人。緖少知名，清簡寡欲，從伯敷及叔父鏡、從叔暢並貴異之。鏡比之樂廣，敷云「是我輩人」。暢言於孝武帝，用爲尚書倉部郎。都令史諮詳郡縣米事，緖蕭然直視，不以經懷。宋明帝每見緖，輒歎其清淡。

轉太子中庶子、本州大中正，遷司徒左長史。吏部尚書袁粲言於帝曰：「臣觀張緖有正始遺風，宜爲宮職。」復轉中庶子。後爲侍中，遷吏部郎，參掌大選。元徽初，東宮官罷，選曹擬舍人王儉爲格外記室。緒以儉人地兼美，宜轉秘書丞。從之。緒又遷侍中，嘗私謂客曰：「一生不解作諾。」有以告袁粲、褚彥回者，由是出爲吳郡太守，緒初不知也。

昇明二年，自祠部尚書爲齊高帝太傅長史。建元元年，爲中書令。緒善談玄，深見敬異。僕射王儉嘗云：「緒過江所未有，北士可求之耳。〔三〕不知陳仲弓、黃叔度能過之不？」

駕幸莊嚴寺聽僧達道人講維摩，坐遠不聞緒言，上難移緒，乃遷僧達以近之。時帝欲用緒爲右僕射，以問王儉。儉曰：「緒少有清望，誠美選也。南士由來少居此職。」褚彥回曰：「儉少年或未憶耳，江左用陸玩、顧和，皆南人也。」儉曰：「晉氏衰政，不可爲則。」先是緒諸子皆輕俠，中子充少時又不護細行，儉又以爲言，乃止。

及立國學，以緒爲太常卿，領國子祭酒，以王延之代緒爲中書令。何點歎曰：「晉以子敬、季琰爲此職，今以王延之、張緒爲之，可謂清官。後接之者，實爲未易。」緒長於周易，言精理奧，見宗一時。常云「何平叔不解易中七事」。〔四〕

武帝卽位，轉吏部尚書，祭酒如故。永明元年，領南郡王師，加給事中。三年，轉太子詹事，師、給事如故。緒每朝見，武帝目送之，謂王儉曰：「緒以位尊我，我以德貴緒。」遷散騎常侍、金紫光祿大夫，師如故，給親信二十人。

復領中正。長沙王晃屬選用吳郡聞人邕爲州議曹，緒以資籍不當，執不許。晃遣書於緒固請之，緒正色謂晃信曰：「此是身家州鄉，殿下何得見逼。」乃止。

緒吐納風流，聽者皆忘飢疲，見者肅然如在宗廟。雖終日與居，莫能測焉。劉悛之爲益州，獻蜀柳數株，枝條甚長，狀若絲縷。時舊宮芳林苑始成，武帝以植於太昌靈和殿前，常賞玩咨嗟，曰：「此楊柳風流可愛，似張緒當年時。」其見賞愛如此。王儉爲尚書令、丹陽尹，時諸令史來問訊，有一令史善俯仰，進止可觀。儉賞異之，問曰：「經與誰共事？」答云：「十餘歲在張令門下。」儉目送之。時尹丞殷存至在坐，曰：「是康成門人也。」

七年，竟陵王子良領國子祭酒，武帝敕王晏曰：「吾欲令司徒辭祭酒以授張緒，物議以爲如何？」子良竟不拜，以緒領國子祭酒。

緒口不言利，有財輒散之。清談端坐，或竟日無食。門生見緒飢，爲之辦餐，然未嘗求也。

死之日，無宅以殯，遺命「凶事不設柳翣，止以蘆葭。〔五〕輀車引柩，靈上置盃水香火，不設祭」。從弟融敬緒，事之如親兄。齎酒於緒靈前酌飲慟哭曰：「阿兄風流頓盡。」追贈散騎常侍、特進、光祿大夫，謚簡子。

子完，宋後廢帝時爲正員郎，險行見寵，坐廢錮。完弟允，永明中安西功曹，淫通殺人伏法。允兄充知名。

充字延符，少好逸遊。緒嘗告歸至吳，始入西郭，逢充獵，右臂鷹，左牽狗。遇緒船至，便放紲脫鞲拜於水次。緒曰：「一身兩役，無乃勞乎。」充跪曰：「充聞三十而立，今充二十九矣，請至來歲。」緒曰：「過而能改，顏氏子有焉。」及明年便修改，多所該通，尤明老、易，能清言。與從叔稷俱有令譽。

歷尙書殿中郎、武陵王友。時尙書令王儉當朝用事，齊武帝皆取決焉。儉方聚親賓，充縠巾葛帔，至便求酒，言論放逸，一坐盡傾。及聞武帝欲以緒爲尙書僕射，儉執不可。充以爲慍，與儉書曰：

頃日路長，霖霞韜晦，涼暑未平，想無虧攝。充幸以漁釣之閑，鎌採之暇，時復引軸以自娛，逍遙乎前史。從橫萬古，動默之路多端，紛綸百年，升降之塗不一。故金剛水柔，性之別也；圓行方止，器之異也。善御性者，不違金水之質；善爲器者，不易方圓之用。充生平少偶，不以利欲干懷，三十六年，差得以棲貧自澹。介然之志，峭聳霜崖，確乎之情，峯橫海岸。至如彭纓天閣，旣謝廊廟之華，綴組雲臺，終愧衣冠之秀。實由氣岸疏凝，情塗猖隔。獨師懷抱，不見許於俗人，孤秀神崖，每邅回於在世。長羣魚鳥，畢景松阿。雖復玉沒於訪珪之辰，桂掩於搜芳之日，汎濫於漁父之遊，偃息於卜居之會，如此而已，充何識哉。

若夫驚巖罩日，吐海逢天，竦石崩尋，分危落仞。桂蘭綺靡，叢雜於山幽，松柏陰森，相繚於澗側。元卿於是乎不歸，伯休亦以茲長往。至於飛竿釣渚，濯足滄洲，獨浪煙霞，高臥風月，悠悠琴酒，岫遠誰來，灼灼文言，空擬方寸。不覺鬱然千里，路隔江川，每至西風，何嘗不歎。丈人歲路未强，學優而仕，道佐蒼生，功横海望，可謂德盛當時，孤松獨秀者也。而茂陵之彥，望冠蓋而長懷，渭川之甿，佇簪裾而竦歎，得無惜乎。

充崛西百姓，岱表一人，〔六〕蠶而衣，耕而食。不能事王侯，覓知己，造時人，騁游說。容與於屠博之間，其歡甚矣。然舉世皆謂充爲狂，充亦何能與諸君道之哉。是以披聞見，掃心胸，述平生，論語默。所可通夢交魂、推襟送抱者，唯丈人而已。關廷夐阻，書罷莫因，儻遇樵夫，妄塵執事。

儉以爲脫略，弗之重，仍以書示緒，緒杖之一百。又爲御史中丞到撝所奏，免官禁錮。沈約見其書，歎曰：「充始爲之敗，終爲之成。」久之，爲司徒諮議參軍，與琅邪王思遠、同郡陸慧曉等並爲司徒竟陵王賓客。累遷義興太守，爲政清靜，吏人便之。後爲侍中。

梁武帝兵至建鄴，東昏逢殺，百官集西鍾下，召充，充不至。武帝霸府建，以充爲大司馬諮議參軍。天監初，歷太常卿、吏部尚書，居選以平允稱。再遷散騎常侍、國子祭酒。登堂講說，皇太子以下皆至。時王侯多在學，執經以拜，充朝服而立，不敢當。再遷尚書僕射。頃之，出爲吳郡太守。下車恤貧老，故舊莫不忻悅。卒於吳郡，謚曰穆子。子最嗣。

瓌字祖逸，宋征北將軍、南兗州刺史永之子也。仕宋，累遷桂陽內史。不欲前兄瑋處祿，自免不拜。後爲司徒右長史，通直散騎常侍，驍騎將軍。

初，瓌父永拒桂陽王休範於白下，敗績，阮佃夫等欲加罪，齊高帝固申明之，瓌由此感恩自結。後遭父母喪，〔七〕還吳持服。昇明元年，劉彥節有異圖，弟遐爲吳郡，潛相影響。高帝密遣殿中將軍卞白龍令瓌取遐。諸張世有豪氣，瓌宅中常有父時舊部曲數百。遐召瓌委以軍事，瓌僞受命，與叔恕領兵十八人入郡斬之，郡內莫敢動。事捷，高帝以告左軍張沖。沖曰：「瓌以百口一擲，出手得盧矣。」即授吳郡太守，錫以嘉名，封義城縣侯。〔八〕從弟融聞之，與瓌書曰：「吳郡何晚，何須王反，聞之嗟驚，乃是阿兄。」郡人顧暠、陸閑並少年未知名，瓌並引爲綱紀，後並立名，世以爲知人。

齊建元元年，改封平都侯，遷侍中，與侍中沈文季俱在門下。高帝常謂曰：「卿雖我臣，我親卿不異賾、嶷等。」文季每還直，器物若遷；瓌止朝服而已。時集書每兼門下，東省實多清貧，有不識瓌者，常呼爲散騎。

出爲吳興太守。瓌以旣有國秩，不取郡奉。高帝敕上庫別藏其奉，以表其清。

武帝卽位，爲寧蠻校尉、雍州刺史，加都督。徵拜左戶尚書，加右軍將軍。還後，安陸王緬臨雍州，行部登蔓山，有野老來乞。緬問：「何不事產而行乞邪？」答曰：「張使君臨州理物，百姓家得相保。後人政嚴，故至行乞。」緬由是深加嗟賞。

後拜太常，自謂閑職，輒歸家。武帝曰：「卿輩未富貴，謂人不與；旣富貴，那復欲委去。」瓌曰：「陛下御臣等若養馬，無事就閑廐，有事復牽來。」帝猶怒，遂以爲散騎常侍、光祿大夫。

鬱林之廢，朝臣到宮門參承明帝。瓌託脚疾不至。海陵立，明帝疑外藩起兵，以瓌鎭石頭，督衆軍事。瓌見朝廷多難，遂恒臥疾。

建武末，屢啓求還吳，見許。居室豪富，伎妾盈房。或者譏其衰暮畜伎。瓌曰：「我少好音律，老而方解。平生嗜欲，無復一存，唯未能遣此耳。」

明帝疾甚，防疑大司馬王敬則，授瓌平東將軍、吳郡太守，以爲之備。及敬則反，瓌遣兵迎拒於松江。聞敬則軍鼓聲，一時散走。瓌棄郡逃人間，事平乃還郡，爲有司奏，免官削爵。

永元初，爲光祿大夫。三年，梁武帝起兵，東昏假褒節，戍石頭，尋棄城還宮。梁天監元年，拜給事中、右光祿大夫，以脚疾拜於家。四年卒。

褒有子十二人，常云「中應有好者」。子率知名。

率字士簡，性寬雅。十二能屬文，常日限爲詩一篇，或數日不作，則追補之，稍進作賦頌，至年十六，向作二千餘首。有虞訥者見而詆之，率乃一旦焚毁，更爲詩示焉，託云沈約。訥便句句嗟稱，無字不善。率曰：「此吾作也。」訥慚而退。

時陸少玄家有父澄書萬餘卷，率與少玄善，遂通書籍，盡讀其書。

建武三年，舉秀才，除太子舍人，與同郡陸倕、陸厥幼相友狎。嘗同載詣左衞將軍沈約，遇任昉在焉。約謂昉曰：「此二子後進才秀，皆南金也，卿可識之。」由此與昉友。

梁天監中，爲司徒謝朏掾，直文德待詔省，敕使抄乙部書，又使撰古婦人事。使工書人琅邪王琛、吳郡范懷約等寫給後宮。率取假東歸，論者謂爲傲世，率懼，乃爲待詔賦奏之，甚見稱賞。手敕答曰：「相如工而不敏，枚皐速而不工，卿可謂兼二子於金馬矣。」又侍宴賦詩，武帝別賜率詩曰：「東南有才子，故能服官政，余雖慚古昔，得人今爲盛。」率奏詩往反六首。後引見於玉衡殿，謂曰：「卿東南物望，朕宿昔所聞。卿言宰相是何人，不從天下，不由地出。卿名家奇才，若復以禮律爲意，便是其人。祕書丞天下淸官，東南望胄未有爲之者，今以相處，爲卿定名譽。」尋以爲祕書丞，掌集書詔策。

四年，禊飲華光殿，其日河南國獻赤龍駒，能拜伏，善舞。詔率與到溉、周興嗣爲賦，武帝以率及興嗣爲工。

其年，父憂去職。有父時妓數十人，其善謳者有色貌，邑子儀曹郎顧玩之求娉，謳者不願，遂出家爲尼。嘗因齋會率宅，玩之乃飛書言與率姦。南司以事奏聞，武帝惜其才，寢其奏，然猶致時論。服闋，久之不仕。

七年，除中權建安王中記室參軍，俄直壽光省，修丙丁部書抄。累遷晉安王宣惠諮議參軍。率在府十年，恩禮甚篤。後爲揚州別駕。率雖歷居職務，未嘗留心簿領。及爲別駕奏事，武帝覽牒問之，並無對，但答云：「事在牒中。」帝不悅。後歷黃門侍郎。出爲新安太守，丁所生母憂卒。

率嗜酒不事，於家務尤忘懷。在新安遣家僮載米三千石還宅，及至遂耗太半。率問其故，答曰：「雀鼠耗。」率笑而言曰：「壯哉雀鼠。」竟不研問。自少屬文，七略及藝文志所載詩賦，今亡其文者，並補作之。所著文衡十五卷，文集四十卷行於世。子長公。率弟盾。

盾字士宣，以謹重稱。爲無錫令，遇劫，問劫何須，劫以刀斫其頰，盾曰：「咄，咄，不易。」餘無所言。〔九〕於是生資皆盡，不以介懷。爲湘東王記室，出監富陽令。廓然獨處，無所用心。身死之日，家無遺財，唯有文集幷書千餘卷，酒米數甕而已。

稷字公喬，瓌弟也。幼有孝性，所生母劉無寵，遘疾。時稷年十一，侍養衣不解帶，每劇則累夜不寢。及終，毀瘠過人，杖而後起。見年輩幼童，輒哽咽泣淚，州里謂之淳孝。長兄瑋善彈箏，稷以劉氏先執此伎，聞瑋爲清調，便悲感頓絕，遂終身不聽之。

性疎率，朗悟有才略，起家著作佐郎，不拜。父永及嫡母丘相繼殂，六年廬于墓側。齊永明中，爲豫章王嶷主簿，與彭城劉繪俱見禮接，未嘗被呼名，每呼爲劉四、張五。以貧求爲剡令，略不視事，多爲小山遊。〔一〇〕會山賊唐寓之作亂，稷率厲部人保全縣境。

所生母劉先假葬琅邪黃山，建武中改申葬禮，賻助委積。於時雖不拒絕，事畢隨以還之。自幼及長，數十年中，常設劉氏神座。出告反面，如事生焉。

歷給事中黃門侍郎，新興、永寧二郡太守。郡犯私諱，改永寧爲長寧。永元末，爲侍中，宿衞宮城。梁武師至，兼衞尉江淹出奔，稷兼衞尉卿，副王瑩都督城內諸軍事。時東昏淫虐，北徐州刺史王珍國就稷謀，乃使直閣張齊行弒于含德殿。稷乃召右僕射王亮等列坐殿前西鍾下，議遣國子博士范雲、中書舍人裴長穆等使石頭城詣武帝，以稷爲侍中、左衞將軍，遷大司馬左司馬。

梁朝建，爲散騎常侍，中書令。及上卽位，封江安縣子，位領軍將軍。武帝嘗於樂壽殿內宴，稷醉後言多怨辭形於色。帝時亦酣，謂曰：「卿兄殺郡守，弟殺其君，袖提帝首，衣染天血，如卿兄弟，有何名稱。」稷曰：「臣乃無名稱，至於陛下不得言無勳。東昏暴虐，義師亦來伐之，豈在臣而已。」帝捋其鬚曰：「張公可畏人。」中丞陸杲彈稷云：「領軍張稷，門無忠貞，官必險達，殺君害主，業以爲常。」武帝留中竟不問。

累遷尚書左僕射。帝將幸稷宅，以盛暑留幸僕射省。舊臨幸供具，皆酬太官饌直。帝以稷清貧，手詔不受。宋時孝武帝經造張永，〔二〕至稷三世，並降萬乘，論者榮之。

稷雖居朝右，每慚口實，乃名其子伊字懷尹，霍字希光，畯字農人。同字不見，見字不同，以旌其志。既懼且恨，乃求出，許之。出爲青冀二州刺史，不得志，常閉閤讀佛經。禁防寬弛，僚吏頗致侵擾。州人徐道角等夜襲州城，乃害之。有司奏削爵土。

稷性明烈，善與人交，歷官無畜聚，奉祿皆頒之親故，家無餘財。爲吳興太守，下車存問遺老，引其子孫置之右職，政稱寬恕。

初去郡就僕射徵，道由吳，鄉人候稷者滿水陸。稷單裝徑還都下，人莫之識，其率素如此。

稷長女楚媛適會稽孔氏，無子歸宗，至逢稷見害，女以身蔽刃，先父卒。

稷與族兄充、融、卷俱知名，時目云充、融、卷、稷爲四張。卷字令遠，少以和理著稱，能清言，位都官尚書，天監初卒。

稷子嵊。

嵊字四山。稷初爲剡令，至嵊亭生之，因名嵊，字四山。少敦孝行，年三十餘，猶斑衣受稷杖，動至數百，收淚歡然。方雅有志操，能清言，感家禍，終身蔬食布衣，手不執刀刃，不聽音樂。弟淮言氣不倫，嵊垂泣訓誘。

起家祕書郎，累遷鎭南湘東王長史、尋陽太守。王暇日玄言，因爲之筮，得節卦，謂嵊曰：「卿後當東入爲郡，恐不得終其天年。」嵊曰：「貴得其所耳。」時伏挺在坐，曰：「君王可畏人也。」

還爲太府卿，吳興太守。侯景圍建鄴，遣弟伊率郡兵赴援。城陷，御史中丞沈浚違難東歸，嵊往見之，謂曰：「賊臣憑陵，人臣効命之日，今欲收集兵刃，保據貴鄉，雖復萬死，誠亦無恨。」浚固勸嵊舉義。時邵陵王綸東奔至錢唐，聞之，遣前舍人陸丘公板授嵊征東將軍。嵊曰：「天子蒙塵，今日何情復受榮號。」留板而已。賊行臺劉神茂攻破義興，遣使說嵊，嵊斬其使，仍遣軍破神茂。侯景乃遣其中軍侯子鑒助神茂擊嵊。嵊軍敗，乃釋戎服坐於聽事。賊臨以刃終不屈，執以送景。景將舍之，嵊曰：「速死爲幸。」乃殺之。子弟遇害者十餘人。景欲存其一子，嵊曰：「吾一門已在鬼錄，不就爾處求恩。」於是皆死。賊平，元帝追贈侍中、中衞將軍、開府儀同三司，謚忠貞子。嵊弟罩知名。

種字士苗，永從孫也。祖辯，宋大司農，廣州刺史。父略，太子中庶子，臨海太守。種少恬靜，居處雅正，傍無造請。時人語曰：「宋稱敷、演，梁則卷、充，清虛學尚，種有其風。」仕梁爲中軍宣城王府主簿，時已四十餘。家貧，求爲始豐令。及武陵王紀爲益州刺史，重選府僚，以種爲左西曹掾。種辭以母老，爲有司奏，坐黜免。

侯景之亂，奉母東奔鄉里。母卒，種時年五十，而毁瘠過甚。又迫以凶荒未葬，服雖畢，居家飲食，恒若在喪。景平，初司徒王僧辯以狀奏，起爲中從事，幷爲具葬禮，葬訖，種方卽吉。僧辯又以種年老無子，賜以妾及居處之具。陳武帝受禪，爲太常卿。歷位左戶尚書，侍中，中書令，金紫光祿大夫。

種沉深虛靜，識量宏博，時以爲宰相之器。僕射徐陵嘗抗表讓位於種，以爲宜居左執，其爲所推如此。卒，贈特進，謚元子。

種仁恕寡欲，雖歷顯位，家產屢空，終日晏然，不以爲病。太建初，女爲始興王妃，以居處僻陋，特賜宅一區。又累賜無錫、嘉興縣秩。嘗於無錫見重囚在獄，天寒，呼囚暴日，遂失之，帝大笑而不深責。有集十四卷。

種弟稜亦清靜有識度，位司徒左長史，贈光祿大夫。

論曰：張裕有宋之初，早參霸政，出內所歷，莫非清顯；諸子並荷崇搆，克舉家聲，其美譽所歸，豈徒然也。思曼立身簡素，殆人望乎。夫濯纓從事，理存無二，取信一主，義絕百心。以永元之末，人憂塗炭，公喬重圍之內，首創大謀，而旋見猜嫌，又況異於斯也。然則士之行己，可無深議。四山赴蹈之方，可謂矯其違矣。

校勘記

〔一〕演四弟鏡永辯岱俱知名　「鏡」本字「敬」，此刻本避宋諱改。參李慈銘宋書札記。

〔二〕督王玄謨申坦等諸將經略河南　「督」字各本並脫，據宋書補。

〔三〕緒過江所未有北士可求之耳　李慈銘南史札記：「南齊書作『北士中覓張緒，過江未有人』。謂北士過江以來，未有如緒者。故下云『不知陳仲弓、黃叔度能過之不』。陳、黃皆漢末北士最有名者也。南史改之，語意便不明。」

〔四〕何平叔不解易中七事　梁玉繩瞥記三：「何平叔不解易中九事，見魏志管輅傳注，南齊書及南史並以爲七事，誤也。梁書伏曼容傳亦云九事，世說同。」

〔五〕止以蘆葭　「止」各本作「上」，據通志改。

〔六〕岱表一人　「一人」梁書作「一民」，此避唐諱改。

〔七〕後遭父母喪　南齊書無「母」字，疑衍文。

〔八〕錫以嘉名封義城縣侯　「義城」南齊書作「義成」。按南齊書州郡志，司州齊安郡有義城縣；雍州義成郡有義成縣。就「錫以嘉名」言之，似「義成」爲是。

〔九〕劫以刀斫其頰盾曰咄咄不易餘無所言　「盾曰」各本並作「眉目」，據通志改。

〔一〇〕多爲小山遊　「小山遊」梁書作「山水遊」。

〔一一〕宋時孝武帝經造張永　「孝武帝」各本作「武帝」。按永仕宋在文帝以迄廢帝之世，明此「武帝」應爲「孝武帝」，今訂正。

南史卷三十二

列傳第二十二

張邵 子敷 孫冲 兄子暢 暢子融 寶積 徐文伯 嗣伯

張邵字茂宗，會稽太守裕之弟也。初爲晉琅邪內史王誕龍驤府功曹，桓玄徙誕於廣州，親故皆離棄之，唯邵情禮彌謹，流涕追送。時寇亂年饑，邵又資饋其妻子。桓玄篡位，父敞先爲尚書，以答事微謬，降爲廷尉卿。及宋武帝討桓玄，邵白敞表獻忠款，帝大悅，命署寺門曰：「有犯張廷尉家者，軍法論。」事平，以敞爲吳郡太守。及王謐爲揚州，召邵補主簿。

劉毅位居亞相，好士愛才，當世莫不輻湊，唯邵不往。親故怪而問之，邵曰：「主公命世人傑，何煩多問。」劉穆之言於帝，帝益親之，轉太尉參軍，署長流賊曹。盧循至蔡洲，武帝至石頭，使邵守南城。時百姓水際望賊，帝不解其意，以問邵。邵曰：「節鉞未反，奔散之不暇，亦何暇觀望，今當無復恐耳。」帝以邵勤練憂公，重補州主簿。邵悉心政事，精力絕人，及誅劉藩，邵時在西州直廬，卽夜誡衆曹曰：「大軍當大討，可各各條倉庫及舟船人領，至曉取辦。」〔一〕旦日，帝求諸簿最，應時卽至，怪問其速。諸曹答曰：「宿受張主簿處分。」帝曰：「張邵可謂同人憂慮矣。」

九年，世子始開征虜府，以邵補錄事參軍，轉號中軍，遷諮議參軍，領記室。

十一年，武帝北伐，邵請見曰：「人生危脆，宜有遠慮。若劉穆之邂逅不幸，誰可代之？尊業如此，若有不諱，則處分云何？」帝曰：「此自委穆之與卿耳。」

青州刺史檀祗鎮廣陵，輒率衆至滁中掩討亡命，劉穆之慮其爲變，議欲遣軍。邵曰：「檀韶據中流，道濟爲軍首，若有相疑之跡，則大府立危。不如逆遣慰勞，必無患也。」祗果不動。

及穆之暴卒，朝廷恇懼，便發詔以司馬徐羨之代之。〔二〕邵獨曰：「今誠急病，任終在徐；然世子無專行之義，宜須諮。」〔三〕信反，方使世子出命曰：「朝廷及大府事悉諮徐司馬，其餘啓還。」武帝善其臨事不撓，得大臣節。

十四年，世子改授荊州，邵諫曰：「儲貳之重，四海所繫，不宜外出，敢以死請。」世子竟不行。

文帝爲中郎將，荆州刺史，以邵爲司馬，領南郡相，衆事悉決於邵。武帝受命，以佐命功封臨沮伯。分荆州立湘州，以邵爲刺史，將署府，邵以長沙內地，非用武之國，置府妨人，乖爲政要。從之。荆州刺史謝晦反，遺書要邵，邵不發函，使呈文帝。

元嘉五年，轉征虜將軍，領寧蠻校尉、雍州刺史，加都督。初，王華與邵不和，及華參要，親舊爲之危心。邵曰：「子陵方弘至公，豈以私隙害正義。」是任也，華實舉之。

及至襄陽，築長圍，修立堤堰，創田數千頃，公私充給。丹、淅二川蠻屢爲寇，〔四〕邵誘其帥並出，因大會誅之，遣軍掩其村落，悉禽。旣失信羣蠻，所在並起，水陸路斷。七年，子敷至襄陽定省，當還都，羣蠻欲斷取之，會蠕蠕國獻使下，蠻以爲是敷，因掠之。邵坐降號揚烈將軍。

江夏王義恭鎭江陵，以邵爲撫軍長史、持節、南蠻校尉。九年，坐在雍州營私畜取贓貨二百四十五萬，〔五〕下廷尉，免官削爵土。後爲吳興太守，卒。追復爵邑，謚曰簡伯。

邵臨終遺命，祭以菜果，葦席爲轜車，諸子從焉。長子敷。

敷字景胤，生而母亡。年數歲問知之，雖童蒙便有感慕之色。至十歲許，求母遺物，而散施已盡，唯得一扇，乃緘錄之。每至感思，輒開笥流涕。見從母，悲感哽咽。

性整貴，風韻甚高，好讀玄言，兼屬文論。〔六〕初，父邵使與高士南陽宗少文談繫象，往復數番。少文每欲屈，握麈尾歎曰：「吾道東矣。」於是名價日重。

宋武帝聞其美，召見奇之，曰：「眞千里駒也。」以爲世子中軍參軍，數見接引。累遷江夏王義恭撫軍記室參軍。義恭就文帝求一學義沙門，會敷赴假還江陵，入辭，文帝令以後車載沙門往，謂曰：「道中可得言晤。」敷不奉詔，曰：「臣性不耐雜。」上甚不悅。

遷正員中書郎。敷小名楂，父邵小名梨。文帝戲之曰：「楂何如梨？」答曰：「梨是百果之宗，楂何敢比也。」中書舍人秋當、周赳並管要務，〔七〕以敷同省名家欲詣之。赳曰：「彼若不相容接，便不如勿往，詎可輕行。」當曰：「吾等並已員外郎矣，何憂不得共坐。」敷先旁設二牀，去壁三四尺。二客就席，敷呼左右曰：〔八〕「移我遠客。」赳等失色而去，其自標遇如此。

善持音儀，盡詳緩之致，與人別，執手曰：「念相聞。」餘響久之不絕。張氏後進皆慕之，其源起自敷也。

遷黃門侍郎，始興王濬後將軍司徒左長史，未拜，父在吳興亡，成服凡十餘日，始進水漿。葬畢不進鹽菜，遂毀瘠成疾。伯父茂度每止譬之，輒更感慟，絕而復續。茂度曰：「我冀譬汝有益，但更甚耳。」自是不復往。未朞而卒。孝武即位，詔旌其孝道，追贈侍中，改其所居稱孝張里。

敷弟柬襲父封，位通直郎。柬勇力，手格猛獸，元凶以爲輔國將軍。孝武至新亭，柬出奔，墜淮死。子式嗣。弟沖。

沖字思約，出繼伯父敷。沖母戴顒女，有儀範，張氏內取則焉。沖少有至性，隨從叔永爲將帥，除盱眙太守。永征彭城遇寒，軍人足脛凍斷者十七八，沖足指皆墮。齊永明八年，爲假節，監青冀二州行刺史事。沖父初卒，遺命「祭我必以鄉土所產，無用牲物」。沖在鎮，四時還吳國取果菜，每至烝嘗，輒流涕薦焉。仍轉刺史。永元二年，爲南兗州刺史，遷司州。裴叔業以壽春降魏，又遷沖南兗州刺史，並未拜。崔慧景事平，徵建安王寶夤還都，以沖爲郢州刺史，〔九〕一歲之中，頻授四州刺史，至是乃受任，封定襄侯。

梁武帝起兵，手書喻意，又遣辯士說之，沖確然不回。東昏遣驍騎將軍薛元嗣、制局監暨榮伯領兵及糧運送沖，使拒西師。元嗣等懲劉山陽之敗，疑沖不敢進，停住夏首浦。聞梁武師將至，元嗣、榮伯相率入郢城。時竟陵太守房僧寄被代還至郢，東昏敕僧寄留守魯山，除驍騎將軍。僧寄謂沖曰：「下官雖未荷朝廷深恩，實蒙先帝厚澤。蔭其樹者不折其

枝，實欲微立塵効。」冲深相許諾，共結盟誓，分部拒守。遣軍主孫樂祖數千人助僧寄據魯山岸立城壘。〔一〇〕

明年二月，梁武圍魯山城，遣軍主曹景宗等過江攻郢城。冲中兵參軍陳光靜等間出擊之，光靜戰死，冲固守不出。病將死，厲府僚以誠節，言終而卒。元嗣、榮伯與冲子孜及長史江夏程茂固守。東昏詔贈冲散騎常侍、護軍將軍。

元嗣等處圍城之中，無他經略，唯迎蔣子文及蘇侯神，日禺中於州聽上祀以求福，鈴鐸聲晝夜不止。又使子文導從登陴巡行，旦日輒復如之。識者知其將亡。

僧寄病死，孫樂祖窘，以城降。

郢被圍二百餘日，士庶病死者七八百家。魯山陷後二日，程茂及元嗣等議降，使孜爲書與梁武帝。冲故吏青州中從事房長瑜謂孜曰：「前使君忠貫昊天，操愈松竹，郎君但當端坐畫一，以荷析薪。若天運不與，幅巾待命，以下從使君。今若隨諸人之計，非唯郢州士女失高山之望，亦恐彼所不取也。」不從，卒以郢城降。時以冲及房僧寄比臧洪之被圍也。贈僧寄益州刺史。

暢字少微，邵兄韡子也。韡少有操行，爲晉琅邪王國郎中令。從王至洛。還京都，宋武帝封藥酒一甖付禕，使密加酖毒，受命於道自飲而卒。

暢少與從兄敷、演、鏡齊名，爲後進之秀。起家爲太守徐佩之主簿，佩之被誅，暢馳出奔赴，制服盡哀，爲論者所美。弟牧嘗爲猘犬所傷，醫云宜食蝦蟇，牧甚難之。暢含笑先嘗，牧因此乃食，創亦即愈。

累遷太子中庶子。孝武鎮彭城，暢爲安北長史、沛郡太守。元嘉二十七年，魏太武南征，太尉江夏王義恭統諸軍出鎮彭城。太武親率大衆，去彭城數十里。彭城衆力雖多，軍食不足，義恭欲棄彭城南歸，計議彌日不定。時歷城衆少食多，安北中兵參軍沈慶之議欲以車營爲函箱陣，精兵爲外翼，奉二王及妃媛直趨歷城，分城兵配護軍將軍蕭思話留守。太尉長史何勗不同，欲席卷奔鬱洲，自海道還都。二議未決，更集羣僚謀之。暢曰：「若歷城、鬱洲有可至之理，下官敢不高讚。今城內乏食，百姓咸有走情，但以關局嚴固，欲去莫從耳。若一旦動脚，則各自散走，欲至所在，何由可得？今軍食雖寡，朝夕猶未窘罄，豈有捨萬安之術，而就危亡之道。若此計必用，下官請以頸血汚君馬跡。」孝武聞暢議，謂義恭曰：「張長史言不可異也。」義恭乃止。

魏太武得至，仍登城南亞父冢，於戲馬臺立氈屋。先是隊主蒯應見執，其日晡時，太武遣送應至小市門致意，求甘蔗及酒。孝武遣人送酒二器，甘蔗百挺，求駱駝。明日，太武又自上戲馬臺，復遣使至小市門求與孝武相見，遣送駱駝并致雜物，使於南門受之。暢於城上與魏尙書李孝伯語。孝伯問：「君何姓？」答云：「姓張。」孝伯曰：「張長史。」暢曰：「君何得見識？」孝伯曰：「君聲名遠聞，足使我知。」因言說久之。城內有具思者嘗在魏，義恭遣視，知是孝伯，乃開門進餉物。

太武又求酒及甘橘，暢宣孝武旨，又致螺盃雜粽，南土所珍。太武復令孝伯傳語曰：「魏主有詔借博具。」暢曰：「博具當爲申致，有詔之言，政可施於彼國，何得稱之於此。」孝伯曰：「鄰國之君，何爲不稱詔於鄰國之臣？」暢曰：「君之此稱，尙不可聞於中華，況在諸王之貴，而獨曰鄰國之君邪。」〔二〕孝伯曰：「魏主言太尉、鎭軍久闕南信，殊當憂邑，若欲遣信，當爲護送。」暢曰：「此方間路甚多，不復以此勞魏主。」孝伯曰：「亦知有水路，似爲白賊所斷。」暢曰：「君著白衣，故稱白賊邪？」孝伯大笑曰：「今之白賊亦不異黃巾、赤眉。」暢曰：「黃巾、赤眉似不在江南。」孝伯曰：「亦不離靑、徐。」暢曰：「今者靑、徐實爲有賊，但非白賊耳。」又求博具，俄送與。

太武又遣送氈及九種鹽并胡豉，云「此諸鹽各有所宜：白鹽是魏主所食；〔三〕黑者療腹脹氣懣，細刮取六銖，以酒服之；胡鹽療目痛；柔鹽不用食，療馬脊創；赤鹽、駮鹽、臭鹽、馬齒鹽四種，並不中食。胡豉亦中啖。」又求黃甘，并云「魏主致意太尉、安北，何不遣人來至我問？彼此之情雖不可盡，要須見我小大，知我老少，觀我爲人。若諸佐不可遣，亦可使僮來。」暢又宣旨答曰：「魏主形狀才力，久爲來往所具，李尚書親自銜命，不患彼此不盡。故不復遣信。」又云：「魏主恨向所送馬殊不稱意，安北若須大馬，當更送之；脫須蜀馬，亦有佳者。」暢曰：「安北不乏良駟，送自彼意，非此所求。」義恭又餉炬燭十挺，孝武亦致錦一匹。又曰：「知更須黃甘，誠非所吝，但會不足周彼一軍。向給魏主，未應便乏，故不復重付。」

太武復求甘蔗安石榴，暢曰：「石榴出自鄴下，亦當非彼所乏。」孝伯曰：「君南土膏粱，何爲著屩？君而著此，使將士云何？」暢曰：「膏粱之言，誠爲多愧，但以不武，受命統軍，戎陣之間，不容緩服。」

太武又遣就二王借箜篌、琵琶、筝、笛等器及棊子。孝伯辭辯亦北土之美，暢隨宜應答，吐屬如流，音韻詳雅，風儀華潤。孝伯及左右人並相視歎息。

時魏聲云當出襄陽，故以暢爲南譙王義宣司空長史、南郡太守。

三十年，元凶弒逆，義宣發哀之日，卽便舉兵。暢爲元佐，位居僚首，哀容俯仰，蔭映當時。舉哀畢，改服著黃袴褶，出射堂簡人。音姿容止，莫不矚目，見者皆願爲盡命。事平，徵爲吏部尚書，封夷道縣侯。

義宣既有異圖，蔡超等以暢人望，勸義宣留之。乃解南蠻校尉以授暢，加冠軍將軍，領丞相長史。暢遣門生荀僧寶下都，因顏竣陳義宣釁狀。僧寶有私貨，停巴陵不時下。會義宣起兵，津路斷絕，僧寶遂不得去。

義宣將爲逆，遣嬖人翟靈寶告暢，暢陳必無此理，請以死保之。靈寶知暢不回，勸義宣殺以徇衆，賴丞相司馬竺超人得免。〔一三〕進號撫軍，別立軍部，以收人望。暢雖署文檄，而飲酒常醉，不省文書。隨義宣東下。梁山戰敗，於亂兵自歸，爲軍人所掠，衣服都盡。遇右將軍王玄謨乘輿出營，暢已得敗衣，因排玄謨上輿。玄謨意甚不悅，諸將請殺之，隊主張世營救得免。〔一四〕執送都，下廷尉，尋見原。

起爲都官尚書，轉侍中，代子淹領太子右衞率。孝武宴朝賢，暢亦在坐。何偃因醉曰：「張暢故是奇才，同義宣作賊，亦能無咎，非才何以致此？」暢乃厲聲曰：「太初之時，誰黄其閤？」帝曰：「何事相苦。」初，元凶時，偃父尚之爲元凶司空，義師至新林，門生皆逃，尚之父子與婢妾共洗黄閤，故暢譏之。

孝建二年，出爲會稽太守。卒，謚曰宣。暢愛弟子輯，臨終遺命，與輯合墳，論者非之。

暢弟悅亦有美稱，歷侍中、臨海王子頊前軍長史、南郡太守。晉安王子勛建僞號，召拜爲吏部尚書，與鄧琬共輔僞政。事敗，悅殺琬歸降，復爲太子中庶子。後拜雍州刺史。泰始六年，明帝於巴郡置三巴校尉，以悅補之，加持節、輔師將軍，領巴郡太守。未拜卒。

暢子浩，官至義陽王昶征北諮議參軍。浩弟淹，黃門郎，封廣晉縣子，太子右衞率，東陽太守。〔一五〕逼郡吏燒臂照佛。百姓有罪，使禮佛贖愆，動至數千拜。坐免官禁錮。起爲光祿勳，臨川內史。後與晉安王子勛同逆，軍敗見殺。淹弟融。

融字思光，弱冠有名。道士同郡陸脩靜以白鷺羽麈尾扇遺之，曰：「此既異物，以奉異人。」解褐爲宋新安王子鸞行參軍。王母殷淑儀薨，後四月八日建齋并灌佛，僚佐儭者多至一萬，少不減五千，融獨注儭百錢。帝不悅曰：「融殊貧，當序以佳祿。」出爲封溪令。從叔永出後渚送之曰：「似聞朝旨，汝尋當還。」融曰：「不患不還，政恐還而復去。」及行，路經嶂嶮，獠賊執融將殺食之。融神色不動，方作洛生詠，賊異之而不害也。

浮海至交州，於海中遇風，終無懼色，方詠曰：「乾魚自可還其本鄉，肉脯復何爲者哉。」又作海賦，文辭詭激，獨與衆異。後以示鎭軍將軍顧覬之，覬之曰：「卿此賦實超玄虛，但恨不道鹽耳。」融即求筆注曰：「漉沙構白，熬波出素，積雪中春，飛霜暑路。」此四句後所足也。覬之與融兄有恩好，覬之卒，融身負墳土。在南與交阯太守卞展善。展於嶺南爲人所殺，融挺身奔赴。

舉秀才，對策中第。爲尚書殿中郎，不就，改爲儀曹郎。尋請假奔叔父喪，道中罰幹錢敬道鞭杖五十，寄繫延陵獄。大明五年制，二品清官行僮幹杖，不得出十。爲左丞孫緬所奏，免官。

復位，攝祠部、倉部二曹。時領軍劉勔戰死，融以祠部議，上應哭勔，見從。又俗人忌以正月開太倉，融議不宜拘束小忌。尋兼掌正厨，見宰殺，回車徑去，自表解職。

再遷南陽王友。融父暢爲丞相長史，義宣事難，暢將爲王玄謨所殺，時玄謨子瞻爲南陽王長史，融啓求去官，不許。融家貧欲祿，乃與從叔征北將軍永書曰：「融昔幼學，早訓家風，雖則不敏，率以成性。布衣韋帶，弱年所安，簞食瓢飲，不覺不樂。但世業清貧，人生多待，榛栗棗脩，女贄既長，束帛禽鳥，男禮已大。勉身就官，十年七仕，不欲代耕，何至此事。昔求三吳一丞，雖屬舛錯，今聞南康缺守，願得爲之。融不知階級，階級亦可不知融，政以求丞不得，所以求郡，求郡不得，亦可復求丞。」又與吏部尚書王僧虔書曰：「融天地之逸人也，進不辨貴，退不知賤，實以家貧累積，孤寡傷心，八姪俱孤，二弟頓弱，豈能山海陋祿，申融情累。阮籍愛東平土風，融亦欣晉平閑外。」時議以融非御人才，竟不果。

辟齊太傅掾，稍遷中書郎，非其所好。乞爲中散大夫，不許。張氏自敷以來，並以理音辭、修儀範爲事。至融風止詭越，坐常危膝，行則曳步，翹身仰首，意制甚多。見者驚異，聚觀成市，而融了無慚色。隨例同行，常稽遲不進。高帝素愛融，爲太尉時，與融欵接。見融常笑曰：「此人不可無一，不可有二。」

卽位後，手詔賜融衣曰：「見卿衣服粗故，誠乃素懷有本。交爾藍縷，亦虧朝望。今送一通故衣，意謂雖故，乃勝新也。是吾所著，已令裁減，稱卿之體；幷履一量。」高帝出太極殿西室，融入問訊，彌時方登階。及就席，上曰：「何乃遲爲？」對曰：「自地升天，理不得速。」時魏主至淮而退，帝問：「何意忽來忽去。」未有答者，融時下坐，抗聲曰：「以無道而來，見有道而去。」公卿咸以爲捷。

融善草書，常自美其能。帝曰：「卿書殊有骨力，但恨無二王法。」答曰：「非恨臣無二王法，亦恨二王無臣法。」

融假還鄉，詣王儉別。儉立此地舉袂不前，融亦舉手呼儉曰：「歐曰『王前』。」儉不得已趨就之。融曰：「使融不爲慕勢，而令君爲趍士，豈不善乎。」常歎云：「不恨我不見古人，所恨古人又不見我。」

融與吏部尚書何戢善，往詣戢，誤通尚書劉澄。下車入門，乃曰：「非是。」至戶望澄，又曰：「非是。」既造席視澄曰：「都自非是。」乃去。其爲異如此。

又爲長沙王鎮軍，竟陵王征北諮議，並領記室，司徒從事中郎。永明二年，總明觀講，敕朝臣集聽。融扶入就榻，私索酒飲之。事畢，乃長歎曰：「嗚呼！仲尼獨何人哉。」爲御史中丞到撝所奏免官，尋復職。

融形貌短醜，精神清徹，王敬則見融革帶寬，殆將至髀，謂曰：「革帶太急。」融曰：「既非步吏，急帶何爲？」

融假東出，武帝問融住在何處，答曰：「臣陸處無屋，舟居無水。」後上問其從兄緒，緒曰：「融近東出，未有居止，權牽小船於岸上住。」上大笑。

後使融接對北使李道固，就席，道固顧而言曰：「張融是宋彭城長史張暢子不？」融嚬蹙久之，曰：「先君不幸，名達六夷。」豫章王大會賓僚，融食炙，始行畢，行炙人便去。融欲求鹽蒜，口終不言，方搖食指，半日乃息。出入朝廷，皆拭目驚觀之。

八年，朝臣賀衆瑞公事，融扶入拜起，復爲有司所奏，見原。遷司徒兼右長史。竟陵張欣時爲諸暨令，坐罪當死，欣時父興世討宋南譙王義宣，官軍欲殺融父暢，興世以袍覆暢而坐之，以此得免。興世卒，融著高屐爲負土成墳。至是，融啓竟陵王子良乞代欣時死。子良答曰：「此乃是長史美事，恐朝有常典，不得如長史所懷。」遷黃門郎，太子中庶子，司徒左長史。

融有孝義，忌月三旬不聽樂，事嫂甚謹。父暢臨終謂諸子曰：「昔丞相事難，吾以不同將見殺，緣司馬竺超人得活，爾等必報其子。」後超人孫微冬月遭母喪居貧，融弔之，悉脫衣以

爲聘 披牛被而反。常以兄事微。豫章王嶷、竟陵王子良薨，自以身經佐吏，哭輒盡慟。

建武四年，病卒，遺令建白旐無旒，不設祭，令人捉麈尾登屋復魂。曰：「吾生平所善，自當陵雲一笑。三千買棺，無製新衾。左手執孝經、老子，右手執小品法華經。妾二人哀事畢，〔一六〕各遣還家。」曰：「吾生平之風調，何至使婦人行哭失聲，不須暫停閨閤。」

融玄義無師法，而神解過人，高談鮮能抗拒。永明中遇疾，爲門律，〔一七〕自序云：「吾文章之體，多爲世人所驚，汝可師耳以心，不可使耳爲心師也。夫文豈有常體，但以有體爲常，政當有其體。丈夫當删詩、書，制禮樂，何至因循寄人籬下。」臨卒，又戒其子曰：「手澤存焉，父書不讀，況父音情，婉在其韻。〔一八〕吾意不然，別遺爾旨。吾文體英變，變而屢奇，豈吾天挺，蓋不隤家聲。汝可號哭而看之。」融文集數十卷行於世，自名其集爲玉海。司徒褚彥回問其故，融云：「蓋玉以比德，海崇上善耳。」張氏前有敷、演、鏡、暢，後有充、融、卷、稷。

第六弟寶積，建武中，出爲廬陵太守。時名流謝瀹、何點、陸惠曉、孔珪至融弟鐵之舍。點造坐便曰：「今日可謂盛集，二五我兄弟之流，阿六張氏保家之子。」顧見王思遠曰：「卿詐作善，非實得也。」二五謂孔珪及融並第五。

寶積永元中爲湘州行事蕭穎胄於江陵，乘腰輿詣穎胄，舉動自若。穎胄問：「何至之晚？」答曰：「本朝危亂，四海横流，既不能爲比干之死，實未忍爲微子之去，是以至晚。」穎胄深以爲善，卽用爲相府諮議。後位御史中丞。

融與東海徐文伯兄弟厚。文伯字德秀，濮陽太守熙曾孫也。熙好黃、老，隱於秦望山，有道士過求飲，留一瓠䕎與之，曰：「君子孫宜以道術救世，當得二千石。」熙開之，乃扁鵲鏡經一卷，因精心學之，遂名震海內。生子秋夫，彌工其術，仕至射陽令。嘗夜有鬼呻吟，聲甚悽愴，〔一九〕秋夫問何須，答言姓某，家在東陽，患腰痛死。雖爲鬼痛猶難忍，請療之。秋夫曰：「云何厝法？」鬼請爲芻人，案孔穴針之。秋夫如言，爲灸四處，又針肩井三處，設祭埋之。明日見一人謝恩，忽然不見。當世伏其通靈。

秋夫生道度、叔嚮，皆能精其業。道度有脚疾不能行，宋文帝令乘小輿入殿，爲諸皇子療疾，無不絕驗。位蘭陵太守。宋文帝云：「天下有五絕，而皆出錢唐。」謂杜道鞠彈棊，范悅詩，褚欣遠模書，褚胤圍棊，徐道度療疾也。

道度生文伯，叔嚮生嗣伯。〔二〇〕文伯亦精其業，兼有學行，倜儻不屈意於公卿，不以醫自業。融謂文伯、嗣伯曰：「昔王微、嵇叔夜並學而不能，殷仲堪之徒故所不論。得之者由神明洞徹，然後可至，故非吾徒所及。且褚侍中澄富貴亦能救人疾，〔二一〕卿此更成不達。」答曰：「唯達者知此可崇，不達者多以爲深累，既鄙之何能不恥之。」文伯爲効與嗣伯相埒。宋孝武路太后病，衆醫不識。文伯診之曰：「此石搏小腸耳。」乃爲水劑消石湯，病卽愈。除鄱陽王常侍，遺以千金，旬日恩意隆重。宋明帝宮人患腰痛牽心，每至輒氣欲絕，衆醫以爲肉癥。文伯曰：「此髮癥。」以油投之，卽吐得物如髮。稍引之長三尺，頭已成蛇能動，挂門上適盡一髮而已，病都差。〔二二〕宋後廢帝出樂遊苑門，逢一婦人有娠，帝亦善診，診之曰：〔二三〕「此腹是女也。」問文伯，曰：「腹有兩子，一男一女，男左邊，青黑，形小於女。」帝性急，便欲使剖。文伯惻然曰：「若刀斧恐其變異，請針之立落。」便寫足太陰，補手陽明，胎便應針而落。兩兒相續出，如其言。

子雄亦傳家業，尤工診察，位奉朝請。能清言，多爲貴遊所善。事母孝謹，母終，毁瘠幾至自滅。俄而兄亡，扶杖臨喪，撫膺一慟，遂以哀卒。

嗣伯字叔紹，亦有孝行，善清言，位正員郎，諸府佐，彌爲臨川王映所重。時直閤將軍房伯玉服五石散十許劑，無益，更患冷，夏日常複衣。嗣伯爲診之，曰：「卿伏熱，應須以水發之，非冬月不可。」至十一月，冰雪大盛，令二人夾捉伯玉，解衣坐石，取冷水從頭澆之，盡二十斛。伯玉口噤氣絕，家人啼哭請止。嗣伯遣人執杖防閤，敢有諫者撾之。又盡水百斛，伯玉始能動，而見背上彭彭有氣。俄而起坐，曰：「熱不可忍，乞冷飲。」嗣伯以水與之，一飲一升，病都差。自爾恒發熱，冬月猶單褌衫，體更肥壯。

常有嫗人患滯冷，積年不差。嗣伯爲診之曰：「此尸注也，當取死人枕煮服之乃愈。」於是往古冢中取枕，枕已一邊腐缺，服之卽差。後秣陵人張景，年十五，腹脹面黃，衆醫不能療，以問嗣伯。嗣伯曰：「此石蚘耳，極難療。當取死人枕煮之。」〔二四〕依語煮枕，以湯投之，得大利，幷蚘蟲頭堅如石，五升，〔二五〕病卽差。後沈僧翼患眼痛，又多見鬼物，以問嗣伯。嗣伯曰：「邪氣入肝，可覓死人枕煮服之。竟，可埋枕於故處。」如其言又愈。王晏問之曰：「三病不同，而皆用死人枕而俱差，何也？」答曰：「尸注者，鬼氣伏而未起，故令人沉滯。得死人枕投之，魂氣飛越，不得復附體，故尸注可差。石蚘者久蚘也，醫療旣僻，蚘蟲轉堅，〔二六〕世間藥不能遣，所以須鬼物驅之然後可散，故令煮死人枕也。夫邪氣入肝，故使眼痛而見魍魎，應須邪物以鉤之，故用死人枕也。氣因枕去，故令埋於冢間也。」又春月出南籬門戲，聞笪屋中有呻吟聲。〔二七〕嗣伯曰：「此病甚重，更二日不療必死。」乃往視，見一老姥稱體痛，而處處有黝黑無數。嗣伯還煮斗餘湯送令服之，服訖痛勢愈甚，跳投床者無數。須臾所黝處皆拔出釘，長寸許。以膏塗諸瘡口，三日而復，云「此名釘疽也」。

時又有薛伯宗善徙癰疽，公孫泰患背，伯宗爲氣封之，徙置齋前柳樹上。明旦癰消，樹邊便起一瘤如拳大。稍稍長二十餘日，瘤大膿爛，出黃赤汁斗餘，樹爲之痿損。

論曰：有晉自宅淮海，張氏無乏賢良。及宋齊之間，雅道彌盛。其前則云敷、演、鏡、暢，蓋其尤著者也。然景胤敬愛之道，少微立履所由，其殆優矣。思光行己卓越，非常俗所遵，齊高帝所云「不可有二，不可無一」，斯言其幾得矣。徐氏妙理通靈，蓋非常所至，雖古之和、鵲，何以加茲。融與文伯款好，故附之云爾。

校勘記

〔一〕可各各條倉庫及舟船人領至曉取辦　「各各」宋書、通志不重疊「各」字。

〔二〕便發詔以司馬徐羨之代之　下「之」字據宋書補。

〔三〕宜須諮　「諮」上宋書有「北」字。

〔四〕丹淅二川釁屢爲寇　「川」各本作「州」。孫虨宋書考論：「『州』當作『川』。」按孫說是，時無「丹州」、「淅州」，今從改。「屢」各本作「屬」，據宋書改。

〔五〕九年坐在雍州營私畜取贓貨二百四十五萬　宋書無「九年」二字，通鑑繫此事於元嘉八年，「取」

作「聚」。

〔六〕好讀玄言兼屬文論　宋書作「好玄言，善屬文」。

〔七〕中書舍人秋當周赳並管要務　「秋當」各本作「狄當」。按本書「秋當」、「狄當」雜見，今並改作「秋當」。廣韻：「秋，又姓，宋中書舍人秋當。」

〔八〕敷呼左右曰　「敷」各本作「數」，據宋書改。

〔九〕以沖爲郢州刺史　「郢州」各本作「舒州」。錢大昕廿二史考異：「齊無舒州。」據南齊書改。

〔一〇〕遣軍主孫樂祖數千人助僧寄據魯山岸立城壘　「據」各本作「援」。按上云「僧寄留守魯山」，作「援」非，據南齊書改。

〔一一〕而獨曰鄰國之君邪　「獨」宋書作「猶」。

〔一二〕白鹽是魏主所食　「白鹽」下魏書李孝伯傳有「食鹽」二字，是，方足九種之數。

〔一三〕賴丞相司馬竺超人得免　「竺超人」宋書作「竺超民」，此避唐諱改。下同。

〔一四〕隊主張世營救得免　「張世」即張興世，宋書有傳。本單名世，故書中張世、張興世雜用。南齊書張融傳作「張興世」。

〔一五〕太子右衞率東陽太守　「右」各本作「左」。按上云「代子淹領太子右衞率」，此作「左」誤，據宋書改。

〔一六〕妾二人哀事畢　「哀事」各本互倒，據南齊書乙正。

〔一七〕永明中遇疾爲門律　「門律」各本作「問律」。據册府元龜八一七改。按南齊書及本書顧歡傳並云張融作門律。

〔一八〕況父音情婉在其韻　「父」各本作「文」，據南齊書改。

〔一九〕嘗夜有鬼呻吟聲甚悽愴　「吟」字據太平廣記二一八引談藪及通志補。

〔二〇〕叔嚮生嗣伯　「嗣伯」南齊書褚澄傳作「嗣」。

〔二一〕且褚侍中澄富貴亦能救人疾　「富」各本譌「當」，據通志改。

〔二二〕挂門上適盡一髮而已病都差　「適盡一髮」太平御覽七二二引宋書、太平廣記二一八引談藪並作「水滴盡一髮」。

〔二三〕帝亦善診診之曰　據太平御覽七二二引、太平廣記二一八補一「診」字。

〔二四〕當取死人枕煮之　「取」字各本並脫，據册府元龜八五九及通志補。

〔二五〕并蚘蟲頭堅如石五升　「如石」下，太平御覽七二三引、太平廣記二一八並有「者」字。

〔二六〕蚘蟲轉堅　「蟲」各本作「中」，太平御覽七二七引齊書、太平廣記二一八引南史並作「蟲」，今據改。

〔二七〕又春月出南籬門戲聞笪屋中有呻吟聲　「南籬門」各本作「南籬間」，據南齊書、太平御覽七二三引齊書改。「昑」字各本無，據南齊書補。

南史卷三十三

列傳第二十三

范泰 子曄 荀伯子 族子萬秋 徐廣 郗紹 廣兄子豁 鄭鮮之

裴松之 孫昭明 曾孫子野 何承天 曾孫遜

范泰字伯倫，順陽人也。祖汪，晉安北將軍、徐兗二州刺史。父甯，豫章太守。並有名前代。

泰初爲太學博士，外弟荆州刺史王忱請爲天門太守。忱嗜酒，醉輒累旬，及醒則儼然端肅。泰陳酒既傷生，所宜深誡，其言甚切。忱嗟歎久之，曰：「見規者衆，未有若此者也。」或問忱，范泰何如謝邈，忱曰：「茂度漫。」又問何如殷覬，忱曰：「伯通易。」〔一〕忱常有意立功，謂泰曰：「今城池既立，軍甲亦充，將欲掃除中原，以申宿昔之志。伯通意銳，當令擁戈前驅；以君持重，欲相委留事，何如？」泰曰：「百年逋寇，前賢挫屈者多矣，功名雖貴，鄙生所不敢謀。」

會忱病卒，召泰爲驃騎諮議參軍，遷中書郎。時會稽世子元顯專權，內外百官請假，不復表聞，唯籤元顯而已。泰言以爲非宜，元顯不納。以父憂去職，襲爵陽遂鄉侯。〔二〕桓玄輔晉，使御史中丞祖台之奏泰及前司徒左長史王准之、輔國將軍司馬珣之並居喪無禮，泰坐廢，徙丹徒。

宋武帝義旗建，累遷黃門侍郎、御史中丞，坐議殷祠事謬，白衣領職。出爲東陽太守。歷侍中、度支尚書。時僕射陳郡謝混後進知名，武帝嘗從容問混：「泰名輩誰比？」對曰：「王元太一流人也。」〔三〕徙爲太常。

初，司徒道規無子，養文帝。及道規薨，以兄道憐第二子義慶爲嗣。武帝以道規素愛文帝，又令居重。及道規追封南郡公，應以先華容縣公賜文帝。泰議以爲「禮無二主」，由是文帝還本屬。

後加散騎常侍，爲尚書兼司空，與右僕射袁湛授宋公九錫，隨軍到洛陽。武帝還彭城，與泰登城。泰有足疾，特命乘輿。泰好酒，不拘小節，通率任心。雖公坐，笑言不異私室，武帝甚賞愛之。然短於爲政，故不得在政事官。

武帝受命，議建國學，以泰領國子祭酒，泰上表陳獎進之道。時學竟不立。又言事者多以錢貨減少，國用不足，欲更造五銖。泰又諫曰：

臣聞爲國拯弊，莫若務本。「百姓不足，君孰與足」，未有人貧而國富，本不足而末有餘者也。故囊漏貯中，識者不吝，反裘負薪，存毛實難。王者不言有無，諸侯不說多少，食祿之家，不與百姓爭利。故拔葵所以明政，織蒲謂之不仁。是以貴賤有章，職分無爽。今之所憂，在農人尚寡，倉廩未充，轉運無已，資食者衆，家無私積，難以禦荒耳。夫貨存貿易，不在少多，昔日之貴，今者之賤，彼此共之，其揆一也。但令官人均通，則無患不足。若使必資貨廣以收國用者，則龜貝之屬，自古所行。尋銅之爲器，在用也博矣，鍾律所通者遠，機衡所揆者大，夏鼎負圖，實冠衆瑞，晉鐸呈象，亦啓休徵。器有要用，則貴賤同資，物有適宜，則家國共急。今毁必資之器，而爲無施之錢，於貨則功不補勞，在用則君人俱困，校之以實，損多益少。伏願思可久之道，探欲速之情，弘山海之納，擇芻牧之說。

景平初，加位特進，明年致仕，解國子祭酒。少帝在位，多諸愆失，泰上封事極諫。少帝雖不能納，亦不加譴。徐羨之、傅亮等與泰素不平，及廬陵王義眞、少帝見害，泰謂所親曰：「吾觀古今多矣，未有受遺顧託，而嗣君見殺，賢王嬰戮者也。」

元嘉二年，泰表賀元正并陳旱災，多所奬勸。拜表遂輕舟遊東陽，任心行止，不關朝廷。有司劾奏之，文帝不問。時文帝雖當陽親覽，而羨之等猶執重權，泰復上表論得失，言及執事。諸子禁之，表竟不奏。

三年，羨之伏誅，進位侍中、左光祿大夫、國子祭酒，領江夏王師，特進如故。上以泰先朝舊臣，恩禮甚重。以有脚疾，宴見之日，特聽乘輿到坐。所陳時事，上每優容之。

其年秋，旱蝗，又上表言：「有蝗之處，縣官多課人捕之，無益於枯苗，有傷於殺害。又女人被宥，由來尙矣，謝晦婦女猶在尙方，匹婦一至，亦能有所感激。」書奏，上乃原謝晦婦女。

時司徒王弘輔政，泰謂弘曰：「彭城王，帝之次弟，宜徵還入朝，共參朝政。」弘納其言。時旱災未已，加以疾疫，泰又上表有所勸誡。

泰博覽篇籍，好爲文章，愛奬後生，孜孜無倦。撰古今善言二十四篇及文集傳於世。暮年事佛甚精，於宅西立祇洹精舍。五年卒。初議贈開府，殷景仁曰：「泰素望不重，不可擬議台司。」竟不果。及葬，王弘撫棺哭曰：「君生平重殷鐵，今以此爲報。」追贈車騎將軍，謚曰宣侯。第四子曄最知名。

曄字蔚宗，母如厠產之，額爲塼所傷，故以塼爲小字。出繼從伯弘之，後襲封武興縣五等侯。少好學，善爲文章，能隸書，曉音律。爲秘書丞，父憂去職。服闋，爲征南大將軍檀道濟司馬，領新蔡太守。後爲尙書吏部郎。

元嘉九年，彭城太妃薨，〔四〕將葬，祖夕，僚故並集東府，曄與司徒左西屬王深及弟司徒祭酒廣夜中酣飲，〔五〕開北牖聽挽歌爲樂。彭城王義康大怒，左遷宣城太守。不得志，乃删衆家後漢書爲一家之作，至於屈伸榮辱之際，未嘗不致意焉。

遷長沙王義欣鎭軍長史。兄暠爲宜都太守，嫡母隨暠在官亡，報之以疾，曄不時奔赴。及行，又攜伎妾自隨，爲御史中丞劉損所奏。文帝愛其才，不罪也。服闋，累遷左衞將軍、太子詹事。

曄長不滿七尺，肥黑，禿眉鬢，善彈琵琶，能爲新聲。上欲聞之，屢諷以微旨，曄僞若不曉，終不肯爲。上嘗宴飲歡適，謂曄曰：「我欲歌，卿可彈。」曄乃奉旨。上歌既畢，曄亦止弦。

初，魯國孔熙先博學有從橫才志，文史星算，無不兼善，爲員外散騎侍郎，不爲時知，久不得調。初，熙先父默之爲廣州刺史，以贓貨下廷尉，大將軍彭城王義康保持之，故免。及義康被黜，熙先密懷報效，以曄意志不滿，欲引之，無因進說。曄甥謝綜雅爲曄所知，熙先藉嶺南遺財，家甚富足，乃傾身事綜。始與綜諸弟共博，故爲拙行，以物輸之，情意稍款。綜乃引熙先與曄戲，熙先故爲不敵，前後輸曄物甚多。曄既利其財寶，又愛其文藝，遂與申莫逆之好。熙先始以微言動曄，曄不回。曄素有閨庭論議，朝野所知，故門胄雖華，而國家不與姻，以此激之曰：「丈人若謂朝廷相待厚者，何故不與丈人婚，爲是門戶不得邪？人作犬豕相遇，而丈人欲爲之死，不亦惑乎。」曄默然不答，其意乃定。

時曄與沈演之並爲上所知待，每被見多同，曄若先至，必待演之，演之先至，常獨被引，曄又以此爲怨。曄累經義康府佐，見待素厚，及宣城之授，意好乖離。綜爲義康大將軍記室參軍，隨鎭豫章。綜還，申義康意於曄，求解晚隙，復敦往好。

曄既有逆謀，欲探時旨，乃言於上曰：「臣歷觀前史二漢故事，諸蕃王政以妖詛幸災，便正大逆之罰。況義康姦心釁跡，彰著遐邇，而至今無恙，臣竊惑焉。且大梗常存，將成亂階。」上不納。

熙先素善天文，云：「文帝必以非道晏駕，當由骨肉相殘。江州應出天子。」以爲義康當之。綜父述亦爲義康所遇，綜弟約又是義康女夫，故文帝使綜隨從南上。既爲熙先獎說，亦有酬報之心。

廣州人周靈甫有家兵部曲，熙先以六十萬錢與之，使於廣州合兵。靈甫一去不反。大將軍府史仲承祖，義康舊所信念，屢銜命下都，亦潛結腹心，規有異志。聞熙先有誠，密相結納。丹陽尹徐湛之素爲義康所愛，雖爲舅甥，恩過子弟，承祖因此結事湛之，告以密計。承祖南下，申義康意於蕭思話及曄，云：「本欲與蕭結婚，恨始意不果。與范本情不薄，中間相失，傍人爲之耳。」

有法略道人先爲義康所養，粗被知待。又有王國寺法靜尼出入義康家內，皆感激舊恩，規相拯拔，並與熙先往來。使法略罷道。法略本姓孫，改名景玄，以爲臧質寧遠參軍。熙先善療病兼能診脈，法靜尼妹夫許耀領隊在臺，宿衞殿省，嘗有疾，因法靜尼就熙先乞療得損，因成周旋。熙先以耀膽幹，因告逆謀，耀許爲內應。豫章胡藩子遵世與法靜甚款，亦密相酬和。法靜尼南上，熙先遣婢采藻隨之，付以牋書，陳說圖讖。法靜還，義康餉熙先銅匕銅鑷袍段棊奩等物。熙先慮事泄，酖采藻殺之。

湛之又謂曄等：「臧質見與異常，質與蕭思話款密，二人並受大將軍眷遇，必無異同，不憂兵力不足，但當勿失機耳。」乃備相署置：湛之爲撫軍將軍、揚州刺史，曄中軍將軍、南徐州刺史，熙先左衞將軍。其餘皆有選擬。凡素所不善及不附義康者，又有別簿，並入死目。熙先使弟休先豫爲檄文，言賊臣趙伯符肆兵犯蹕，禍流儲宰，乃奉戴義康。又以旣爲大事，宜須義康意旨，乃作義康與湛之書，宣示同黨。

二十二年九月，征北將軍衡陽王義季、右將軍南平王鑠出鎭，上於武帳岡祖道。〔六〕曄等期以其日爲亂，許耀侍上，扣刀以目曄，曄不敢視，俄而坐散，差互不得發。十一月，徐湛之上表告狀，於是悉出檄書選事及同惡人名手迹。詔收綜等，並皆款服，唯曄不首。上頻使窮詰，乃曰：「熙先苟誣引臣。」熙先聞曄不服，笑謂殿中將軍沈邵之曰：「凡諸處分、符檄書疏，皆曄所造及改定，云何方作此抵。」上示以曄墨迹，曄乃引罪。明日送曄付廷尉，入獄，然後知爲湛之所發。

熙先望風吐款，辭氣不撓，上奇其才，使謂曰：「以卿之才而滯於集書省，理應有異志，此乃我負卿也。」熙先於獄中上書陳謝，幷陳天文占候，誡上有骨肉相殘之禍，其言深切。

曄後與謝綜等得隔壁，遙問綜曰：「疑誰所告。」綜曰：「不知。」曄乃稱徐湛之小名曰：「乃是徐僮也。」在獄爲詩曰：「禍福本無兆，性命歸有極，必至定前期，誰能延一息。在生已可知，來緣懜無識，好醜共一丘，何足異枉直。豈論東陵上，寧辨首山側，雖無嵇生琴，庶同夏侯色。寄言生存子，此路行復即。」上有白團扇甚佳，送曄令書出詩賦美句。曄受旨援筆而書曰：「去白日之炤炤，襲長夜之悠悠。」上循覽悽然。

曄本謂入獄便死，而上窮其獄，遂經二旬，曄更有生望。獄吏因戲之曰：「外傳詹事或當長繫。」曄聞之驚喜。綜、熙先笑之曰：「詹事嘗共論事，無不攘袂瞋目，及在西池射堂上，躍馬顧眄，自以爲一世之雄，而今擾攘紛紜，畏死乃爾。設令今時賜以性命，人臣圖主，何顏可以生存。」曄謂衞獄將曰：「惜哉，埋如此人。」將曰：「不忠之人，亦何足惜。」曄曰：「大將言是也。」

及將詣市，曄最在前，於獄門顧謂綜曰：「次第當以位邪？」綜曰：「賊帥當爲先。」在道語笑，初無慚恥。至市問綜曰：「時欲至未？」綜曰：「勢不復久。」曄旣食，又苦勸綜，綜曰：「此異疾篤，何事强飯。」曄家人悉至市，監刑職司問曰：「須相見不？」曄問綜曰：「家人已來，幸得相見，將不暫別？」綜曰：「別與不別，亦何所存，〔七〕來必當號泣，正足亂人意。」曄曰：「號泣何關人，向見道邊親故相瞻望，吾意故欲相見。」於是呼前。曄妻先撫其子，回罵曄曰：「君不爲百歲阿家，不感天子恩遇，身死固不足塞罪，奈何枉殺子孫。」曄乾笑，云罪至而已。曄所生母對泣曰：「主上念汝無極，汝曾不能感恩，又不念我老，今日奈何！」仍以手擊曄頸及頰。曄妻云：「罪人，阿家莫憶莫念。」妹及妓妾來別，曄乃悲泣流漣。綜曰：「舅殊不及夏侯色。」曄收淚而已。綜母以子弟自陷逆亂，獨不出視。曄語綜曰：「姊今不來，勝人多也。」曄轉醉，子藹亦醉，取地土及果皮以擲曄，呼爲別駕數十聲。曄問曰：「汝瞋我邪？」藹曰：「今日何緣復瞋，但父子同死，不能不悲耳。」

曄常謂死爲滅，欲著無鬼論，至是與徐湛之書「當相訟地下」。其繆亂如此。又語人：「寄語何僕射，天下決無佛鬼，若有靈，自當相報。」收曄家，樂器服玩並皆珍麗，妓妾亦盛飾。母住止單陋，唯有二厨盛樵薪。弟子冬無被，叔父單布衣。

曄及黨與並伏誅，曄時年四十八。謝綜弟緯徙廣州。藹子魯連，吳興昭公主外孫，請全生命，亦得遠徙。孝武卽位，乃還。

曄性精微，有思致，觸類多善，衣裳器服，莫不增損制度，世人皆法學之。撰和香方，其序之曰：「麝本多忌，過分必害。沈實易和，盈斤無傷。零藿虛燥，詹唐黏溼。甘松、蘇合、安息、鬱金、奈多、和羅之屬，並被珍於外國，無取於中土。又棗膏昏鈍，甲煎淺俗，非唯無助於馨烈，乃當彌增於尤疾也。」所言悉以比類朝士：麝本多忌，比庾仲文；零藿虛燥，比何尚之；詹唐黏濕，比沈演之；棗膏昏鈍，比羊玄保；甲煎淺俗，比徐湛之；甘松蘇合，比慧琳道人；沈實易和，以自比也。

曄獄中與諸生姪書以自序，其略曰：

吾少懶學問，年三十許，始有尚耳。自爾以來，轉爲心化，至於所通處，皆自得之胸懷。常謂情志所託，故當以意爲主，以文傳意。以意爲主，則其旨必見；以文傳意，則其辭不流。然後抽其芬芳，振其金石耳。觀古今文人多不全了此處，年少中謝莊最有其分，手筆差易，於文不拘韻故也。吾思乃無定方，但多公家之言，少於事外遠致，以此爲恨，亦由無意於文名故也。

本未關史書，〔八〕政恒覺其不可解耳。既造後漢，轉得統緒。詳觀古今著述及評論，殆少可意者。班氏最有高名，既任情無例，唯志可推耳。博贍不可及之，整理未必愧也。吾雜傳論皆有精意深旨，至於循吏以下及六夷諸序論，筆勢縱放，實天下之奇作。其中合者，往往不減過秦篇。嘗共比方班氏所作，非但不愧之而已。欲徧作諸志，前漢所有者悉令備，〔九〕雖事不必多，且使見文得盡。又欲因事就卷內發論，以正一代得失，意復不果。贊自是吾文傑思，殆無一字空設，奇變不窮，同合異體，乃自不知所以稱之。此書行，故應有賞音者。紀傳例爲舉其大略耳，諸細意甚多。自古體大而思精，未有此也。恐世人不能盡之，多貴古賤今，所以稱情狂言耳。

吾於音樂，聽功不及自揮，但所精非雅聲爲可恨，然至於一絕處，亦復何異邪。其中體趣，言之不可盡。絃外之意，虛響之音，不知所從而來。亦嘗以授人，士庶中未有一毫似者，此永不傳矣。吾書雖小小有意，筆勢不快，餘竟不成就，每愧此名。

曄自序並實，故存之。藹幼而整潔，衣服竟歲未嘗有塵點，死時年二十。曄少時，兄晏常云：「此兒進利，終破門戶。」果如其言。

初，何尚之處銓衡，自謂天下無滯才，及熙先就拘，帝詰尚之曰：「使孔熙先年三十猶作散騎侍郎，那不作賊。」熙先死後，又謂尚之曰：「孔熙先有美才，地冑猶可論，而翳迹仕流，豈非時匠失乎？」尚之曰：「臣昔謬得待罪選曹，誠無以濯汙揚清；然君子之有智能，猶鵷鳳之有文采，俟時而振羽翼，何患不出雲霞之上。若熙先必藴文采，自棄於汙泥，終無論矣。」

上曰：「昔有良才而不遇知己者，何嘗不遺恨於後哉。」

荀伯子，潁川潁陰人，晉驃騎將軍羡之孫也。父猗，祕書郎。伯子少好學，博覽經傳，而通率好爲雜語，遨遊閭里，故以此失淸途。解褐駙馬都尉、奉朝請、員外散騎侍郎。著作郎徐廣重其才學，舉伯子及王韶之並爲佐郎，同撰晉史及著桓玄等傳。

遷尙書祠部郎。義熙元年，〔一〇〕上表稱：「故太傅鉅平侯羊祜勳參佐命，功盛平吳，而享嗣闕然，烝嘗莫寄。漢以蕭何元功，故絕世輒紹，愚謂鉅平之封，宜同酇國。故太尉廣陵公陳淮黨翼孫秀，〔一一〕禍加淮南，竊饗大國，因罪爲利。會西朝政刑失裁，中興復因而不奪，今王道惟新，豈可不大判臧否？謂廣陵之國，宜在削除。故太保衞瓘本爵菑陽縣公，既被橫禍，乃進第秩，加贈蘭陵，又轉江夏。中朝公輔，多非理終，瓘功德不殊，亦無緣獨受偏賞。宜復本封，以正國章。」詔付門下。前散騎常侍江夏公衞璵及潁川陳茂先各自陳先代勳，不伏貶降。詔皆付門下，並不施行。

伯子爲妻弟謝晦薦達，爲尙書左丞，出補臨川內史。車騎將軍王弘稱伯子「沈重不華，有平陽侯之風」。伯子常自矜藉蔭之美，謂弘曰：「天下膏粱，唯使君與下官耳，宣明之徒不足數也。」遷散騎常侍，又上表曰：「百官位次，陳留王在零陵王上，臣愚竊以爲疑。昔武王克殷，封神農後於焦，黃帝後於祝，帝堯後於薊，帝舜後於陳，夏后後於杞，殷後於宋。杞、陳並爲列國，而薊、祝、焦無聞。斯則襃崇所承，優於遠代之顯驗也。是以春秋次序諸侯，宋居杞、陳之上，考之近代，事亦有徵。晉泰始元年，詔賜山陽公劉康子弟一人爵關內侯，衞公姬署、宋侯孔紹子弟一人駙馬都尉。又泰始三年，太常上言博士劉熹等議，稱衞公署於大晉在三恪之數，應降稱侯。臣以爲零陵王位宜在陳留之上。」從之。

爲御史中丞，莅職勤恪，有匪躬之稱。立朝正色，衆咸憚之。凡所奏劾，莫不深相訶毁，或延及祖禰，示其切直。又頗雜嘲戲，故世人以此非之。補司徒左長史，卒於東陽太守。文集傳於世。

子赤松，爲尚書右丞，以徐湛之黨，爲元凶所殺。

伯子族弟昶字茂祖，與伯子絕服，元嘉初，以文義至中書郎。昶子萬秋。

萬秋字元寶，亦用才學自顯。昶見釋慧琳，謂曰：「昨萬秋對策，欲以相示。」答曰：「此不須看。若非先見而答，貧道不能爲；若先見而答，貧道奴皆能爲。」昶曰：「此將不傷道德耶？」答曰：「大德所以不德。」乃相對笑，竟不看焉。萬秋孝武初爲晉陵太守，坐於郡立華林閤，置主衣、主書，下獄免。前廢帝末，爲御史中丞，卒官。

徐廣字野人，〔一二〕東莞姑幕人也。父藻，都水使者。兄邈，太子前衞率。家世好學，至廣尤精。百家數術，無不硏覽。家貧，未嘗以產業爲意，妻中山劉謐之女忿之，數以相讓，廣終不改。如此十數年，家道日弊，遂與廣離。後晉孝武帝以廣博學，除爲祕書郎，校書祕閣，增置職僚。

隆安中，尙書令王珣舉爲祠部郎。李太后崩，廣議服曰：「太皇太后名位既正，體同皇極，理制備盡，情禮彌申。陽秋之義，母以子貴。既稱夫人，禮服從正。故成風顯夫人之號，文公服三年之喪。〔一三〕子於父之所生，體尊義重。且禮祖不厭孫，固宜遂服無屈。而緣情立制，若嫌明文不存，則疑斯從重。謂應同於爲祖母後，齊衰三年。」時從其議。及會稽王世子元顯錄尙書，欲使百僚致敬，臺內使廣立議，由是內外並執下官禮，廣常爲愧恨。

義熙初，宋武帝使撰車服儀注，仍除鎭軍諮議參軍，領記室，封樂成縣五等侯。轉員外散騎常侍，領著作郎。二年，尙書奏廣撰成晉史。六年，遷驍騎將軍。時有風雹爲災，廣獻言武帝，多所勸勉。〔一四〕又轉大司農，領著作郎，遷祕書監。

初，桓玄篡位，安帝出宮，廣陪列悲慟，哀動左右。及武帝受禪，恭帝遜位，廣又哀感，涕泗交流。謝晦見之，謂曰：「徐公將無小過。」廣收淚答曰：「身與君不同，君佐命興王，逢千載嘉運。身世荷晉德，眷戀故主。」因更歔欷。

永初元年，詔除中散大夫。廣言墳墓在晉陵丹徒，又生長京口，息道玄忝宰此邑，乞隨之官，歸終桑梓。許之，贈賜甚厚。性好讀書，年過八十，〔一五〕猶歲讀五經一遍。元嘉二年卒。廣所撰晉紀四十二卷，義熙十二年成，表上之。又有答禮問百餘條，行於世。

時有高平郗紹亦作晉中興書，數以示何法盛。法盛有意圖之，謂紹曰：「卿名位貴達，不復俟此延譽。我寒士，無聞於時，如袁宏、干寶之徒，賴有著述，流聲於後。宜以爲惠。」紹不與。至書成，在齋內厨中，法盛詣紹，紹不在，直入竊書。紹還失之，無復兼本，於是遂行何書。

徐豁字萬同，廣兄子也。父邈，晉太子前衞率。豁宋永初初，爲尚書左丞、山陰令，〔一六〕精練法理，爲時所推。元嘉初，爲始興太守，表陳三事。文帝嘉之，賜絹二百匹，穀一千斛。

徙廣州刺史，未拜卒。

鄭鮮之字道子，滎陽開封人，魏將作大匠渾之玄孫也。祖襲，大司農，經爲江乘令，因居縣境。父遵，尚書郎。

鮮之下帷讀書，絕交遊之務。初爲桓偉輔國主簿。先是，兗州刺史滕恬爲丁零翟遼所沒，〔一七〕屍喪不反。恬子羨仕宦不廢，論者嫌之。桓玄在荆州，使羣僚博議。鮮之議曰：「名教大極，忠孝而已。至乎變通抑引，每事輒殊。本而尋之，皆求心而遺迹。迹之所乘，遭遇或異。故聖人或就迹以助教，或因迹以成罪，屈申與奪，難可等齊，舉其阡陌，皆可終言矣。天可逃乎？而伊尹廢君；君可脅乎？而鬻拳見善；忠可愚乎？而箕子同仁。自此以還，殊實而齊聲，異譽而等美者，不可勝言。今如滕羨情事者，〔一八〕或終身隱處，不關人事，或升朝理務，無譏前哲。通滕者則以無譏爲證，塞滕者則以隱處爲美。折其兩中，則異同之情可見矣。夫聖人立教，猶言有禮無時，君子不行。有禮無時，政以事有變通，不可宗一故耳。」〔一九〕

宋武帝起義兵，累遷御史中丞。性剛直，甚得司直之體。外甥劉毅權重當時，朝野莫不歸附，鮮之盡心武帝，獨不屈意於毅，毅甚恨焉。以與毅舅甥制不相糾，使書侍御史丘洹奏彈毅輒宥傳詔羅道盛。詔無所問。

時新制，長吏以父母疾去官，禁錮三年。山陰令沈叔任父疾去職，〔二〇〕鮮之因此上議曰：「今省父母之疾而加以罪名，〔二一〕悖義疾理，莫此爲大。謂宜從舊，於義爲允。」從之。於是自二品以上，父母及爲祖父母後者，墳墓崩毀及疾病，族屬輒去，並不禁錮。

劉毅當鎭江陵，武帝會於江寧，朝士畢集。毅素好摴蒱，於是會戲。帝與毅斂局各得其半，積錢隱人，毅呼帝併之。先擲得雉，帝甚不悅，良久乃答之，四坐傾屬。既擲得盧，毅意大惡，謂帝曰：「知公不以大坐席與人。」鮮之大喜，徒跣繞牀大叫，聲聲相續，毅甚不平，謂之曰：「此鄭君何爲者？」無復甥舅之敬。

帝少事戎旅，不經涉學，及爲宰相，頗慕風流。時或談論，人皆依違不敢難。鮮之難必切至，未嘗寬假。與帝言，要須帝理屈，然後置之。帝有時慚恧變色，感其輸情，時人謂爲「格佞」。

十二年，武帝北伐，以爲右長史。鮮之曾祖晉江州長史哲墓在開封，求拜省，帝以騎送之。及入咸陽，帝遍視阿房、未央故地，悽愴動容，問鮮之秦、漢所以得喪。鮮之具以賈誼過秦對。帝曰：「及子嬰而亡，已爲晚矣。然觀始皇爲人，智足見是非，所任不得人，何也？」答曰：「夫佞言似忠，姦言似信，中人以上，乃可語上。始皇未及中人，所以暗於識士。」前至渭濱，帝復歎曰：「此地寧復有呂望邪？」鮮之曰：「昔葉公好龍而眞龍見，燕昭市骨而駿足至。明公以旰食待士，豈患海內無人。」帝稱善者久之。

宋國初建，轉奉常。赫連勃勃陷關中，武帝復欲北討，鮮之表諫。及踐阼，遷太常、都官尚書。時傅亮、謝晦位遇日隆，范泰嘗衆中讓誚鮮之曰：「卿與傅、謝俱從聖主有功關、洛，卿乃居僚首，今日答颯，去人遼遠，何不肖之甚。」鮮之熟視不對。

鮮之爲人通率，在武帝坐，言無所隱晦，亦甚憚焉。〔三〕而隱厚篤實，贍恤親故，遊行命駕，或不知所適，隨御者所之。尤爲武帝所狎。上曾內殿宴飲，朝貴畢至，唯不召鮮之。坐定，謂羣臣曰：「鄭鮮之必當自來。」俄而外啓尚書鄭鮮之詣神獸門求啓事，帝大笑引入。其被遇如此。以從征功，封龍陽縣五等子。

景平中，徐、傅當權，出爲豫章太守。時王弘爲江州刺史，竊謂人曰：「鄭公德素，先朝所禮，方於前代，鍾元常、王景興之流。今徐、傅出以爲郡，抑當有以。」尋有廢立事。元嘉三年，弘入爲相，舉鮮之爲尚書右僕射。四年卒。文集行於世。子愔，始安太守。

裴松之字世期，河東聞喜人也。祖昧，光祿大夫。父珪，正員外郎。

松之博覽墳籍，立身簡素。年二十，拜殿中將軍。此官直衞左右，晉孝武太元中，革選名家以參顧問，始用琅邪王茂之、會稽謝輶，皆南北之望。

義熙初，爲吳興故鄣令，在縣有績。入爲尚書祠部郎。松之以世立私碑，有乖事實，上表陳之，以爲「諸欲立碑者，宜悉令言上，爲朝議所許，然後聽之，庶可以防遏無徵，顯彰茂實」。由是普斷。

武帝北伐，領司州刺史，以松之爲州主簿，轉中從事。既剋洛陽，松之居州行事。宋國初建，毛德祖使洛陽，武帝敕之曰：「裴松之廊廟之才，不宜久居邊務，今召爲世子洗馬，〔三〕與殷景仁同，可令知之。」

時議立五廟樂，松之以妃臧氏廟用樂亦宜與四廟同。除零陵內史，徵爲國子博士。元嘉三年，誅司徒徐羨之等，分遣大使巡行天下，並兼散騎常侍，班宣二十四條詔書。松之使湘州，甚得奉使之義，論者美之。

轉中書侍郎。上使注陳壽三國志，松之鳩集傳記，廣增異聞。既成奏之，上覽之曰：「裴世期爲不朽矣。」

出爲永嘉太守，勤卹百姓，吏人便之。後爲南琅邪太守，致仕，拜中散大夫。尋爲國子博士，進太中大夫。使續成何承天國史，未及撰述，卒。

子駰，南中郎參軍。松之所著文論及晉記，駰注司馬遷史記，並行於世。駰子昭明。

昭明少傳儒史之業，宋泰始中爲太學博士。有司奏太子婚，納徵用玉璧虎皮，未詳何所準擬。昭明議：「禮『納徵儷皮』。鄭云：『皮爲庭實，鹿皮也』。晉太子納妃注『以虎皮二』。太元中，公主納徵，虎豹皮各一。此豈謂婚禮不詳。王公之差，故取虎豹文蔚以尊其事。虎豹雖文，而徵禮所不言；熊羆雖古，而婚禮所不及；珪璋雖美，或爲用各異。今宜準經誥，凡諸僻謬，一皆詳正。」於是有司參議，加珪璋豹熊羆皮各二。

元徽中，出爲長沙郡丞。罷任，刺史王蘊謂曰：〔三四〕「卿淸貧必無還資，湘中人士有須一禮之命者，我不愛也。」昭明曰：「下官忝爲郡佐，不能光益上府，豈以鴻都之事，仰累淸風。」歷祠部通直郎。

齊永明三年使魏，武帝謂曰：「以卿有將命之才，使還當以一郡相賞。」還爲始安內史。郡人龔玄宜云：「神人與其玉印玉板書，不須筆，吹紙便成字。」自稱龔聖人，以此惑衆，前後郡太守敬事之。昭明付獄案罪。及還，甚貧罄，武帝曰：「裴昭明當罷郡，還遂無宅，我不讀書，不知古人中誰可比之。」遷射聲校尉。

九年復北使。建武初，爲王玄邈安北長史、廣陵太守。明帝以其在事無啓奏，代還責之，昭明曰：「臣不欲競執關鍵故耳。」

昭明歷郡皆清勤，常謂人曰：「人生何事須聚畜，一身之外亦復何須。子孫若不才，我聚彼散。若能自立，則不如一經。」故終身一不事產業。中興二年卒。子子野。

子野字幾原，生而母魏氏亡，爲祖母殷氏所養。殷柔明有文義，以章句授之。年九歲，殷氏亡，泣血哀慟，家人異之。

少好學，善屬文，仕齊爲江夏王行參軍。遭父憂去職。初，父寢疾彌年，子野禱請備至，涕泗霑濡。父夜夢見其容，旦召視如夢，〔二五〕俄而疾間，以爲至孝所感。命著孝感傳，固辭乃止。及居喪，每之墓所，草爲之枯。有白兔白鳩馴擾其側。

梁天監初，尚書僕射范雲嘉其至行，將表奏之，會雲卒不果。樂安任昉有盛名，爲後進所慕，遊其門者，昉必推薦。子野於昉爲從中表，獨不至，昉亦恨焉，故不之善。

久之，兼廷尉正。時三官通署獄，子野嘗不在，同僚輒署其名。奏有不允，子野從坐免職。或勸言請有司，可無咎。〔二六〕子野笑曰：「雖慚柳季之道，豈因訟以受服。」自此免黜久之，終無恨意。中書郎范縝與子野未遇，聞其行業而善焉。會遷國子博士，乃上表讓之，有司以資歷非次，不爲通。

後爲諸暨令，在縣不行鞭罰，人有爭者，示之以理，百姓稱悅，合境無訟。

初，子野曾祖松之，宋元嘉中受詔續修何承天宋史，未成而卒，子野常欲繼成先業。及齊永明末，沈約所撰宋書稱「松之已後無聞焉」。子野更撰爲宋略二十卷，其敍事評論多善，而云「戮淮南太守沈璞，以其不從義師故也」。約懼，徒跣謝之，請兩釋焉。歎其述作曰：「吾弗逮也。」蘭陵蕭琛言其評論可與過秦、王命分路揚鑣。於是吏部尚書徐勉言之於武帝，以爲著作郎，掌修國史及起居注。頃之，兼中書通事舍人，尋除通直員外，〔二七〕著作、舍人如故。敕又掌中書詔誥。

時西北遠邊有白題及滑國遣使由岷山道入貢，此二國歷代弗賓，莫知所出。子野曰：「漢潁陰侯斬胡白題將一人。服虔注云：『白題，胡名也。』又漢定遠侯擊虜，八滑從之，〔二八〕此其後乎。」時人服其博識。敕仍使撰方國使圖，廣述懷來之盛，自要服至于海表，凡二十國。子野與沛國劉顯、南陽劉之遴、陳郡殷芸、陳留阮孝緒、吳郡顧協、京兆韋稜皆博學，深相賞好，顯尤推重之。時吳平侯蕭勱、范陽張纘每討論墳籍，〔二九〕咸折衷於子野。

繼母曹氏亡，居喪過禮，服闋，再遷員外郎。普通七年，大舉北侵，敕子野爲移魏文，受詔立成。武帝以其事體大，召尚書僕射徐勉、太子詹事周捨、鴻臚卿劉之遴、中書侍郎朱异集壽光殿以觀之，時並歎服。武帝目子野曰：「其形雖弱，其文甚壯。」俄又敕爲書喻魏相元叉。其夜受旨，子野謂可待且方奏，未之爲也，及五鼓，敕催令速上。子野徐起操筆，昧爽便就。及奏，武帝深嘉焉。自是諸符檄皆令具草。子野爲文典而速，不尚靡麗，制多法古，與今文體異。當時或有詆訶者，及其末，翕然重之。或問其爲文速者，子野答云：「人皆成於手，我獨成於心。」

遷中書侍郎、鴻臚卿，領步兵校尉。子野在禁省十餘年，默靜自守，未嘗有所請謁。外家及中表貧乏，所得奉悉給之。無宅，借官地二畝，起茅屋數間，妻子恒苦飢寒，唯以教誨爲本，子姪祇畏，若奉嚴君。劉顯常以師道推高之。末年深信釋教，終身飯麥食蔬。中大通二年卒。先是，子野自占死期不過庚戌歲，〔三〇〕是年自省移疾，謂同官劉之亨曰：「吾其逝矣。」遺命務存儉約。武帝悼惜，爲之流涕。贈散騎常侍，卽日舉哀。先是，五等君及侍中以上乃有謚，及子野特以令望見嘉，賜謚貞子。

子野少時集注喪服、續裴氏家傳各二卷，抄合後漢事四十餘卷。又敕撰衆僧傳二十卷，百官九品二卷，附益謚法一卷，方國使圖一卷，文集二十卷：並行於世。又欲撰齊梁春秋，始草創，未就而卒。及葬，湘東王爲之墓誌銘，陳于藏內。邵陵王又立墓誌，堙于羨道。羨道列誌，自此始焉。子鷟，官至通直郎。

何承天，東海郯人也。五歲喪父。母徐廣姊也，聰明博學，故承天幼漸訓義。宋武起義初，撫軍將軍劉毅鎮姑孰，板爲行參軍。毅嘗出行，而鄢陵縣吏陳滿射鳥，箭誤中直帥，雖不傷人，處法棄市。承天議曰：「獄貴情斷，疑則從輕。昔有驚漢文帝乘輿馬者，張釋之劾以犯蹕，罪止罰金。何者？明其無心於驚馬也。故不以乘輿之重，加於異制。今滿意在射鳥，非有心於中人。案律過誤傷人三歲刑，況不傷乎？微罰可也。」〔三一〕

宋臺建，爲尚書祠部郎，與傅亮共撰朝儀。謝晦鎮江陵，請爲南蠻長史。晦進號衞將軍，轉諮議參軍，領記室。

元嘉三年，晦將見討，問計於承天，曰：「大小既殊，逆順又異，境外求全，上計也。以腹心領兵戍義陽，將軍率衆於夏口一戰。若敗，即趨義陽，以出北境，此其次也。」晦良久曰：「荆楚用武之國，且當決戰，走不晚也。」及晦下，承天留府不從。到彥之至馬頭，承天自詣歸罪，見宥。後兼尚書左丞。

吳興餘杭人薄道舉爲劫，制同籍朞親補兵。道舉從弟代公、道生等並爲劫大功親，非應在補謫之例。法以代公等母存爲朞親，則子宜隨母補兵。承天議曰：「尋劫制，同籍朞親補兵，大功則不在此例。〔三二〕婦人三從，既嫁從夫，夫死從子。今道舉爲劫，若其叔父尚存，制應補謫，妻子營居，固其宜也。但爲劫之時，叔父已歿，代公、道生並是從弟，大功之親，不合補謫。今若以叔母爲朞親，令代公隨母補兵，旣乖大功不謫之制，又失婦人三從之道。由於主者守朞親之文，不辨男女之異。謂代公等母子並宜見原。」

承天爲性剛愎，不能屈意朝右，頗以所長侮同列，不爲僕射殷景仁所平。出爲衡陽內史。昔在西方與士人多不協，在郡又不公淸，爲州司所糾，被收繫獄，會赦免。

十六年，除著作佐郎，撰國史。承天年已老，而諸佐郎並名家年少。潁川荀伯子嘲之，常呼爲嬭母。承天曰：「卿當云鳳凰將九子，嬭母何言邪？」尋轉太子率更令，著作如故。

時丹陽溧陽丁況等久喪而不棺葬，〔三三〕承天議曰：「禮云『還葬』，當謂荒儉一時，故許其稱財而不求備。丁況三家數年中葬輒無棺櫬，〔三四〕實由淺情薄恩同於禽獸者耳。竊以丁寶等同伍積年，未嘗勸之以義，繩之以法。十六年冬，旣無新科，又未申明舊制，有何嚴切，欻然相糾。或由鄰曲分爭，以興此言。如聞在東諸處，此例旣多，〔三五〕江西、淮北尤爲不少。若但謫此三人，殆無所肅，開其一端，則互相恐動。臣愚謂況等三家，〔三六〕且可勿問，因此附定制旨：若人葬不如法，同伍當卽糾言。三年除服之後，不得追相告引。」

十九年，立國子學，以本官領國子博士。皇太子講孝經，承天與中庶子顏延之同爲執經。頃之，遷御史中丞。

時魏軍南伐，文帝訪羣臣捍禦之略。承天上安邊論，凡陳四事：其一，移遠就近，以實內地；其二，浚復城隍，以增阻防；其三，纂偶車牛，以飾戎械；其四，計丁課仗，勿使有闕。文多不載。

承天素好弈棊，頗用廢事。又善彈箏。文帝賜以局子及銀裝箏。承天奉表陳謝，上答曰：「局子之賜，何必非張武之金邪。」

承天博見古今，爲一時所重。張永嘗開玄武湖遇古冢，冢上得一銅斗，有柄。文帝以訪朝士。承天曰：「此亡新威斗。王莽三公亡，皆賜之。一在冢外，一在冢內。時三台居江左者，唯甄邯爲大司徒，必邯之墓。」俄而永又啓冢內更得一斗，復有一石銘「大司徒甄邯之墓」。時帝每有疑議，必先訪之，信命相望於道。承天性褊促，嘗對主者厲聲曰：「天何言哉，四時行焉，百物生焉。」文帝知之，應遣先戒曰：「善候何顏色，如其不悅，無須多陳。」

二十四年，承天遷廷尉，未拜，上欲以爲吏部郎，已受密旨，承天宣漏之，坐免官。卒於家，年七十八。

先是禮論有八百卷，承天刪減幷合，以類相從，凡爲三百卷，幷前傳、雜語、所纂文及文集，並傳於世。又改定元嘉曆，改漏刻用二十五箭，皆從之。曾孫遜。

遜字仲言，八歲能賦詩，弱冠，州舉秀才。南鄉范雲見其對策，大相稱賞，因結忘年交。謂所親曰：「頃觀文人，質則過儒，麗則傷俗，其能含清濁，中今古，見之何生矣。」沈約嘗謂遜曰：「吾每讀卿詩，一日三復，猶不能已。」其爲名流所稱如此。

梁天監中，兼尚書水部郎，南平王引爲賓客，掌記室事，後薦之武帝，與吳均俱進倖。後稍失意，帝曰：「吳均不均，何遜不遜。未若吾有朱异，信則異矣。」自是疏隔，希復得見。卒於仁威廬陵王記室。

初，遜爲南平王所知，深被恩禮，及聞遜卒，命迎其柩而殯藏焉，并餼其妻子。東海王僧孺集其文爲八卷。

初，遜文章與劉孝綽並見重，時謂之何、劉。梁元帝著論論之云：「詩多而能者沈約，少而能者謝脁、何遜。」

遜從叔僩字彥夷，亦以才著聞，宦遊不達，作拍張賦以喻意。末云：「東方曼倩發憤於侏儒，遂與火頭食子稟賜不殊。」位至臺郎。

時有會稽虞騫工爲五言，名與遜埒，官至王國侍郎。後又有會稽孔翁歸、濟陽江避並爲南平王大司馬府記室。翁歸工爲詩，避博學有思理，注論語、孝經。二人並有文集。

論曰：夫令問令望，詩人所以作詠，有禮有法，前哲由斯播美。觀夫范、荀二公，並以學業自著，而干時之譽，本期俱不爲弘。雖才則有餘而望乃不足。蔚宗藝用有過人之美，迹其行事，何利害之相傾。徐廣動不違仁，義兼儒行。鮮之時稱「格佞」，斯不佞矣。松之雅道爲貴，實光載德。承天素訓所資，無慚舅氏，美矣乎。

校勘記

〔一〕又問何如殷覬忱曰伯通易　「伯通」各本作「伯道」。按晉書殷覬傳云「字伯通」。册府元龜七八八亦作「伯通」，注云：「南蠻校尉殷覬字」，今據改，下並改。

〔二〕襲爵陽遂鄉侯　「陽遂鄉侯」各本作「遂鄉侯」，據宋書補正。

〔三〕王元太一流人也　「王元太」各本脫「太」字，據宋書補。孫虨宋書考論：「蜀志楊戲輔臣贊有『王元泰』，亦時知名士。」

〔四〕元嘉九年彭城太妃薨　「九年」各本作「元年」，據宋書彭城王義康傳改。

〔五〕曄與司徒左西屬王深及弟司徒祭酒廣夜中酣飲　「廣」宋書作「廣淵」，此避唐諱省。

〔六〕上於武帳岡祖道　「武帳岡」各本作「虎帳岡」，據宋書、通鑑改。胡注引杜佑通典曰：「岡在廣莫門外宣武場，設行宮便坐於其上。」王鳴盛十七史商榷：「漢書汲黯傳：『上嘗坐武帳見黯。』應劭曰：『武帳，織成帳爲武士象也。』元嘉武帳取此義也。後之校史者誤以爲李延壽避唐諱改作『武』，實當作『虎』，遂奮筆改之。」

〔七〕別與不別亦何所存　「存」各本作「在」，據宋書改。

〔八〕本末開史書　「末開」宋書作「未闕」。

〔九〕前漢所有者悉令備　「所有」各本作「可有」，據宋書改。

〔一〇〕義熙元年　「元年」宋書作「九年」。

〔一一〕故太尉廣陵公陳淮黨翼孫秀　「陳淮」各本作「陳準」；宋書同，一本作「準」或「淮」。錢大昕廿二史考異謂當作「準」，史家避宋順帝諱改爲「淮」，因譌「準」。今正爲「準」。

〔一二〕徐廣字野人　「野人」本字「野民」，宋書有傳，此避唐諱改。

〔一三〕故成風顯夫人之號文公服三年之喪　「文公」各本作「昭公」，宋書作「僖公」。錢大昕廿二史考異：「成風之薨不在僖公之世；且安帝於李后爲祖母，非僖公於成風之比。竊謂當是文公之譌也。」按錢說是，今據通典禮典改。

〔一四〕廣獻言武帝多所勸勉　「勉」各本作「免」，今改正。

〔一五〕年過八十　晉書、宋書均言元嘉二年卒，時年七十四。

〔一六〕豁宋永初初爲尚書左丞山陰令　「永初」各本作「永嘉」，據通志改。按宋書良吏徐豁傳作「永初」。

〔一七〕兗州刺史滕恬爲丁零翟遼所沒　「遼」字各本並脫，據晉書滕脩傳補。

〔一八〕今如滕羨情事者　「今」各本作「令」，據通志改。

〔一九〕政以事有變通不可宗一故耳　「宗」宋書作「守」。

〔二〇〕山陰令沈叔任父疾去職　「叔」各本作「淑」，據宋書改。按宋書沈演之傳云「父叔任，吳山陰令」。

〔二一〕今省父母之疾而加以罪名　「今省」二字各本並脫，據通典職官典補。按宋書有「省」字無「今」字。

〔二二〕言無所隱晦亦甚憚焉　「晦亦」宋書作「時人」，觀上范泰讓詔鮮之，疑宋書是。通志改作「言無所隱晦，人甚憚焉」。當亦有見於是。

〔二三〕今召爲世子洗馬　「世子」各本作「太子」，據宋書改。按上言「宋國初建」，是劉裕尚未稱帝，其子不得稱太子。

〔二四〕刺史王蘊謂曰　「蘊」下各本有「之」字，據宋書王景文傳兄子蘊附傳删。

〔二五〕父夜夢見其容且召視如夢　「且」各本作「旦」，據通志改。

〔二六〕或勸言請有司可無咎　「請」梁書作「諸」。

〔二七〕尋除通直員外　「通直員外」梁書作「通直正員郎」。冊府元龜四五四作「通直正員外郎」。按通直正員郎、通直正員外郎非一官。

〔二八〕又漢定遠侯擊虜八滑從之　「八滑」各本作「入滑」，又各本脫「從之」二字，據梁書正補。按後漢書西域車師後王傳，班勇「率後王農哥子加特奴及八滑等，發精兵擊北虜呼衍王」。此「八滑」下當有「從之」二字，文意始足。

〔二九〕時吳平侯蕭勱范陽張纘每討論墳籍　「吳平侯」各本作「長平侯」，據梁書蕭景傳改。

〔三〇〕先是子野自占死期不過庚戌歲　「庚戌」各本作「戊戌」，按中大通二年爲庚戌歲，據梁書改。

〔三一〕微罰可也　「微」各本作「徵」，據宋書改。

〔三二〕大功則不在此例　「此」字各本並脫，據通典刑法典補。

〔三三〕時丹陽溧陽丁況等久喪而不棺葬　「棺」字各本並脫。據下「葬輒無棺櫬」，則非「不葬」，乃無棺櫬。王鳴盛十七史商榷六一謂「『不』下脫『棺』字」，今從補。

〔三四〕丁況三家數年中葬輒無棺櫬　「數年」各本作「數十年」，王懋竑讀書記疑、王鳴盛十七史商榷六一並謂「十」字衍文，今從刪。

〔三五〕此例既多　「此」各本作「比」，據冊府元龜五七六改。

〔二六〕臣愚謂況等三家　「謂」各本作「爲」，據宋書改。

南史卷三十四

列傳第二十四

顏延之 子竣 從子師伯　沈懷文 子沖 從兄曇慶　周朗 族孫顒

顒子捨　捨弟子弘正　弘讓　弘直　弘直子確

顏延之字延年，琅邪臨沂人也。曾祖含，晉右光祿大夫。〔一〕祖約，零陵太守。父顯，護軍司馬。延之少孤貧，居負郭，好讀書，無所不覽，文章冠絕當時。好飲酒，不護細行。年三十猶未昏。妹適東莞劉穆之子憲之。〔二〕穆之聞其美才，將仕之，先欲相見，延之不往也。後爲宋武帝豫章公世子中軍行參軍。及武帝北伐，有宋公之授，府遣延之慶殊命。行至洛陽，周視故宮室，盡爲禾黍，悽然詠黍離篇。道中作詩二首，爲謝晦、傅亮所賞。武帝受命，補太子舍人。雁門周續之隱廬山，儒學著稱。永初中，徵詣都下，開館以居之。武帝親幸，朝彥畢至。延之宮官列卑，引升上席。上使問續之三義，續之雅仗辯辯，延之每以簡要連挫續之。上又使還自敷釋，言約理暢，莫不稱善。再遷太子中舍人。時尚書令傅亮自以文義一時莫及，延之負其才，不爲之下，亮甚疾焉。廬陵王義眞待之甚厚，徐羨之等疑延之爲同異，意甚不悅。

少帝卽位，累遷始安太守。領軍將軍謝晦謂延之曰：「昔荀勗忌阮咸，斥爲始平郡，今卿又爲始安，可謂『二始』。」黃門郎殷景仁亦謂之曰：「所謂人惡俊異，世疵文雅。」延之之郡，道經汨潭，爲湘州刺史張邵祭屈原文以致其意。

元嘉三年，羨之等誅，徵爲中書侍郎，轉太子中庶子，領步兵校尉，賞遇甚厚。延之既以才學見遇，當時多相推服，唯袁淑年倍小延之，不相推重。延之忿於衆中折之曰：「昔陳元方與孔元駿齊年文學，元駿拜元方於牀下，今君何得不見拜？」淑無以對。

延之疏誕，不能取容當世，見劉湛、殷景仁專當要任，意有不平。常言「天下事豈一人之智所能獨了」。辭意激揚，每犯權要。又少經爲湛父柳後將軍主簿，至是謂湛曰：「吾名器不升，當由作卿家吏耳。」湛恨焉，言於彭城王義康，出爲永嘉太守。延之甚怨憤，乃作五君詠，以述竹林七賢，山濤、王戎以貴顯被黜。詠嵇康云：「鸞翮有時鎩，龍性誰能馴。」詠阮籍云：「物故不可論，途窮能無慟。」詠阮咸云：「屢薦不入官，一麾乃出守。」詠劉伶云：「韜精日沈飲，誰知非荒宴。」此四句蓋自序也。湛及義康以其辭旨不遜，大怒，欲黜爲遠郡。文帝與義康詔曰：「宜令思愆里閭，猶復不悛，當驅往東土；乃至難恕者，自可隨事錄之。」於是延之屏居不豫人間者七載。

中書令王球以名公子遺務事外，與延之雅相愛好，每振其罄匱。晉恭思皇后葬，應須百官，皆取義熙元年除身。以延之兼侍中，〔三〕邑吏送札，延之醉，投札於地曰：「顏延之未能事生，焉能事死。」文帝嘗召延之，傳詔頻不見，常日但酒店裸袒挽歌，了不應對，他日醉醒乃見。帝嘗問以諸子才能，延之曰：「竣得臣筆，測得臣文，奐得臣義，躍得臣酒。」何尚之嘲曰：「誰得卿狂？」答曰：「其狂不可及。」尚之爲侍中在直，延之以醉詣焉。尚之望見便陽眠，延之發簾熟視曰：「朽木難彫。」尚之謂左右曰：「此人醉甚可畏。」閑居無事，爲庭誥之文以訓子弟。

劉湛誅後，起延之爲始興王濬後軍諮議參軍、御史中丞。在任從容，無所舉奏。遷國子祭酒、司徒左長史。何尚之素與延之狎，書與王球曰：「延之有後命，教府無復光暉。」坐啓買人田不肯還直，尚書左丞荀赤松奏之曰：「求田問舍，前賢所鄙。延之唯利是視，輕冒陳聞，依傍詔恩，抵捍餘直，垂及周年，猶不畢了。昧利苟得，無所顧忌。延之昔坐事屏斥，復蒙抽進，而曾不悛革，怨誹無已。交游闒茸，沈迷麴蘖，橫興譏謗，詆毀朝士。仰竊過榮，增憒薄之性，私恃顧眄，成强梁之心。外示寡求，內懷奔競，干祿祈遷，不知極已。預宴班鶻，肆詈上席。山海容含，每存遵養。愛兼雕蟲，未忍遐棄。而驕放不節，日月彌甚。臣聞聲問過情，孟軻所恥，況聲非外來，問由己出。雖心智薄劣，而高自比擬，客氣虛張，曾無愧畏。豈可復弼亮五教，增耀台階。請以延之訟田不實，妄干天聽，以强陵弱，免所居官。」詔可。後爲祕書監，光祿勳，太常。

時沙門釋慧琳以才學爲文帝所賞，朝廷政事多與之謀，遂士庶歸仰。上每引見，常升獨榻，延之甚疾焉。因醉白上曰：「昔同子參乘，袁絲正色。此三台之坐，豈可使刑餘居之。」上變色。

延之性既褊激，兼有酒過，肆意直言，曾無回隱，故論者多不與之，謂之顏彪。居身儉約，不營財利，布衣蔬食，獨酌郊野。當其爲適，傍若無人。三十年，致事。

元凶弑立，以爲光祿大夫。長子竣爲孝武南中郎諮議參軍。及義師入討，竣定密謀，兼造書檄。劭召延之示以檄文，問曰：「此筆誰造？」延之曰：「竣之筆也。」又問：「何以知之？」曰：「竣筆體，臣不容不識。」劭又曰：「言辭何至乃爾？」延之曰：「竣尚不顧老臣，何能爲陛下。」劭意乃釋，由是得免。

孝武登阼，以爲金紫光祿大夫，領湘東王師。嘗與何偃同從上南郊，偃於路中遙呼延之曰：「顏公！」延之以其輕脫，怪之，答曰：「身非三公之公，又非田舍之公，又非君家阿公，何以見呼爲公？」偃羞而退。

竣既貴重，權傾一朝，凡所資供，延之一無所受。器服不改，宅宇如舊，常乘羸牛車，逢竣鹵簿，卽屏住道側。又好騎馬遨游里巷，遇知舊輒據鞍索酒，得必傾盡，欣然自得。嘗語竣曰：「平生不喜見要人，今不幸見汝。」見竣起宅，謂曰：「善爲之，無令後人笑汝拙也。」表解師職，加給親信二十人。

嘗早候竣，遇賓客盈門，竣方臥不起，延之怒曰：「恭敬撙節，福之基也。驕佷傲慢，禍之始也。況出糞土之中，而升雲霞之上，傲不可長，其能久乎。」

延之有愛姬，非姬食不飽，寢不安。姬憑寵，嘗盪延之墜牀致損，竣殺之。延之痛惜甚至，常坐靈上哭曰：「貴人殺汝，非我殺汝。」以冬日臨哭，忽見妾排屏風以壓延之，延之懼墜地，因病。孝建三年卒，年七十三。贈特進，謚曰憲子。

延之與陳郡謝靈運俱以辭采齊名，而遲速縣絕。文帝嘗各敕擬樂府北上篇，延之受詔便成，靈運久之乃就。延之嘗問鮑照己與靈運優劣，照曰：「謝五言如初發芙蓉，自然可愛。君詩若鋪錦列繡，亦雕繢滿眼。」延之每薄湯惠休詩，謂人曰：「惠休制作，委巷中歌謠耳，方當誤後生。」〔四〕是時議者以延之、靈運自潘岳、陸機之後，文士莫及，〔五〕江右稱潘、陸，江左稱顏、謝焉。

竣字士遜，延之長子也。早有文義，爲宋孝武帝撫軍主簿，甚被嘉遇，竣亦盡心補益。元嘉中，上不欲諸王各立朋黨，將召竣補尙書郎。江湛以爲在府有稱，不宜回改，乃止。隨府轉安北、鎭軍、北中郎府主簿。〔六〕

初，沙門釋僧含精有學義，謂竣曰：「貧道常見讖記，當有眞人應符，名稱次第，屬在殿下。」後竣在彭城，嘗於親人敍之，言遂宣布，聞於文帝。時元凶巫蠱事已發，故上不加推案。

孝武鎭尋陽，遷南中郎記室。三十年春，以父延之致仕，固求解職，賜假未發，而文帝崩問至，孝武擧兵入討，轉諮議參軍，領錄事，〔七〕任總內外，幷造檄書。孝武發尋陽，便有疾，自沈慶之以下並不堪相見，唯竣出入臥內，斷決軍機。時孝武屢經危篤，不任諮稟，凡厥衆務，竣皆專斷施行。

孝武踐阼，歷侍中、左衞將軍，封建城縣侯。孝建元年，轉吏部尙書，領驍騎將軍，〔八〕留心選擧，自强不息。任遇既隆，奏無不可。後謝莊代竣領選，意多不行。竣容貌嚴毅；莊風姿甚美，賓客喧訴，常歡笑答之。人言顏竣瞋而與人官，謝莊笑而不與人官。

南郡王義宣、臧質等反，以竣兼領右將軍。義宣、質諸子藏匿建康、秣陵、湖熟、江寧縣界，孝武大怒，免丹陽尹褚湛之官，收四縣官長，以竣爲丹陽尹，加散騎常侍。

先是，竣未有子，而大司馬江夏王義恭諸子爲元凶所殺，〔九〕至是各產男，上自爲制名，名義恭子爲伯禽，以比魯公伯禽，周公之子。名竣子爲辟强，以比漢侍中辟强，張良之子也。

先是，元嘉中鑄四銖錢，輪郭形制與五銖同，用費損無利，〔一〇〕故百姓不盜鑄。及孝武卽位，又鑄孝建四銖，所鑄錢形式薄小，輪郭不成，於是人間盜鑄者雜以鉛錫，並不牢固。又翦鑿古錢以取其銅，錢轉薄小，稍違官式。雖重制嚴刑，人吏官長坐死免者相係，而盜鑄彌甚，百物踊貴，人患苦之。乃立品格，薄小無輪郭者悉加禁斷。始興公沈慶之議：「宜聽人鑄錢。置署，樂鑄之家皆居署內。去春所禁新品，一時施用，今鑄悉依此格。萬稅三千，嚴檢盜鑄，幷禁翦鑿。數年之間，公私豐贍，銅盡事息，姦僞自止。禁鑄則銅轉成器，開鑄則器化爲財。」上下其事於公卿，竣議曰：「今云開署放鑄，誠所欲同，但慮采山事絕，器用日耗。銅既轉少，器亦彌貴。設器直一千，則鑄之減半，爲之無利，雖令不行。」時議者又以銅難得，欲鑄二銖錢。竣又議曰：「今鑄二銖，恣行新細，於官無解於乏，而人姦巧大興，〔一一〕天下之貨將糜碎至盡。空曰嚴禁，而利深難絕，不過一二年間，其弊不可復救。此其甚不可一也。使姦人意騁，而貽厥愆謀，此又甚不可二也。富商得志，貧人困窘，此又甚不可三也。若使交益深重，尚不可行，況又未見利，而衆弊如此，失算當時，取笑百代乎。」前廢帝卽位，鑄二銖，形式轉細，官錢每出，人間卽模効之，而大小厚薄皆不及也。無輪郭，不磨鑢，如今之翦鑿者，謂之耒子錢。景和元年，沈慶之啓通私鑄，由是錢貨亂敗，一千錢長不盈三寸，大小稱此，謂之鵝眼錢；劣於此者謂之綖環錢。貫之以縷，入水不沈，隨手破碎，市井不復料數，十萬錢不盈一掬。斗米一萬，商貨不行。明帝初，唯禁鵝眼、綖環，其餘皆通用。〔一二〕復禁人鑄，官署亦廢，尋復普斷，唯用古錢。

竣自散騎常侍、丹陽尹加中書令，表讓中書令，見許。時歲旱人飢，竣上言禁餳一月，息米近萬斛。復代謝莊爲吏部尙書，領太子右衞率，未拜，丁父憂。裁踰月，起爲右將軍，丹陽尹如故。竣固辭，表十上不許。遣中書舍人戴明寶抱竣登車，載之郡舍。〔一三〕賜以布衣一襲，絮以綵綸，遣主衣就衣諸體。

竣藉蕃朝之舊臣，每極陳得失。上自卽吉之後，宮內頗有醜論，又多所興造。竣諫爭懇切，並無所回避。上意甚不悅，多不見從。竣自謂才足幹時，恩舊莫比，當贊務居中，〔一四〕永執朝政。而所陳多不被納，疑上欲疎之，乃求出以卜時旨。大明元年，以爲東揚州刺史。所求旣許，便憂懼無計。至州又丁母艱，不許去職，聽送喪還都，恩待猶厚，竣彌不自安。每對親故，頗懷怨憤。又言朝廷違謬，人主得失。

及王僧達被誅，謂爲所讒構，臨死陳竣前後忿懟，恨言不見從。僧達所言，頗相符會，上乃使御史中丞庾徽之奏竣：「窺覘國柄，潛圖久執。受任選曹，驅扇滋甚，出尹京輦，形勢彌放。傳詔犯憲，舊須啓聞，而竣以通訴忤己，輒加鞭辱，罔顧威靈，莫此爲甚。懷挾姦數，包藏隱慝，豫聞中旨，罔不宣露。罰則委上，善必歸己，脅懼上宰，激動閭閻。未慮上聞，內懷猜懼，僞請東牧，以卜天旨。既獲出藩，怨詈方肆，反脣腹誹，方之已輕。前冬母亡，詔賜還葬，事畢不去，盤桓經時。方構間勳貴，造立同異，遂以己被斥外，國道將顚。兼行闕於家，早負世議，天倫怨毒，親交震駭。街談道說，非復風聲，宜加顯戮，以昭盛化。請以見事免竣所居官，下太常削爵土。」上未欲便加大戮，且止免官。竣頻啓謝罪，并乞性命。上愈怒，詔答曰：「憲司所奏，非宿昔所以相期。卿受榮遇，政當極此。訕訐怨憤，已孤本望，乃復過煩思慮，懼不全立，豈爲下事上誠節之至邪。」

及竟陵王誕爲逆，因此陷之，言通於誕。召御史中丞庾徽之於前立奏，奏成，詔先打折足，然後於獄賜死，妻息宥之以遠。子辟强徙交州，又於宮亭湖沈殺之。竣文集行於世。

竣弟測亦以文章見知，官至江夏王義恭大司馬錄事參軍。以兄貴爲憂，先竣卒。

明帝卽位，詔曰：「延之昔師訓朕躬，情契兼重。前記室參軍、濟陽太守奐，伏事蕃朝，綢繆恩舊，可擢爲中書侍郎。」奐，延之第三子也。

顏師伯字長深，〔一五〕竣族兄也。父邵，剛正有局力，爲謝晦領軍司馬。晦鎮江陵，請爲諮議參軍，領錄事，軍府之務悉委焉。邵慮晦有禍，求爲竟陵太守。未及之郡，會晦見討，邵飲藥死。

師伯少孤貧，涉獵書傳，頗解聲樂。弟師仲妻，臧質女也。質爲徐州，辟師伯爲主簿。孝武爲徐州，師伯仍爲輔國安北行參軍。王景文時爲諮議參軍，愛其諧敏，進之孝武，以爲徐州主簿。善於附會，大被知遇。及去鎮，師伯以主簿送故。

孝武鎮尋陽，啓文帝請爲南中郎府主簿，文帝不許，謂典籤曰：「中郎府主簿，那得用顏師伯。」孝武啓爲長流正佐，帝又曰：「朝廷不能除之，郎可自板，〔一六〕然亦不宜署長流。」乃板爲參軍刑獄。及討元凶，轉主簿。

孝武踐阼，以爲黃門侍郎，累遷侍中。大明元年，封平都縣子。親幸隆密，羣臣莫二。多納貨賄，家累千金。孝武嘗與師伯摴蒱，帝擲得雉，大悅，謂必勝。師伯後得盧，帝失色，師伯遽斂子曰：「幾作盧。」爾日，師伯一輸百萬。仍遷吏部尚書、右軍將軍。上不欲威權在下，前後領選者唯奉行文書，師伯專情獨斷，〔一七〕奏無不可。

七年，爲尚書右僕射。時分置二選，陳郡謝莊、琅邪王曇生並爲吏部尚書。師伯子舉周旋寒人張奇爲公車令，上以奇資品不當，使兼市買丞，以蔡道惠代之。令史潘道栖、褚道惠、顏禕之、元從夫、任澹之、石道兒、黃難、周公選等抑道惠敕，使奇先到公車，不施行奇兼市買丞事。師伯坐以子預職，〔一八〕莊、曇生免官，道栖、道惠棄市，禕之等六人鞭杖一百。師伯尋領太子中庶子，雖被黜挫，受任如初。

孝武臨崩，師伯受遺詔輔幼主，尙書中事專以委之。〔一九〕廢帝卽位，復還卽眞，加領衞尉。

師伯居權日久，天下輻湊，游其門者，爵位莫不踰分。多納貨賄，家產豐積，伎妾聲樂，盡天下之選，園池第宅，冠絕當時，驕奢淫恣，爲衣冠所疾。又還尙書僕射，領丹陽尹。廢帝欲親朝政，轉師伯爲左僕射。以吏部尙書王景文爲右僕射。奪其京尹，又分臺任。師伯至是始懼，與柳元景謀廢立。

初，師伯專斷朝事，不與沈慶之參懷，謂令史曰：「沈公爪牙者耳，安得預政事。」慶之聞而切齒，乃泄其謀。尋與太宰江夏王義恭同誅，六子皆見殺。明帝卽位，諡曰荒。

沈懷文字思明，吳興武康人也。祖寂，晉光祿勳。父宣，新安太守。

懷文少好玄理，善爲文章，爲楚昭王二妃詩，見稱於世。爲江夏王義恭東閤祭酒。丁父憂，新安郡送故豐厚，奉終禮畢，餘悉班之親戚，一無所留。文帝聞而嘉之，賜奴婢六人。服闋，除尚書殿中郎。隱士雷次宗被徵居鍾山，後南還廬江。〔二〇〕何尚之設祖道，文義之士畢集。爲連句詩，懷文所作尤美，辭高一座。隨王誕鎮襄陽，〔二一〕出爲後軍主簿，與諮議參軍謝莊共掌辭令，領義成太守。

元嘉二十八年，誕當爲廣州，欲以懷文爲安南府記室，先除通直郎。懷文固辭南行，上不悅。弟懷遠納東陽公主養女王鸚鵡爲妾，元凶行巫蠱，鸚鵡豫之，事洩，懷文因此失調，爲治書侍御史。

元凶弑立，以爲中書侍郎。孝武入討，呼之使作符檄，固辭。劭大怒，會殷沖救得免。託疾落馬，間行奔新亭，以爲竟陵王誕驃騎錄事參軍、淮陵太守。〔二二〕時國哀未釋，誕欲起內齋。懷文以爲不可，乃止。尋轉揚州中從事史。時議省錄尚書，懷文以爲非宜，上議不從。遷別駕從事史。

及江夏王義恭遷西陽王子尙爲揚州，居職如故。時熒惑守南斗，上乃廢西州舊館，使子尙移居東城以厭之。懷文曰：「天道示變，宜應之以德，今雖空西州，恐無益也。」不從，而西州竟廢。

大明二年，遷尚書吏部郎，時朝議欲依古制置立王畿，揚州移居會稽，猶以星變故也。懷文曰：「周制封畿，漢置司隸，各因時宜，非存相反。安人定國，其揆一也。苟人心所安，天亦從之。未必改今追古，乃致平一。〔二三〕神州舊壤，歷代相承，異於邊州，或置或罷。既物情不悅，容虧化本。」又不從。

三年，子尚移鎮會稽。遷撫軍長史，行府州事。時囚繫甚多，動經年月，懷文到任，訊五郡九百三十六獄，衆咸稱平。

入爲侍中，寵待隆密。竟陵王誕據廣陵反，及城陷，士庶皆裸身鞭面然後加刑，聚所殺人首於石頭南岸，謂之髑髏山。懷文陳其不可，上不納。

孝武嘗有事圓丘，未至期而雨晦竟夜。明旦風霽，雲色甚美，帝升壇悅。懷文稱慶曰：「昔漢后郊祀太一，白日重輪，神光四燭。今陛下有事茲禮，而膏雨迎夜，淸景麗朝，斯實聖明幽感所致，臣願與侍臣賦之。」上笑稱善。

揚州移會稽，上忿浙江東人情不和，〔二四〕欲貶其勞祿，唯西州舊人不改。懷文曰：「揚州徙居，既乖人情，一州兩格，尤失大體。」上不從。

懷文與顏竣、周朗素善，竣以失旨見誅，朗亦以忤意得罪。上謂懷文曰：「竣若知我殺之，亦當不敢如此。」懷文默然。又嘗以歲夕與謝莊、王景文、顏師伯被敕入省，未及進，景文因談言次稱竣、朗人才之美，懷文與相酬和。師伯後因語次白上，敍景文等此言。懷文屢經犯忤，至此上倍不悅。

上又壞諸郡士族以充將吏，並不服役，至悉逃亡。加以嚴制不能禁，乃改用軍法，得便斬之。莫不奔竄山湖，聚爲盜賊。懷文又以爲言。

齋庫上絹年調鉅萬疋，綿亦稱此，期限嚴峻。人間買絹一疋至二三千，綿一兩三四百，貧者賣妻子，甚者或自縊死。懷文具陳人困，由是綿絹薄有所減，俄復舊。

子尚等諸皇子皆置邸舍，逐什一之利，爲患徧天下。懷文又曰：「列肆販賣，古人所非。卜式明不雨之由，弘羊受致旱之責。若以用度不充，故宜量加減省。」不聽。

孝建以來，抑黜諸弟，廣陵平後，復欲更峻其科。懷文曰：「漢明不使其子比光武之子，前史以爲美談。陛下既明管、蔡之誅，願崇唐、衞之寄。」及海陵王休茂誅，欲遂前議。太宰江夏王義恭探得密旨，先發議端，懷文固請不可，由是得息。

時游幸無度，太后六宮常乘副車在後。懷文與王景文每諫不宜亟出，後因從坐松樹下，風雨甚驟。景文曰：「卿可以言矣。」懷文曰：「獨言無繼，宜相與陳之。」江智深臥草側，亦謂之善。〔三〕俄而被召俱入雉場，懷文曰：「風雨如此，非聖躬所宜。」景文又曰：「懷文所啓宜從。」智深未及有言，上方注弩，作色曰：「卿欲効顏竣邪？何以恒知人事。」又曰：「顏竣小子，恨不得鞭其面。」

上每宴集，在坐者咸令沈醉。懷文素不飲酒，又不好戲，上謂故欲異己。謝莊嘗誡懷文曰：「卿每與人異，亦何可久。」懷文曰：「吾少來如此，豈可一朝而變。非欲異物，性之所不能耳。」

五年，出爲晉安王子勛征虜長史、廣陵太守。明年坐朝正事畢，被遣還北，以女病求申，臨辭又乞停三日，訖猶不去，爲有司所糾，免官，禁錮十年。既被免，賣宅還東。上大怒，收付廷尉賜死。

弟懷遠爲始興王濬征北長流參軍，深見親待。坐納王鸚鵡爲妾，孝武徙之廣州。刺史宗慤欲殺之，〔三六〕會南郡王義宣反，懷遠頗閑文筆，慤起義，使造檄書，并銜命至始興，與始興相沈法系論起義事。事平，慤具爲陳請，由此見原。終孝武世不得還。前廢帝世歸，位武康令，撰南越志，及懷文文集並傳於世。

懷文三子：淡、深、沖。〔三七〕

沖字景綽，涉獵文義，仕宋歷位撫軍正佐，兼記室。及懷文得罪被繫，沖兄弟行謝，情哀貌苦，見者傷之。柳元景欲救懷文，言於孝武曰：「沈懷文三子塗炭不可見，願陛下速正其罪。」帝曰：「宜急殺之，使其意分。」竟殺之。元景爲之歎息，沖兄弟以此知名。累遷司徒錄事。

齊武帝爲江州，沖爲征虜長史、尋陽太守。齊建元中，累遷太子中庶子。武帝在東宮，待以恩舊。及卽位，轉御史中丞、侍中。永明四年，爲五兵尙書。沖與兄淡、深名譽有優劣，世號爲「腰鼓兄弟」。淡、深並歷御史中丞。兄弟三人皆爲司直，晉、宋所未有也。

中丞案裁之職，被惡者多結怨。永明中，深彈吳興太守袁彖。建武中，彖從弟昂爲中丞，到官數日，奏彈深子績父在儭白幰車，免官禁錮。沖母孔氏在東，鄰家失火，疑爲人所焚爇，大呼曰：「我三兒皆作御史中丞，與人豈有善者。方恐肌分骨散，何但焚如。」兄弟後並歷侍中，武帝方欲任沖，尋卒。追贈太常，謚曰恭子。

曇慶，懷文從父兄也。父發，員外散騎侍郎。曇慶仕宋位尙書左丞。時歲有水旱，曇慶議立常平倉以救人急，文帝納其言而事不行。大明元年，爲徐州刺史。時殿中員外將軍裴景仁助戍彭城，景仁本北人，多悉關中事。曇慶使撰秦記十卷，敍苻氏事，其書傳於世。

曇慶謹實淸正，所莅有稱績。常謂子弟曰：「吾處世無才能，圖作大老子耳。」世以長者稱之。卒於祠部尚書。

周朗字義利，汝南安成人也。父淳，宋初歷位侍中，太常。兄嶠尚武帝第四女宣城德公主。二女適建平王宏、廬江王禕。以貴戚顯官。朗少而愛奇，雅有風氣，與嶠志趣不同，嶠甚疾之。爲江夏王義恭太尉參軍。

元嘉二十七年春，朝議北侵魏，當遣義恭出鎮彭城，爲諸軍大統。朗聞之解職。及義恭出鎮，府主簿羊希從行，與朗書戲之，勸令獻奇進策。朗報書援引古義，辭意倜儻。

孝武卽位，除建平王宏中軍錄事參軍。時普責百官讜言，朗上書陳述得失，多自矜誇。書奏忤旨，自解去職。

後爲廬陵內史，郡界荒蕪，頗有野獸。母薛氏欲見獵，朗乃合圍縱火，令母觀之。火逸燒郡解，朗悉以秩米起屋，償所燒之限。稱疾去官，爲州司所糾，還都謝孝武曰：「州司舉臣愆失多不允，臣在郡猛獸三食人，蟲鼠犯稼，以此二事上負陛下。」上變色曰：「州司不允，或可有之。蟲獸之災，寧關卿小物。」

朗尋丁母憂，每哭必慟，其餘頗不依居喪常節。大明四年，上使有司奏其居喪無禮。詔曰：「朗悖禮利口，宜合翦戮，微物不足亂典刑，特鎖付邊郡。」於是傳送寧州，於道殺之。朗族孫顒。

顒字彥倫，晉左光祿大夫顗七世孫也。祖虎頭，員外常侍。父恂，歸鄉相。

顒少爲族祖朗所知，解褐海陵國侍郎。益州刺史蕭惠開賞異顒，攜入蜀，爲厲鋒將軍，帶肥鄉、成都二縣令，〔二八〕仍爲府主簿。常謂惠開性太險，每致諫，惠開不悅，答顒曰：「天險地險，王侯設險，但問用險何如耳。」隨惠開還都。

宋明帝頗好玄理，以顒有辭義，引入殿內，親近宿直。帝所爲慘毒之事，顒不敢顯諫，輒誦經中因緣罪福事，帝亦爲之小止。元徽中，詔爲剡令，有恩惠，百姓思之。齊高帝輔政，爲齊殿中郎。建元初，爲長沙王後軍參軍、山陰令。還爲文惠太子中軍錄事參軍。文惠在東宮，顒還正員郎，始興王前軍諮議，直侍殿省，深見賞遇。

顒音辭辯麗，長於佛理，著三宗論言空假義。西涼州智林道人遺顒書深相贊美，言「捉麈尾來四十餘載，頗見宗錄，唯此塗白黑無一人得者，爲之發病，非意此音猥來入耳」。其論見重如此。顒於鍾山西立隱舍，休沐則歸之。

轉太子僕，兼著作，撰起居注。還中書郎，兼著作如故。〔二九〕常游侍東宮。少從外氏車騎將軍臧質家得衞恒散隸書法，學之甚工。文惠太子使顒書玄圃茅齋壁。國子祭酒何胤以倒薤書求就顒換之。顒笑答曰：「天下有道，丘不與易也。」

每賓友會同，顒虛席晤語，辭韻如流，聽者忘倦。兼善老、易，與張融相遇，輒以玄言相滯，彌日不解。清貧寡欲，終日長蔬，雖有妻子，獨處山舍。甚機辯，衞將軍王儉謂顒曰：「卿山中何所食？」顒曰：「赤米白鹽，綠葵紫蓼。」文惠太子問顒菜食何味最勝，顒曰：「春初早韭，秋末晚菘。」何胤亦精信佛法，無妻。太子又問顒：「卿精進何如何胤？」顒曰：「三塗八難，共所未免，然各有累。」太子曰：「累伊何？」對曰：「周妻何肉。」其言辭應變如此。

轉國子博士，兼著作如故。太學諸生慕其風，爭事華辯。始著四聲切韻行於時。後卒於官。子捨。

捨字昇逸，幼聰穎，顒異之。臨終謂曰：「汝不患不富貴，但當將之以道德。」及長博學，尤精義理，善誦詩書，音韻清辯。弱冠舉秀才，除太學博士。從兄綿爲剡縣，贓汙不少，籍沒資財，捨乃推宅助焉。

建武中，魏人吳苞南歸，有儒學。尚書僕射江祏招苞講，捨造坐折苞，辭理遒逸，由是名爲口辯。王亮爲丹陽尹，聞而悅之，辟爲主簿，政事多委焉。遷太常丞。

梁武帝卽位，吏部尚書范雲與顒素善，重捨才器，言之武帝，召拜尚書祠部郎。禮儀損益，多自捨出。先是，帝與諸王及吳平侯書皆云弟，捨立議，引武王、周公故事，皆曰汝，從之。

累遷鴻臚卿。時王亮得罪歸家，故人莫至，捨獨敦恩舊。及亮卒，身營殯葬，時人稱之。遷尚書吏部郎，太子右衞率，右衞將軍。雖居職屢徙，而常留省內，罕得休下。國史詔誥，儀體法律，軍旅謀謨，皆兼掌之。日夜侍上，豫機密二十餘年，未嘗離左右。帝以爲有公輔器。

初，范雲卒，僉以沈約允當樞管，帝以約輕易不如徐勉，於是勉、捨同參國政。勉小嫌中廢，捨專掌權轄，雅量不及勉而清簡過之，兩人俱稱賢相。

時議國史，疑文帝紀傳之名。捨以爲「帝紀之籠百事，如乾象之包六爻，今若追而爲紀，則事無所包，若直書功德，則傳而非紀。應於上紀之前，略有仰述」。從之。

捨占對辯捷，嘗居直廬，語及嗜好，裴子野言從來不嘗食薑。捨應聲曰：「孔稱『不徹』，裴乃不嘗。」一坐皆悅。與人論謔，終日不絕，而竟不言漏泄機事，衆尤服之。性儉素，衣服器用，居處牀席，如布衣之貧者。每入官府，雖廣廈華堂，閨閤重邃，捨居之則塵埃滿積。以荻爲障，壞亦不修。歷侍中、太子詹事。普通五年，南津校尉郭祖深獲始興相白渦書，〔三〇〕

餉捨衣履及婢，以聞，坐免官。以右驍騎將軍知詹事。〔二一〕卒。上臨哭哀動左右，追贈侍中、護軍將軍，謚曰簡子。

初，帝銳意中原，羣臣咸言不可，唯捨贊成之。普通中，累獻捷，〔二二〕帝思其功，下詔述其德美。以爲「往者南司白渦之劾，恐外議謂朕有私，致此黜免。追愧若人一介之善，外可量加褒異，以旌善人」。捨集二十卷。二子弘義、弘信，弟子弘正。

弘正字思行。父寶始，梁司徒祭酒。弘正幼孤，及弟弘讓、弘直俱爲伯父捨所養。年十歲，通老子、周易。捨每與談論，輒異之，曰：「觀汝清理警發，後世知名，當出吾右。」河東裴子野深相賞納，請以女妻之。十五，召補國子生，仍於國學講易，諸生傳習其義。以季春入學，孟冬應舉，學司以日淺不許。博士到洽曰：「周郎弱冠講經，豈俟策試？」

普通中，初置司文義郎，直壽光省，以弘正爲司義侍郎。弘正醜而不陋，吃而能談，俳諧似優，剛腸似直，善玄理，爲當世所宗。藏法師於開善寺講說，門徒數百，弘正年少，未知名，著紅褌，錦絞髻，踞門而聽，衆人蔑之，弗譴也。既而乘間進難，舉坐盡傾，法師疑非世人，覘知，大相賞狎。劉顯將之尋陽，朝賢畢祖道，顯縣帛十四，約曰：「險衣來者以賞之。」衆人競改常服，不過長短之間。顯曰：「將有甚於此矣。」既而弘正綠絲布袴，繡假種，軒昂而至，折標取帛。中大通三年，昭明太子薨，〔三三〕其嗣華容公不得立，乃以晉安王綱爲皇太子。弘正奏記，請「抗目夷上仁之義，執子臧大賢之節」。〔三四〕其抗直守正如此。

常自稱有才無相，僕射徐勉掌選，以其陋不堪爲尚書郎，乃獻書於勉，其言甚切。稍遷國子博士。學中有宋元凶講孝經碑，歷代不改，弘正始到官，卽表刊除。時於城西立士林館，弘正居以講授，聽者傾朝野焉。弘正啓周易疑義凡五十條，又請釋乾坤二繫，復詔答之。

後爲平西邵陵王府諮議參軍，有罪應流徙，敕以賜干陁利國。未去，寄繫尙方。於獄上武帝講武詩，降敕原罪，仍復本位。

弘正博物，知玄象，善占候。大同末，嘗謂弟弘讓曰：「國家阸在數年，當有兵起，吾與汝不知何所逃之。」及武帝納侯景，弘正謂弘讓曰：「亂階此矣。」臺城陷，弘正諂附王偉，又與周石珍合族，避景諱，改姓姬氏，拜太常。景將簒之際，使掌禮儀。

及王僧辯東討，元帝謂僧辯曰：「王師近次，朝士孰當先來？」王僧辯曰：「其周弘正乎。弘正智不後機，體能濟勝，無妻子之顧，有獨決之明，其餘碌碌不逮也。」俄而前部傳云弘正至，僧辯飛騎迎之。及見，歡甚，曰：「吾固知王僧達非後機者，公可坐吾膝上。」對曰：「可謂進而若將加諸膝，老夫何足以當。」僧辯卽日啓元帝，元帝手書與弘正，〔三五〕仍遣使迎之，謂朝士曰：「晉氏平吳，喜獲二陸，今我討賊，亦得兩周。」及至，禮數甚優，朝臣無比。授黃門侍郎，直侍中省。俄遷左戶尚書，加散騎常侍。夏月著犢鼻褌，衣朱衣，爲有司所彈。其放達如此。〔三六〕

元帝嘗著金樓子，曰：「余於諸僧重招提琰法師，隱士重華陽陶貞白，士大夫重汝南周弘正，其於義理清轉無窮，〔三七〕亦一時之名士也。」

弘正善清談，梁末爲玄宗之冠。及侯景平，僧辯啓送秘府圖籍，敕弘正讎校。

時朝議遷都，但元帝再臨荊陝，前後二十餘年，情所安戀，不欲歸建業。兼故府臣僚皆楚人，並欲即都江陵，云：「建康蓋是舊都，彫荒已極。且王氣已盡，兼與北止隔一江，若有不虞，悔無所及。且臣等又聞荊南有天子氣，今其應矣。」元帝無去意。時尚書左僕射王褒及弘正咸侍，帝顧曰：「卿意何如？」褒等以帝猜忌，弗敢衆中公言，唯唯而已。褒後因清閒，密諫還丹陽甚切，帝雖納之，色不悅。及明日，衆中謂褒曰：「卿昨勸還建鄴，不爲無理，吾昨夜思之，猶懷疑惑。」褒知不引納，乃止。他日，弘正乃正色諫，至于再三，曰：「若如士大夫，唯聖王所都，本無定處。至如黔首，未見入建鄴城，便謂未是天子，猶列國諸王。今日赴百姓之心，〔三八〕不可不歸建鄴。」當時頗相酬許。弘正退後，黃羅漢、宗懍乃言「弘正、王褒並東人，仰勸東下，非爲國計」。弘正竊知其言，他日乃復上前面折二人，曰：「若東人勸下東，謂之私計，西人勸住西，亦是私計不？」衆人默然，而人情並勸遷都。上又曾以後堂大集文武，其預會者四五百人，帝欲徧試人情，曰：「勸吾去者左袒。」於是左袒者過半。武昌太守朱買臣，上舊左右，而閹人也，頗有幹用，故上擢之。及是勸上遷，曰：「買臣家在荊州，豈不願官長住，但恐是買臣富貴，非官富貴邪！」上深感其言，卒不能用。

及魏平江陵，弘正遁歸建鄴。太平元年，授侍中，領國子祭酒，遷太常卿、都官尚書。陳武帝授太子詹事。天嘉元年，遷侍中、國子祭酒，往長安迎宣帝。三年，自周還。廢帝嗣位，領都官尚書，總知五禮事。宣帝即位，遷特進，領國子祭酒，加扶。太建五年，〔三九〕授尚書右僕射。尋敕侍東宮講論語、孝經。太子以弘正德望素重，有師資之敬焉。

弘正特善玄言，兼明釋典，雖碩德名僧，莫不請質疑滯。六年，卒官，年七十九，贈侍中、中書監，謚曰簡子。所著周易講疏十六卷，論語疏十一卷，莊子疏八卷，老子疏五卷，孝經疏二卷，集二十卷，行于代。

子豫玄，年十四，與俱載入東，乘小船度岸，見藤花，弘正挽之，船覆俱溺，弘正僅免，豫玄遂得心驚疾。次子墳，尚書吏部郎。

弘讓性簡素，博學多通。始仕不得志，隱於句容之茅山，頻徵不出。晚仕侯景，為中書侍郎，人問其故，對曰：「昔王道正直，得以禮進退，今乾坤易位，不至將害於人，吾畏死耳。」始彭城劉孝先亦辭辟命，隨兄孝勝在蜀。武陵建號，仕爲世子府諮議參軍。二隱並獲譏於代。

弘讓承聖初，爲國子祭酒。二年，爲仁威將軍，城句容以居之，命曰仁威壘。陳天嘉初，以白衣領太常卿、光祿大夫，加金章紫綬。

弘讓弟弘直，字思方，幼而聰敏。仕梁爲西中郎湘東王外兵記室參軍，與東海鮑泉、南陽宗懍、平原劉緩、沛國劉瑴同掌書記。〔四〇〕王出鎭江、荆二州，累除諮議參軍。及承制，封湘濱縣侯。累遷昌州刺史。

王琳之舉兵，弘直在湘州，琳敗，乃入陳，位太常卿、光祿大夫，加金章紫綬。

弘直方雅敦厚，氣調高於次昆。或問三周孰賢，人曰「若蜂腰矣」。太建七年卒。遺疏：「氣絕之後，便買市中見材小形者。斂以時服，古人通制，但下見先人，必須備禮，可著單衣裙衫故履。既應侍養，宜備紛帨，或逢善友，又須香煙，棺內唯安白布手巾粗香鑪而已，此外無所用。」卒於家，年七十六。有集二十卷。

子確，字士潛，美容儀，寬大有行檢。博涉經史，篤好玄言。位都官尙書，禎明初卒。

論曰：文人不護細行，古今之所同焉。由夫聲裁所知，故取忤於人者也。觀夫顏、謝之於宋朝，非不名高一代，靈運既以取斃，延之亦躓當年，向之所謂貴身，翻成害己者矣。士遜援筆數罪，陵轢犯難，餌彼慈親，棄之獸吻，〔四〕以此爲忠，無聞前誥。夫自忍其親，必將忍人之親，士遜自忘其孝，期以申人之孝，自非嚴父之辭允而義愜，則難乎免矣。師伯行己縱欲，好進忘退，既以此始，亦以此終，宜乎。懷文蹈履之地，足以追蹤古烈，孔母致懼中丞，其誡深矣。周朗始終之節，亦倜儻爲尤。顒、捨父子，文雅不墜，弘正兄弟義業，幾乎德門者焉。

校勘記

〔一〕曾祖含晉右光祿大夫　「右」各本作「左」，據宋書改。按晉書顏含傳作「右」。

〔二〕妹適東莞劉穆之子憲之　「憲之」宋書同。按宋書劉穆之傳，穆之三子：長子慮之，中子式之，少子貞之。「憲」與「慮」形近，不知孰是。

〔三〕以延之兼侍中　「侍中」二字各本但作「持」，誤，據建康實錄改。

〔四〕方當誤後生　「後生」各本作「後事」，據通志改。

〔五〕是時議者以延之靈運自潘岳陸機之後文士莫及　「靈運」各本作「靈惠」，據通志改。按宋書云：「延之與陳郡謝靈運齊名，自潘岳、陸機之後，文士莫及也。」

〔六〕隨府轉安北鎮軍北中郎府主簿　「鎮軍」各本作「領軍」，據宋書改。按孝武帝紀，孝武嘗爲鎮軍將軍，不曾爲領軍。

〔七〕轉諮議參軍領錄事　各本「領」下有「軍」字，據宋書删。

〔八〕轉吏部尚書領驍騎將軍　「驍騎」各本作「驍衞」。據宋書改。按宋書百官志無驍衞將軍。

〔九〕而大司馬江夏王義恭諸子爲元凶所殺　「大」字各本並脫，據宋書補。

〔一〇〕用費損無利　「損」字各本並脫，據宋書補。

〔一一〕而人姦巧大興　「姦巧」二字各本並脫，據宋書補。

〔一二〕其餘皆通用　「其餘」各本作「其錢」，據宋書改。

〔一三〕遣中書舍人戴明寶抱竣登車載之郡舍　「戴明寶」各本作「戴寶明」。按戴明寶入恩倖傳，今乙正。

〔一四〕當贊務居中　「贊」字各本並脫，據宋書補。

〔一五〕顏師伯字長深　「長深」宋書作「長淵」，此避唐諱改。

〔一六〕郎可自板　「郎」各本作「卿」，據宋書改。

〔一七〕師伯專情獨斷　「專情」各本作「專精」，據宋書改。

〔一八〕師伯坐以子預職　「預」宋書作「領」。

〔一九〕尙書中事專以委之　「中」上各本衍「侍」字，據宋書刪。

〔二〇〕隱士雷次宗被徵居鍾山後南還廬江　「廬江」宋書作「廬岳」，是。

〔二一〕隨王誕鎭襄陽　「鎭」各本作「領」，據宋書改。

〔二二〕以爲竟陵王誕驃騎錄事參軍淮陵太守　「淮陵」宋書作「淮南」。

〔二三〕未必改今追古乃致平一　「未」字各本並脫，據宋書補。

〔二四〕上忿浙江東人情不和　各本脫「上」字，據宋書補。

〔二五〕江智深臥草側亦謂之善　「智深」宋書作「智淵」，此避唐諱改。

〔二六〕刺史宗慤欲殺之　宋書作「使廣州刺史宗慤於南殺之」。

〔二七〕懷文三子淡深沖　「深」宋書作「淵」，此避唐諱改。

〔二八〕爲厲鋒將軍帶肥鄉成都二縣令　「肥鄉」宋書、齊書州郡志益州並無此縣名。

〔二九〕遷中書郎兼著作如故　「如故」二字各本並脫，據南齊書補。下文之「轉國子祭酒兼著作」，其下亦應有「如故」二字，下並補。

〔三〇〕普通五年南津校尉郭祖深獲始興相白渦書　梁書周捨傳作「普通五年，南津獲武陵太守白渦書」。梁書武帝紀及本書郭祖深傳皆云南津校尉置於普通七年，則普通五年當作普通七年。白渦是始興相抑武陵太守，則無以決。

〔三一〕以右驍騎將軍知詹事　「驍騎」各本作「驍衞」，據梁書改。參本卷校記第八條。

〔三二〕普通中累獻捷　「普通中」各本作「大通中」。按梁書本傳，捨卒於普通五年，明年下詔「褒美」，又普通五、六年，北伐屢捷。足證以作「普通」爲是，今改正。

〔三三〕中大通三年昭明太子薨　「中」字各本並脫，據梁書昭明太子傳補。

〔三四〕執子臧大賢之節　「大賢」二字各本並脫，據陳書補。

〔三五〕元帝手書與弘正　「元帝」二字各本並脫，據陳書補。

〔三六〕其放達如此　「放達」各本作「作達」，據太平御覽六九六引改。

〔三七〕其於義理清轉無窮　「清」各本作「情」，據陳書改。

〔三八〕今日赴百姓之心　「今日」陳書作「今宜」。

〔三九〕太建五年　「五年」各本作「二年」，據陳書及册府元龜二六〇改。按本紀亦是「五年」。

〔四〇〕與東海鮑泉南陽宗懍平原劉緩沛國劉瑴同掌書記　「劉緩」各本作「劉綬」或「陸綬」，據陳書改。按梁書及本書劉昭傳並作「劉緩」。

〔四一〕棄之獸吻　「棄」各本作「再」，王懋竑讀書記疑：「『再』疑作『棄』。」今從改。「獸吻」猶虎口，避唐諱故作「獸吻」。

南史卷三十五

列傳第二十五

劉湛 族弟登之　庾悅　仲文　仲文子弘遠　仲文族孫仲容　顧琛　顧覬之 孫憲之

劉湛字弘仁，南陽涅陽人也。祖耽，父柳，並晉左光祿大夫、開府儀同三司。湛出繼伯父淡，襲封安衆縣五等男。少有局力，不尙浮華，博涉史傳，諳前代舊典。弱年便有宰物情，常自比管、葛。不爲文章，不喜談議。

除宋武帝太尉行參軍，賞遇甚厚。父柳亡於江州，府州送故甚豐，一無所受，時論稱之。服闋，爲相國參軍。謝晦、王弘並稱其器幹。

武帝入受晉命，以第四子義康爲冠軍將軍、豫州刺史，留鎭壽陽。以湛爲長史、梁郡太守。義康弱年未親政，府州事悉委湛。進號右將軍，仍隨府轉。義康以本號徙南豫州，湛改領歷陽太守。爲人剛嚴用法，姦吏犯贓百錢以上皆殺之，自下莫不震肅。義眞時居武帝憂，使廬陵王義眞出爲車騎將軍、南豫州刺史，湛又爲長史，太守如故。義眞時居武帝憂，使帳下備膳，湛禁之，義眞乃使左右人買魚肉珍羞，於齋內別立廚帳。會湛入，因命臑酒炙車螯。湛正色曰：「公當今不宜有此設。」義眞曰：「旦甚寒，杯酒亦何傷，長史事同一家，望不爲異。」酒至，湛起曰：「既不能以禮自處，又不能以禮處人。」

後爲廣州刺史，嫡母憂去職。服闋，爲侍中。時王華、王曇首、殷景仁亦爲侍中，文帝於合殿與四人宴飲甚悅。華等出，帝目送良久，歎曰：「此四賢一時之秀，同管喉脣，恐後世難繼。」

及撫軍將軍江夏王義恭鎭江陵，以湛爲使持節、南蠻校尉，領撫軍長史，行府州事。〔一〕王弘輔政，而王華、王曇首任事居中，湛自謂才能不後之，不願外出。是行也，謂爲弘等所斥，意甚不平。常曰：「二王若非代邸之舊，無以至此。可謂遭遇風雲。」

湛負其才氣，常慕汲黯、崔琰爲人，故名長子曰黯字長孺，第二子曰琰字季珪。琰於江陵病卒，湛求自送喪還都，義恭亦爲之陳請。文帝答義恭曰：「吾亦得湛啓事，爲之酸懷，乃不欲苟違所請；但汝弱年，新涉軍務，八州殷曠，專斷事重，疇諮委仗，不可不得其人。量算二三，未獲便相順許。今答湛啓，權停彼葬。頃朝臣零落相係，寄懷轉寡，湛實國器，吾乃欲引其令還，直以西夏任重，要且停此事耳。汝慶賞黜罰預關得失者，〔三〕必宜悉相委寄。」

義恭性甚狷隘，年又漸大，欲專政事，每爲湛所裁。主佐之間，嫌隙遂搆。文帝聞之，密遣詰讓義恭。義恭陳湛無居下之禮，又自以年長，未得行意，雖奉詔旨，每出怨言。上友于素篤，欲加酬順，乃詔之曰：「當今之才，委受已爾，宜盡相彌縫，取其可取，棄其可棄。」

先是王華既亡，曇首又卒，領軍將軍殷景仁以時賢零落，白文帝徵湛。八年，召爲太子詹事，加給事中，與景仁並被任遇。湛云：「今代宰相何難，此正可當我南陽郡漢代功曹耳。」明年，景仁轉尙書僕射，領選，護軍將軍，湛代爲領軍。十二年，又領詹事。湛與景仁素款，又以其建議徵之，甚相感悅。及俱被時遇，猜隙漸生。以景仁專內任，謂爲間己。時彭城王義康專執朝權，而湛昔爲上佐，遂以舊情委心自結，欲因宰相之力回主心，傾黜景仁，獨當時務。義康屢言之於文帝，其事不行。義康僚屬及湛諸附隸潛相約勒，無敢歷殷氏門者。湛黨劉敬文父成未悟其機，詣景仁求郡，敬文遽謝湛曰：「老父悖耄，遂就殷鐵干祿。由敬文闇淺，上負生成，合門慚懼，無地自處。」敬文之姦諂如此。

義康擅權專朝，威傾內外，湛愈推崇之，無復人臣之禮，上稍不能平。湛初入朝，委任甚重，善論政道，幷諳前代故事，聽者忘疲。每入雲龍門，御者便解駕，左右及羽儀隨意分散，不夕不出，以此爲常。及晚節驅煽義康，陵轢朝廷，上意雖內離而接遇不改。上謂所親曰：「劉斑初自西還，吾與語常看日早晚，慮其當去；比入亦看日早晚，慮其不去。」湛小字斑獸，故云斑也。〔三〕遷丹陽尹，詹事如故。

十七年，所生母亡。上與義康形迹既乖，釁難將結，湛亦知無復全地。及至丁艱，謂所親曰：「今年必敗，常日賴口舌爭之，故得推遷耳。今既窮毒，無復此望，禍至其能久乎。」伏甲於室，以待上臨弔。謀又泄，竟弗之幸。十月，〔四〕詔收付廷尉，於獄伏誅，時年四十九。子黯等從誅。〔五〕弟素，黃門郎，徙廣州。湛初被收，歎曰：「便是亂邪。」又曰：「不言無我應亂，殺我日自是亂法耳。」入獄見素，曰：「乃復及汝邪？相勸為惡，惡不可為，相勸為善，正見今日，如何！」湛生女輒殺之，為時流所怪。

庾悅字仲豫，潁川鄢陵人也，晉太尉亮之曾孫也。祖羲，吳興內史。父準，西中郎將、荊州刺史。〔六〕

悅仕晉為司徒右長史。桓玄篡位，為中書侍郎。宋武平建鄴，累遷建威將軍、江州刺史，加都督。〔七〕

初，劉毅家在京口，酷貧，嘗與鄉曲士大夫往東堂共射，時悅為司徒右長史，要府州僚佐出東堂，毅已先至，遣與悅相聞曰：「身並貧躓，營一遊甚難。君如意人，無處不可爲適，豈不能以此堂見讓。」悅素豪，徑前不答。毅語衆人並避，〔六〕唯毅留射如故。悅廚饌甚盛，不以及毅，毅旣不去，悅甚不歡。毅又相聞曰：「身今年未得子鵝，豈能以殘炙見惠。」悅又不答。至是，毅表解悅都督、將軍官，以刺史移鎭豫章。以親將趙恢領千兵守尋陽，建威府文武三千人悉入毅將府，深相挫辱。悅不得志，疽發背，到豫章少日卒。

登之字元龍，悅族弟也。曾祖冰，晉司空。祖藴，廣州刺史。父廓，東陽太守。登之少以强濟自立，初爲宋武帝鎭軍參軍，預討桓玄功，封曲江縣五等男。累遷新安太守。謝晦爲荆州刺史，請爲長史、南郡太守，仍爲衞軍長史。登之與晦俱曹氏壻，名位本同，一旦爲之佐，意甚不愜。到廳牋唯言「卽日恭到」，初無感謝之言。每入覲見，備持箱囊几席之屬，一物不具，則不肯坐。嘗於晦坐誦西征賦云：「生有修短之命，位有通塞之遇。」晦雖恨而常優容之。

晦拒王師，欲登之留守，登之不許。晦敗，登之以無任免官禁錮還家。何承天戲之曰：「因禍爲福，未必皆知。」登之曰：「我亦幾與三豎同戮。」承天爲晦作表云：「當浮舟東下，戮此三豎。」故登之爲嘲。

後爲司徒長史、南東海太守。府公彭城王義康專覽政事，不欲自下厝意。而登之性剛，每陳己志，義康不悅，出爲吳郡太守，以贓貨免官。後拜豫章太守，徵爲中護軍，未拜卒。

子仲遠，〔九〕初爲宋明帝府佐。廢帝景和中，明帝疑防，賓客故人無到門者，唯仲遠朝謁不替。明帝卽位，謂曰：「卿所謂疾風知勁草。」自軍錄事參軍擢拜太子中庶子，卒於豫章太守。贈侍中。登之弟仲文。

仲文位廣平太守，〔一〇〕兄登之爲謝晦長史，仲文往省之。時晦權重，朝士並加敬，仲文獨與抗禮。

後爲彭城王義康驃騎主簿，未就，徙爲丹陽丞。旣未到府，疑於府公禮敬，下禮官博議。中書侍郎裴松之議曰：「案春秋桓公八年，祭公逆王后于紀。公羊傳曰：『女在國稱女，此其稱王后何？王者無外，其辭成矣。』推此而言，則仲文爲吏之道，定於受敕之日矣。名器旣正，則禮亦從之，安可未到廢其節乎？宜執吏禮。」從之。

後始興王濬當鎭湘州，以仲文爲司馬。濬不之任，仍除南梁太守，司馬如故。于時領軍劉湛協附大將軍彭城王義康，而與僕射殷景仁隙。凡朝士遊殷氏者，不得入劉氏之門，獨仲文遊二人間，密盡忠於朝廷。景仁稱疾不朝見者歷年，文帝常令仲文銜命去來，湛不疑也。

義康出蕃，湛伏誅，以仲文爲尚書吏部郎，與右衞將軍沈演之俱參機密。歷侍中、吏部尚書，領義陽王師。內外歸附，勢傾朝野。仲文爲人强急不耐煩，賓客訴非理者，忿罵形於辭色。素無術學，不爲衆望所推。性好潔，士大夫造之者，未出戶輒令人拭席洗牀。時陳郡殷沖亦好淨，小史非淨浴新衣，不得近左右，士大夫小不整潔，每容接之。仲文好潔反是，每以此見譏。

領選既不緝衆論，又頗通貨賄，用少府卿劉道錫爲廣州刺史，道錫至鎮，餉白檀牽車，常自乘焉。或以白文帝，帝見問曰：「道錫餉卿小車，裝飾甚麗，有之乎？」仲文懼起謝。又仲文請急還家，吏部令史錢泰、主客令史周伯齊出仲文宅諮事。泰能彈琵琶，伯齊善歌，仲文因留停宿。尚書制，令史諮事不得宿停外，雖八座命亦不許，爲有司所奏。上於仲文素厚，將恕之，召問尚書右僕射何尚之，具陳仲文得失，奏言：

仲文事如丘山，若縱而不糾，復何以爲政。晉武不爲明主，斷鬲令事，〔一〕遂能奮發，華廙見待不輕，廢錮累年，後起改作城門校尉耳。若言仲文有誠於國，未知的是何事，政當云與殷景仁不失其舊，與劉湛亦復不疎。且景仁當時意事，豈復可蔑，縱有微誠，復何足掩其惡。賈充勳烈，〔一二〕晉之重臣，雖事業不稱，不聞有大罪，諸臣進說，便即遠出。陛下聖叡，反更遲遲於此。仲文身上之釁，既自過於范曄，所少賊一事耳。伏願深加三思。試以諸聲傳普訪諸可顧問者，羣下見陛下顧遇既重，恐不敢苦侵傷，顧問之日，宜布嫌責之旨。若不如此，亦當不辨有所得失。

時仲文自理不諳臺制，令史並言停外非嫌。帝以小事不足傷大臣，尚之又陳：

令史具向仲文說不得停之意，仲文了不聽納，非爲不解，直是苟相留耳。雖是令史出，乃遠虧朝典，又不得謂之小事。謝晦望實非今者之疇，一事錯誤，免侍中官。王珣時賢少失，桓胤春蒐之謬，皆白衣領職，況公犯憲制邪？孔萬祀居左局，言「仲文貴要異他尚書」。〔一三〕又云「不癡不聾，不成姑公」。敢作此言，亦爲異也。

文帝猶優遊，使尚之更陳其意。尚之備言仲文愆曰：

臣思張遼之言，關羽雖兄弟，曹公父子豈得不言。觀今人臣憂國甚寡，臣復結舌，日月之明或有所蔽。然不知臣者豈不謂臣有爭競之心，亦追以悵悵。臣與仲文周旋，俱被恩接，不宜復生厚薄。太尉昨與臣言說仲文有諸不可，非唯一條，遠近相崇畏，震動四海。仲文先與劉德願殊惡，德願自持琵琶甚精麗遺之，便復款然。市令盛馥進數百口材助營宅，恐人知，作虛買券。劉道錫驟有所輸，傾南奉之半。劉雍自謂得其力助，事之如父，夏中送甘蔗，若新發於州。國吏運載藮蘇，無輟於道。諸見人有物，鮮或不求，聞劉遵考有材便乞材，見好燭槃便復乞之。選用不平，不可一二。太尉又言仲文都無共事之體，凡所選舉悉是其意，政令太尉知耳。論虞秀之作黃門，太尉不正答和，故得停。太尉近與仲文疏，欲用德願兒作州西曹，仲文乃啓用爲主簿，卽語德願以謝太尉。前後漏泄賣恩，亦復何極。縱不罪，故宜出之。自從裴、劉刑罰已來，諸將陳力百倍，今日事實好惡可問，若赫然發憤，顯明法憲，陛下便可閑臥紫闥無復一事也。

帝欲出仲文爲丹陽，又以問尚之，答言：

仲文蹈罪負恩，陛下遲遲舊恩，未忍窮法，方復有尹京赫赫之授。恐悉心奉國之人於此而息，貪狠恣意，歲月滋甚。如臣所聞天下議論，仲文恒塵累日月，未見一毫增輝，乃更成形勢，是老王雅也。古人言，無賞罰，雖堯舜不能爲政。陛下豈可坐損皇家之重，迷一凡人。令賈誼、劉向重生，豈不慷慨流涕於聖世邪。臣昔啓范曄，當時亦懼犯觸之尤，苟是愚懷所挹，政自不能不舒達，所謂「雖九死而不悔」也。臣謂仲文且外出，若能修改，在職著稱，還亦不難，而得少明國典，粗酬四海之誚。今愆釁如山，榮任不損，仲文若復有彰大之罪，誰敢以聞。亦知陛下不能採臣之言，故是臣不能以已之意耳。

又曰：

臣見劉伯龍大慷慨仲文所行，〔一四〕言有人送張幼緒，語人「吾雖得一縣，負錢三十萬。庾仲遠仍當送至新林，見縛束猶未得解手」。荀萬秋嘗詣仲文，逢一客姓夏侯，主人問：「有好牛不？」言無。問：「有好馬不？」又言無，政有佳驢耳。仲文便答：「甚是所欲。」客出門，遂相聞索之。劉道錫言是仲文所舉，〔一五〕就道錫索嫁女具及祠器，乃當百萬數，猶謂不然。選令史章龍向臣說，亦歎其受納之過。言實得嫁女銅鑪，四人舉乃勝，細葛斗帳等物不可稱數。在尚書中令奴酤鄙酒，利其百十，亦是立臺閣所無，不審少簡聖聽不？

帝乃可有司之奏，免仲文官，卒于家。帝錄其宿誠，追贈本官。子弘遠。

弘遠字士操，淸實有士譽。仕齊爲江州長史。刺史陳顯達舉兵敗，斬於朱雀航。將刑，索帽著之，曰：「子路結纓，吾不可以不冠而死。」謂看者曰：「吾非賊，乃是義兵，爲諸君請命耳。陳公太輕事，若用吾言，天下將免塗炭。」弘遠子子曜年十四，抱持父乞代命，遂併殺之。

仲文從弟徽之位御史中丞。徽之子漪，齊邵陵王記室。漪子仲容。

仲容字子仲，幼孤，爲叔父泳所養。及長，杜絕人事，專精篤學，晝夜手不輟卷。初爲安西法曹行參軍，泳時貴顯，吏部尚書徐勉擬泳子晏嬰爲宮僚。泳泣曰：「兄子幼孤，人才粗可，願以晏嬰所忝回用之。」勉許焉。轉仲容爲太子舍人，遷安成王主簿。時平原劉峻亦爲府佐，並以强學爲王所禮接。後爲永康、錢唐、武康令，並無績，多被推劾。久之，除安成王中記室。當出隨府，皇太子以舊恩降餞，賜詩曰：「孫生陟陽道，吳子朝歌縣，未若樊林舉，置酒臨華殿。」時輩榮之。

後爲尚書左丞，坐推糾不直免官。仲容博學，少有盛名，頗任氣使酒，好危言高論，士友以此少之。唯與王籍、謝幾卿情好相得，二人時亦不調，遂相追隨，誕縱酣飲，不持檢操。遇太清亂，遊會稽卒。

仲容抄子書三十卷，諸集三十卷，衆家地理書二十卷，列女傳三卷，文集二十卷，並行於代。

顧琛字弘瑋，吳郡吳人，晉司空和之曾孫也。祖履之，父惔，並爲司徒左西曹掾。琛謹確不尚浮華，起家州從事、駙馬都尉，累遷尚書庫部郎。元嘉七年，文帝遣到彥之經略河南，大敗，悉委棄兵甲，武庫爲之空虛。文帝宴會，有歸化人在座，上問琛庫中仗猶有幾許？琛詭辭答有十萬人仗。舊庫仗祕不言多少，上既發問，追悔失言。及琛詭對，上甚善之。尚書寺門有制，〔一六〕八坐以下門生隨入者各有差，不得雜以人士。琛以宗人顧碩寄尚書張茂度門名，而與顧碩同席坐。明年坐譴出，免中正。〔一七〕凡尚書官大罪則免，小罪譴出，譴出者百日無代人，聽還本職。琛仍爲彭城王義康所請，再補司徒錄事參軍。

十五年，出爲義興太守。初，義康請琛入府，欲委以腹心，琛不能承事劉湛，故尋見斥外。十九年，徙東陽太守，欲使琛防守彭城王義康，固辭忤旨，廢黜還家積年。及元凶弒立，分會稽五郡置州，以隨王誕爲刺史，卽以琛爲會稽太守。誕起義，加冠軍將軍。事平，遷吳興太守。

孝建元年，爲吳郡太守，以起義功，封永新縣五等侯。大明元年，吳縣令張闓坐居母喪無禮，下廷尉，錢唐令沈文秀判劾違謬，應坐被彈。琛宣言於衆，「闓被劾之始，屢相申明」。又云「當啓文秀留縣」。孝武聞之大怒，謂琛賣惡歸上，免官。琛母老仍停家。

琛及前西陽太守張牧並事司空竟陵王誕，誕反，遣客陸延稔齎書板琛及子弟官。時孝武以琛素結事誕，或有異志，遣信就吳郡太守王曇生誅琛父子。會延稔先至，琛等卽執斬之，遣二子送延稔首啓聞。孝武所遣誅琛使其日亦至而獲免。

琛母孔氏時年百餘歲，晉安帝隆安初，琅邪王廞於吳中作亂，以女爲貞烈將軍，〔一八〕悉以女人爲官屬，以孔氏爲司馬。及孫恩亂後，東土饑荒，人相食，孔氏散家糧以振邑里，得活者甚衆，生子皆以孔爲名焉。

琛仍爲吳興太守，明年坐郡人多翦錢及盜鑄免官。歷位都官尚書。

廢帝卽位，爲吳郡太守。初，琛景平中爲朝請，假還東，日晚至方山。于時商旅數十船，悉泊岸側，有一人玄衣介幘，執鞭屏諸船云：「顧吳郡部伍尋至，應泊此岸。」於是諸船各東西。俄有一假裝至，事力甚寡，仍泊向處，人問：「顧吳郡早晚至？」船人答：「無顧吳郡。」又問：「何船？」曰：「顧朝請耳。」莫不驚怪。琛意竊知爲善徵，因誓之曰：「若得郡，當於此立廟。」至是果爲吳郡，乃立廟方山，號白馬廟云。

明帝泰始初，與四方同反。兵敗，奉母奔會稽，臺軍既至，歸降，後爲員外常侍、中散大夫。卒。

次子寶先，大明中，爲尚書水部郎。先是，琛爲左丞荀萬秋所劾，及寶先爲郎，萬秋猶在職，自陳不拜。孝武詔曰：「敕違糾慢，憲司之職，若有不公，自當更有釐改。而自頃劾無輕重，輒致私絕，此風難長，主者嚴爲其科。」先是宋世江東貴達者，會稽孔季恭子靈符、吳興丘深之及琛，吳音不變。〔一九〕深之字思玄，吳興烏程人，位侍中、都官尚書，卒於太常。

顧覬之字偉仁，吳郡吳人也。高祖謙字公讓，晉平原內史陸機姊夫。祖崇，大司農。父黃老，司徒左西曹掾。

覬之爲謝晦衞軍參軍，晦愛其雅素，深相知待。歷位尚書都官郎。殷、劉隙著，覬之不欲與殷景仁久接，乃辭脚疾免歸。每夜常於床上行脚，家人竊異之而莫曉其意。及義康徙廢，朝廷多受禍，〔二〇〕覬之竟免。

後爲山陰令。山陰劇邑三萬戶，前後官長晝夜不得休，事猶不舉。覬之御繁以約，縣用無事。晝日垂簾，門階閑寂，自宋世爲山陰，務簡而事理，莫能尚也。

後爲尚書吏部郎。嘗於文帝坐論江東人物，言及顧榮，袁淑謂覬之曰：「卿南人怯懦，豈辦作賊。」覬之正色曰：「卿乃復以忠義笑人。」淑有愧色。孝建中，爲湘州刺史，以政績稱。

大明元年，徵守度支尚書，轉吏部尚書。時沛郡相縣唐賜往比村彭家飲酒還，因得病，吐蠱二十餘物。賜妻張從賜臨終言，死後親刳腹，五藏悉糜碎。郡縣以張忍行刳剖，賜子副又不禁止。論妻傷夫，五歲刑，子不孝父母，〔二〕子棄市。並非科例。三公郎劉勰議：「賜妻痛遵往言，〔三〕兒識謝及理，考事原心，非在忍害，謂宜哀矜。」覬之議：「以妻子而行忍酷，不宜曲通小情，謂副爲不孝，張同不道。」詔如覬之議。

後爲吳郡太守，幸臣戴法興權傾人主，而覬之未嘗低意。左光祿大夫蔡興宗與覬之善，嫌其風節過峻。覬之曰：「辛毗有云，孫、劉不過使吾不爲三公耳。」後卒於湘州刺史，謚曰簡子。

覬之家門雍穆，爲州郡所重。子綽私財甚豐，鄉里士庶多負責，覬之禁不能止。及後爲吳郡，誘出文劵一大廚，悉令焚之。宣語遠近，皆不須還。綽懊歎彌日。

覬之常執命有定分，非智力所移，唯應恭己守道，信天任運。而闇者不達，妄意徼倖，徒虧雅道，無關得喪。乃以其意，命弟子愿作定命論。

愿字子恭，父深之，散騎侍郎。〔三〕愿好學，有才辭，卒於太子舍人。覬之孫憲之。

憲之字士思，性尤淸直。宋元徽中，爲建康令。時有盜牛者，與本主爭牛，各稱己物，二家辭證等，前後令莫能決。憲之至，覆其狀，乃令解牛任其所去，牛徑還本宅，盜者始伏其罪，時人號曰神明。至於權要請托，長吏貪殘，據法直繩，無所阿縱。性又淸儉，强力爲政，甚得人和，故都下飲酒者醇旨輒號爲「顧建康」，謂其淸且美焉。

仕齊爲衡陽內史。先是，郡境連歲疾疫，死者太半，棺槨尤貴，悉裹以葦席，棄之路傍。憲之下車，分告屬縣，求其親黨，悉令殯葬。其家人絕滅者，憲之出公祿使紀綱營護之。又土俗，山人有病輒云先亡爲禍，皆開冢剖棺，水洗枯骨，名爲除祟。憲之曉喩，爲陳生死之別，事不相由，風俗遂改。時刺史王奐初至，唯衡陽獨無訟者，乃歎曰：「顧衡陽之化至矣，若九郡率然，吾將何事。」

後爲東中郎長史，行會稽郡事。山陰人呂文度有寵於齊武帝，於餘姚立邸，頗縱橫。憲之至郡，卽日除之。文度後還葬，郡縣爭赴弔，憲之不與相聞，文度甚銜之，亦卒不能傷也。

時西陵戍主杜元懿以吳興歲儉，會稽年登，商旅往來倍歲。西陵牛埭稅，官格日三千五百，求加至一倍，計年長百萬。浦陽南北津及柳浦四埭，乞爲官領攝，一年格外長四百許萬。武帝以示會稽，使陳得失。憲之議曰：

尋始立牛埭，非苟通僦以納稅也，當以風濤迅險，人力不捷，濟急以利物耳。旣公私是樂，故輸直無怨。京師航渡，卽其例也。而後之監領，各務己功，或禁遏別道，互生理外，〔三四〕凡如此類，不經埭煩牛者上詳。被報蒙停格外十條，從來喧訴，始得暫弭。案吳興頻歲失稔，今茲尤饉，去乏從豐，良由饑棘，舊格新減，尙未議登，格外加倍，將以何術？皇慈恤隱，振廩蠲調，而元懿幸災權利，重增困瘼，人而不仁，古今共疾。且比見加格置市者，前後相屬，非唯新加無贏，並皆舊格有闕，愚恐元懿今啓，亦當不殊。若事不副言，懼貽譴詰，便百方侵苦，爲公賈怨，其所欲舉腹心，亦當獸而冠耳。〔二五〕書云：「與其有聚斂之臣，寧有盜臣。」言盜公爲損蓋微，斂人所害乃大也。然掌斯任者應簡廉平，則無害於人。愚又以便宜者，蓋謂便於公宜於人也。竊見頃之言便宜者，非能於人力之外，用天分地者也，率皆卽日不宜於人，方來未便於公，名與實反，有乖政體。凡如此等，誠宜深察。

山陰一縣課戶二萬，其人貲不滿三千者，殆將居半，刻又刻之，猶且三分餘一。凡有貲者多是士人復除，其貧極者悉皆露戶役人，三五屬官，蓋惟分定，〔二六〕百端輸調，又則常然。比衆局檢校，〔二七〕首尾尋續，橫相質累者亦復不少。一人被攝，十人相追，一緒裁萌，千孽互起。蠶事弛而農業廢，賤取庸而貴舉責，應公贍私，日不暇給，欲無爲非，其可得乎。死且不憚，矧伊刑罰，身且不愛，何況妻子。是以前檢未窮，後巧復滋，網辟徒峻，猶不能悛。竊尋人之多僞，實由宋季軍旅繁興，役賦殷重，不堪勤劇，奇巧所優，〔二八〕積習生常，遂迷忘反。四海之大，庶黎之衆，心用參差，難卒澄之。化宜以漸，不可疾責。誠存不擾，藏疾納汚。務詳寬簡，則稍自歸淳。又被簡符，前後累千，符旨旣嚴，不敢闇信。縣簡送郡，郡簡呈使，殊形詭狀，千變萬源。聞者忽不經懷，見者實足傷駭。〔二九〕兼親屬里伍，流離道路，時轉窮涸，事方未已，其士人婦女彌難厝衷。不簡則疑其有巧，欲簡復未知所安。愚謂此條宜委縣保，舉其綱領，略其毛目，乃當有漏，不出貯中，庶嬰疾沉痼者重荷生造之恩也。

又永興、諸暨離唐寓寇擾，〔三〇〕公私殘燼，〔三一〕彌復特甚，儻逢水旱，實不易思。俗諺云：「會稽打鼓送恤，吳興步擔令史。」會稽舊稱沃壤，今猶若此，吳興本是塉土，事在可知。因循餘弊，誠宜改張。

武帝並從之，由是深以方直見知。

遷南中郎巴陵王長史、南兗南豫二州事。典籤諮事，未嘗接以顏色，動遵法制。時司徒竟陵王於宣城、臨成、定陵三縣界立屯，封山澤數百里，禁人樵採。憲之固陳不可，言甚切直。王曰：「非君無以聞此德音。」卽命罷屯禁。

遷給事黃門，兼尙書吏部郎中。宋時其祖覬之嘗爲吏部，於庭列植嘉樹，謂人曰：「吾爲憲之植耳。」至是憲之果爲此職。永元中爲豫章內史，〔三二〕在任淸簡，務存寬惠。有貞婦萬晞者，少孀居無子，事舅姑尤孝，父母欲奪而嫁之，誓死不許。憲之賜以束帛，表其節義。梁武帝平建鄴，爲揚州牧，徵憲之爲別駕從事史，比至而已受禪。憲之風疾漸篤，因求還吳，就加太中大夫。憲之雖累經宰郡，資無儋石，及歸，環堵不免飢寒。

天監八年，卒於家。臨終爲制敕其子曰：「夫出生入死，理均晝夜。生既不知所從，死亦安識所往。延陵云：『精氣上歸于天，骨肉下歸於地，魂氣則無所不之。』良有以也。雖復茫昧難徵，要若非妄。百年之期，迅若馳隙，吾今預爲終制，瞑目之後，念並遵行，勿違吾志也。莊周、澹臺，達生者也；王孫、士安，矯俗者也。吾進不及達，退無所矯。常謂中都之制，允理愜情，衣周於身，示不違禮，棺周於衣，足以蔽臭。入棺之物，一無所須，載以輴車，覆以粗布，爲使人勿惡也。漢明帝天子之尊，猶祭以杅水脯糗，范史雲列士之高，亦奠以寒水乾飯。況吾卑庸之人，其可不節衷也。喪易寧慼，自是親親之情，禮奢寧儉，差可得由吾意。不須常施靈筵，可止設香燈，使致哀者有憑耳。朔望祥忌，可權安小牀，暫施几席，唯下素饌，勿用牲牢。蒸嘗之祠，貴賤罔替，備物難辦，多致疎怠。祠先自有舊典，不可有闕，自吾已下，止用蔬食時果，勿同於上世，示令子孫四時不忘其親耳。〔三三〕孔子云『雖菜羹瓜祭必齋如』者，本貴誠敬，豈求備物哉。」所著詩賦銘讚并衡陽郡記數十篇。

論曰：古人云「利令智昏」，甚矣利害之相傾也。劉湛識用才能，實包經國之略，豈知移弟爲臣，則君臣之道用，變兄成主，則兄弟之義殊。而執數懷姦，苟相崇悅，與夫推長戴而犯順，何以異哉。昔華元敗則以羊羹而取禍，觀夫庾悅亦鵝炙以速尤。乾餱以愆，斯相類矣。登之因禍而福，倚伏無常，仲文賄而爲災，乃徇財之過也。顧琛吳郡，徵兆於初筮，覬之淸白之迹，見於暮年。憲之莅政，所在稱美，時移三代，一德無虧，求之古人，未爲易遇。觀其遺命，可謂有始有卒者矣。

校勘記

〔一〕行府州事　「州」字各本並脫，據宋書補。

〔二〕汝慶賞黜罰預關得失者　「關」字各本並脫，據宋書補。

〔三〕湛小字斑獸故云斑也　「斑獸」宋書作「斑虎」，此避唐諱改。「斑獸」而云「斑」者，則又以避唐諱省。

〔四〕十月　「十月」各本作「十日」，據宋書改。

〔五〕子翳等從誅　「子」字各本並脫，據宋書補。

〔六〕祖羲吳興內史父準西中郎將荆州刺史　「羲」各本作「義」；「準」各本作「淮」：並據晉書庾亮傳改。

〔七〕累遷建威將軍江州刺史加都督　張森楷南史校勘記：「宋書作『督江州豫州』云云，無『都』字此妄加之。」按督、都督權力大小有別。

〔八〕毅語衆人並避　「語」各本作「時」，據宋書改。

〔九〕子仲遠　「仲遠」宋書作「冲遠」。

〔一〇〕仲文位廣平太守　「仲文」本名「炳之」，宋書有傳。此避唐諱以字行。

〔一一〕斷鬲令事　「事」各本作「史」，據宋書改。

〔一二〕賈充勳烈　「賈充」上各本有「今」字，或以爲充晉人，「今」當作「昔」。按通志無「今」字，當是衍文，今删去。

〔一三〕異他尚書　「尚書」下各本有「令」字。按仲文無爲「令」事，據宋書删。

〔一四〕臣見劉伯龍大慷慨仲文所行　「劉伯龍」宋書作「劉伯寵」。

〔一五〕劉道錫言是仲文所舉　各本無「是」字，據宋書補。

〔一六〕尚書寺門有制　「寺」各本作「等」，據宋書改。

〔一七〕明年坐譴出免中正　「譴」宋書作「遣」，下「譴出」同。張森楷南史校勘記：「據下『小罪譴出』，則字不當從『言』，宋書是。」

〔一八〕以女爲貞烈將軍　「女」字各本並脫，據宋書補。

〔一九〕會稽孔季恭子靈符吳興丘深之及琛吳音不變　宋書「孔季恭」下疊「季恭」二字；「深之」作「淵之」，此避唐諱改。

〔二〇〕朝廷多受禍　「朝廷」通志作「朝士」。

〔二一〕子不孝父母　「父」字各本並脫，據宋書補。

〔二二〕賜妻痛遵往言　「痛遵往言」各本作「痛往遵言」，據通典刑典乙正。

〔二三〕父深之散騎侍郎　「深之」宋書作「淵之」，此避唐諱改。

〔二四〕互生理外　「互」各本作「人」。據南齊書陸慧曉傳附顧憲之傳改。按南齊書此句在「各務己功」下。

〔二五〕亦當獸而冠耳　「獸」本字「虎」。「虎而冠」見史記酷吏楊僕傳，此避唐諱改。

〔二六〕蓋惟分定　「蓋惟分定」各本作「並惟正」，據南齊書改。

〔二七〕比衆局檢校　「比」各本作「皆」，據南齊書改。

〔二八〕奇巧所優　南齊書作「倚巧祈優」。

〔二九〕見者實足傷駭　「見」下各本有「殊刑」二字，據南齊書删。

〔三〇〕又永興諸暨離唐寓寇擾　「唐寓」即「唐寓之」，六朝人名後之「之」字，往往可省略。

〔三一〕公私殘燼　「殘」各本作「殊」，據南齊書改。

〔三二〕永元中爲豫章內史　「永元」各本作「永明」，據南齊書、梁書改正。

〔三三〕示令子孫四時不忘其親耳　「示」册府元龜九〇七作「亦」。

南史卷三十六

列傳第二十六

羊欣　羊玄保 子戎　兄子希　沈演之 子勃　兄孫顗　演之從子憲　憲孫浚　江夷 子湛　曾孫斅　玄孫蒨　祿　五世孫紑　六世孫總　夷弟子智深　江秉之 孫謐

羊欣字敬元，泰山南城人也。曾祖忱，晉徐州刺史。祖權，黄門郎。父不疑，桂陽太守。

欣少靖默，無競於人，美言笑，善容止。泛覽經籍，尤長隸書。父不疑爲烏程令，欣年十二。時王獻之爲吳興太守，甚知愛之。欣嘗夏月著新絹裙晝寢，獻之入縣見之，書裙數幅而去。欣書本工，因此彌善。

起家輔國參軍，府解還家。隆安中，朝廷漸亂，欣優遊私門，不復進仕。會稽王世子元顯每使書扇，常不奉命。元顯怒，乃以爲其後軍府舍人。此職本用寒人，欣意貌恬然，不以高卑見色，論者稱焉。嘗詣領軍謝混，混拂席改服然後見之。時混族子靈運在坐，退告族兄瞻曰：「望蔡見羊欣，遂改席易衣。」欣由此益知名。

桓玄輔政，以欣爲平西主簿，參豫機要。欣欲自疎，時漏密事。玄覺其此意，愈更重之，以爲楚臺殿中郎。謂曰：「尙書政事之本，殿中禮樂所出。卿昔處股肱，方此爲輕。」欣就職少日，稱病自免，屏居里巷十餘年。

義熙中，弟徽被知於武帝，帝謂諮議參軍鄭鮮之曰：「羊徽一時美器，世論猶在兄後。」卽板欣補右軍劉藩司馬。

後爲新安太守，在郡四年，簡惠著稱。除臨川王義慶輔國長史，廬陵王義眞車騎諮議參軍，並不就。文帝重以爲新安太守。在郡十三年，樂其山水，嘗謂子弟曰：「人生仕宦至二千石，斯可矣。」及是便懷止足。轉義興太守，非其好也。頃之，稱病篤免歸。除中散大夫。

素好黃、老，常手自書章。有病不服藥，飲符水而已。兼善醫術，撰藥方數十卷。欣以不堪拜伏，辭不朝覲，自非尋省近親，不妄行詣。行必由城外，未嘗入六門。武帝、文帝並恨不識之。元嘉十九年卒。

弟徽字敬猷，時譽多欣，位河東太守，卒。

羊玄保，泰山南城人也。祖楷，晉尚書都官郎。父綏，中書侍郎。玄保初爲宋武帝鎭軍參軍，少帝景平中，累遷司徒右長史。府公王弘甚知重之，謂左長史庾登之、吏部尙書王淮之曰：「卿二賢明美朗詣，會悟多通，然弘懿之望，故當共推羊也。」頃之，入爲黃門侍郎。

善弈棊，品第三。文帝亦好弈，與賭郡，玄保戲勝，以補宣城太守。先是劉式之爲宣城立吏人亡叛制，一人不禽，符伍里吏送州作部；能禽者賞位二階。玄保以爲非宜，陳之曰：「臣伏尋亡叛之由，皆出於窮逼。今立殊制，於事爲苦。又尋此制施一邦而已，若其是邪，則應與天下爲一；若其非邪，亦不宜獨行一郡。」由此制停。

歷丹陽尹，會稽太守，太常，吳郡太守。文帝以玄保廉素寡欲，故頻授名郡。爲政雖無殊績，而去後常必見思。不營財利，產業儉薄。文帝嘗曰：「人仕宦非唯須才，亦須運命。每有好官缺，我未嘗不先憶羊玄保。」元凶弒立，以爲吏部尙書，領國子祭酒。及孝武入伐，朝士多南奔，劭集羣僚，横刀怒曰：「卿等便可去矣。」衆並懼莫敢言。玄保容色不異，徐曰：「臣其以死奉朝。」劭爲解。

孝武卽位，爲金紫光祿大夫，以謹敬見知。大明五年，加散騎常侍、特進。玄保自少至老，謹於祭奠，四時珍新未得祠薦者，口不妄嘗。卒，謚曰定子。

子戎少有才氣，而輕薄少行檢，語好爲雙聲。江夏王義恭嘗設齋，使戎布牀，須臾王出，以牀狹，乃自開牀。戎曰：「官家恨狹，更廣八分。」王笑曰：「卿豈唯善雙聲，乃辯士也。」文帝好與玄保棊，嘗中使至，玄保曰：「今日上何召我邪？」戎曰：「金溝淸泚，銅池搖颺，旣佳光景，當得劇棊。」玄保常嫌其輕脫，云「此兒必亡我家」。位通直郎，坐與王僧達謗時政賜死。死後，孝武帝引見玄保，玄保謝曰：「臣無日磾之明，以此上負。」上美其言。戎二弟，文帝並賜名曰咸、曰粲，謂玄保曰：「欲令卿二子有林下正始餘風。」

玄保旣善棊，而何尚之亦雅好其事。吳郡褚胤年七歲便入高品，及長，冠絕當時。胤父榮期與臧質同逆，胤應從誅。何尚之固請曰：「胤弈棊之妙，超古冠今。魏犫犯令，以材獲免，父戮子宥，其例甚多。特乞與其微命，使異術不絕。」不許，時人痛惜之。

玄保兄子希字泰聞，少有才氣，爲尚書左丞。時揚州刺史西陽王子尚上言：「山湖之禁，雖有舊科，人俗相因，替而不奉，熂山封水，保爲家利。自頃以來，頽弛日甚，富强者兼嶺而占，貧弱者薪蘇無託，至漁採之地亦又如茲。斯實害人之深弊，爲政所宜去絕。損益舊條，更申恒制。」有司檢壬辰詔書：「占山護澤，〔一〕强盜律論。贓一丈以上皆棄市。」希以「壬辰之制，其禁嚴刻，事既難遵，理與時弛。而占山封水，漸染復滋，更相因仍，便成先業。一朝頓去，易致嗟怨。今更刊革，立制五條：凡是山澤先恒熂爈，養種竹木雜果爲林芿，及陂湖江海魚梁鰌鮆場，恒加功修作者，聽不追奪。官品第一第二聽占山三頃；第三第四品二頃五十畝；第五第六品二頃；第七第八品一頃五十畝；第九品及百姓一頃：皆依定格，條上貲簿。若先已占山，不得更占；先占闕少，依限占足。若非前條舊業，一不得禁。有犯者，水土一尺以上，並計贓依常盜律論。停除咸康二年壬辰之科。」從之。

時益州刺史劉瑀先爲右衞將軍，與府司馬何季穆共事不平，季穆爲尚書令建平王宏所親待，屢毁瑀於宏。會瑀出爲益州，奪士人妻爲妾，宏使希舉察之，瑀坐免官。瑀恨希切齒，有門生謝元伯往來希間，瑀密令訪訊被免之由，希曰：「此奏非我意。」瑀即日到宏門奉牋陳謝，云：「聞之羊希。」希坐漏泄免官。

泰始三年，爲寧朔將軍、廣州刺史。四年，希以沛郡劉思道行晉康太守，領軍伐俚。思道違節失利，希遣收之。思道不受命，率所領襲州，希踰城走，思道獲而殺之。

希子崇字伯遠，尙書主客郎，丁母憂，哀毀過禮。及聞廣州亂，卽日便徒跣出新亭，不能步涉，頓伏江渚。門義以小船致之，父葬畢，乃不勝哀而卒。

沈演之字臺真，吳興武康人也。高祖充，晉車騎將軍、吳國內史。曾祖勁，冠軍陳祐長史，戍金墉，爲燕將慕容恪所陷，不屈見殺，贈東陽太守。祖赤黔，廷尉卿。父叔任，少有幹質，朱齡石伐蜀，爲齡石建威府司馬。平蜀之功，亞於元帥，以功封寧新縣男。後拜益州刺史，卒。

演之年十一，尙書僕射劉柳見而知之，曰：「此童終爲令器。」沈氏家世爲將，而演之折節好學，讀老子百徧，以義理業尙知名。襲父別爵吉陽縣五等侯。舉秀才，爲嘉興令，有能名。

元嘉中，累遷尙書吏部郎。先是劉湛、劉斌等結黨，欲排廢尙書僕射殷景仁。演之雅仗正義，與景仁素善，盡心朝廷。文帝甚嘉之。及彭城王義康出蕃，誅劉湛等，以演之爲右衞將軍。景仁尋卒，乃以後軍長史范曄爲左衞將軍，與演之對掌禁旅，同參機密。尋加侍中，文帝謂之曰：「侍中領衞，望實優顯，此蓋宰相便坐，卿其勉之。」

上欲伐林邑，朝臣多不同，唯廣州刺史陸徽與演之贊成上意。及林邑平，賜羣臣黃金、生口、銅器等物，演之所得偏多。上謂曰：「廟堂之謀，卿參其力，平此遠夷，未足多建茅土。侯鄺清舊都，〔三〕鳴鸞東岱，不憂河山之不開也。」

二十一年，詔以演之爲中領軍。太子詹事范曄懷逆謀，演之覺其有異，言之文帝，曄尋伏誅。歷位吏部尚書，領太子右衞率。素有心氣，寢病歷年。上使臥疾理事。性好舉才，申濟屈滯，而謙約自持，上賜女伎，不受。暴卒。文帝痛惜，贈金紫光祿大夫，謚曰貞。子睦，位黃門侍郎，與弟西陽王文學勃忿鬩，坐徙始興郡。

勃輕薄好利，位太子右衞率，加給事中，坐贓賄徙梁州。後還，結事阮佃夫、王道隆等，位司徒左長史，爲後廢帝所誅。

演之兄子坦之，仕齊位都官郎。坦之子顗。

顗字處默，幼清靜有至行，慕黃叔度、徐孺子之爲人，讀書不爲章句，著述不尚浮華。常獨處一室，人罕見其面。從叔勃貴顯，每還吳興，賓客塡咽，顗不至其門。勃就之，顗送迎不越閫。勃歎曰：「吾乃今知貴不如賤也。」

顗內行甚修，事母兄孝友。兄昂一名顒，亦退素，以家貧仕爲始安令。兄弟不能分離，相隨之任。

齊永明年中，徵拜著作郎、太子舍人、通直郎，並不起。文惠太子嘗擬古詩云：「磊磊落落玉山崩。」顗聞之曰：「此讖言也。」既而太子薨，至秋，武帝崩，鬱林、海陵相次黜辱。顗素不事家產，及昂卒，逢齊末兵荒，與家人并日而食。或有饋其粱肉者，閉門不受，唯採蓴荇根供食，以樵採自資，怡怡然恒不改其樂。

梁天監四年，大舉北侵，南陽樂藏爲武康令，以顗從役到建鄴，揚州別駕陸任以書與吳興太守柳惲，責之不能甄善別賢。惲大慚，卽表停之。卒家，所著文章數十篇。

憲字彥璋，演之從祖弟子也。祖說道，巴西、梓潼二郡太守。父璞之，北中郎行參軍。憲少有幹局，爲駕部郎。宋明帝與憲棊，謂曰：「卿廣州刺史材也。」補烏程令，甚著政績，太守褚彥回歎美，以爲方圓可施。少府管掌煩冗，材幹者並更其職，憲以吏能，累遷少府卿。

武陵王曄爲會稽，以憲爲左軍司馬。齊高帝以山陰戶衆，欲分爲兩縣。武帝啓曰：「縣豈不可御，但用不得人耳。」乃以憲帶山陰令，政聲大著。孔珪請假東歸，謂人曰：「沈令料事特有天才。」

後爲晉安王後軍長史、廣陵太守。西陽王子明代爲南兗州，憲仍留爲冠軍長史，太守如故。永明八年，子明典籤劉道濟贓私百萬，爲有司所奏，賜死。憲坐不糾，免官。後除散騎常侍，未拜，卒。當時稱爲良吏。

憲同郡丘仲起先是爲晉平郡，清廉自立。褚彥回歎曰：「目見可欲，心能不亂，此楊公所以遺子孫也。」仲起字子震，位至廷尉，卒。

憲孫浚字叔源，少涉學有才幹，仕梁歷山陰、吳、建康三縣，並有能名。

太清二年，累遷御史中丞。時臺城爲侯景所圍，外援並至，景表請和，求解圍還江北。詔許之。遣右衞將軍柳津對景盟歃。景知城內疾疫，稍無守備，因緩去期。城內知其背盟，復舉烽鼓譟。後數日，景復進表請和，簡文使浚往景所。景曰：「卽日向熱，非復行時，政欲立效求停，君可見爲申聞。」浚曰：「大將軍此意，意在得城。下風所聞，久已乏食，城內雖困，尚有兵糧。朝廷恐和好乖貳，已密敕外軍：若臺城傾覆，勿以二宮爲念，當以死雪恥。若不能決戰，當深壁自守。大將軍十萬之衆，將欲何資？」景橫刀於膝，瞋目叱之。浚乃正色責景曰：「河南王人臣，而舉兵向闕。今朝廷已赦王罪結盟，口血未乾，而復翻背。沈浚六十之年，且天子使也，奉命而行，何用見脅。」徑去不顧。景歎曰：「是眞司直也。」然密銜之。又勸張崠立義，後得殺之。

江夷字茂遠，濟陽考城人也。祖霦，晉護軍將軍。〔三〕父敳，驃騎諮議參軍。夷少自藻厲，爲後進之美。宋武帝板爲鎭軍行參軍，豫討桓玄功，封南郡州陵縣五等侯。累遷大司馬，〔四〕武帝命大司馬府、琅邪國事，一以委焉。武帝受命，歷位吏部尙書，吳郡太守。營陽王於吳縣見害，夷臨哭盡禮。以兄疾去官，後爲右僕射。

夷美風儀，善舉止，歷任以和簡著稱。出爲湘州刺史，加散騎常侍，未之職，卒。遺令薄斂，蔬奠務存儉約。子湛。

湛字徽深，〔五〕居喪以孝聞。愛文義，善彈棊鼓琴，兼明算術。爲彭城王義康司徒主簿、太子中舍人。司空檀道濟爲子求娶湛妹，不許，義康有命，又不從。時人重其立志。義康之盛，人競求自昵，唯湛自疎，固求外出，乃以爲武陵內史。隨王誕爲北中郎將、南徐州刺史，以湛爲長史、南東海太守，委以政事。

元嘉二十五年，徵爲侍中，任以機密。遷左衞將軍。時改選學職，以太尉江夏王義恭領國子祭酒，湛領博士。

轉吏部尚書。家甚貧，不營財利，餉饋盈門，一無所受。無兼衣餘食，嘗爲上所召，遇澣衣，稱疾經日，衣成然後起。牛餓，御人求草，湛良久曰：「可與飲。」在選職頗有刻覈之譏，而公平無私，不受請謁，論者以此稱焉。

初，上大舉北侵，舉朝謂爲不可，唯湛贊成之。及魏太武至瓜步，以湛兼領軍，軍事處分，一以委焉。魏遣使求昏，上召太子劭以下集議。衆並謂宜許，湛謂許之無益。劭怒謂湛曰：「今三王在阨，詎宜苟執異議。」聲色甚厲。坐散俱出，劭使班劍及左右推排之，殆於傾倒。劭後宴集，未嘗命湛，上乃爲劭長子偉之娉湛第三女，欲以和之。上將廢劭，使湛具詔草。劭之入弑，湛直上省，聞叫乃匿傍小屋。劭遣求之，舍吏紿云「不在此」。兵卽殺舍吏，乃得見湛。湛據窗受害，意色不橈。五子恁、恕、憼、𢘥、法壽皆見殺。初，湛家數見怪異，未敗少日，所眠牀忽有數斗血。孝武卽位，追贈左光祿大夫、開府儀同三司，謚曰忠簡公。恁位著作佐郎。恁子斅。

斅字叔文，母宋文帝女淮陽長公主。幼以戚屬召見，孝武謂謝莊曰：「此小兒方當爲名器。少有美譽，尚孝武女臨汝公主，拜駙馬都尉，爲丹陽丞。時袁粲爲尹，見斅歎曰：「風流不墜，政在江郎。」數與宴賞，留連日夜。

遷中書郎。斅庶祖母王氏老疾，斅視膳嘗藥，七十餘日不解衣。及累居內官，每以侍養陳請，朝廷優其朝直。初，湛娶褚秀之女，大義不終。褚彥回爲衞軍，重斅爲人，先通意，引爲長史。隨府轉司空長史，領臨淮太守。轉齊高帝太尉從事中郎。齊臺建，爲吏部郎。高帝卽位，斅以祖母久疾，啓求自解。

初，宋明帝敕斅出繼其叔愻爲從祖淳後，於是僕射王儉啓：「禮無後小宗之文，近代緣情，皆由父祖之命，未有旣孤之後，出繼宗族也。雖復臣子一揆，而義非天屬。江忠簡胤嗣所寄，唯斅一人，傍無朞屬，斅宜還本。若不欲江愻絕後，可以斅小兒繼愻爲孫。」尚書參議，謂「間世立後，禮無其文。荀顗無子立孫，墜禮之始。何琦又立此論，義無所據」。於是斅還本家，詔使自量立後者。

出爲豫章內史，還除太子中庶子，未拜，門客通贓利，武帝遣信檢覆，斅藏此客而躬自引咎。上甚有怪色，王儉從容啓上曰：「江斅若能臨郡，此便是具美耳。」上意乃釋。

永明中，爲竟陵王司馬。〔六〕斅好文辭，圍棊第五品，爲朝貴中最。遷侍中，歷五兵尚書，東海、吳二郡太守，〔七〕復爲侍中，轉都官尚書，領驍騎將軍。王晏啓武帝曰：「江斅今重登禮閣，兼掌六軍，慈渥所覃，實有優忝；但語其事任，殆同閑輩。天旨既欲升其名位，愚謂以侍中領驍騎，望實清顯，有殊納言。」上曰：「斆常啓吾，爲其鼻中惡。今既以何胤、王瑩還門下，故有此回換耳。」

先是中書舍人紀僧眞幸於武帝，稍歷軍校，容表有士風。謂帝曰：「臣小人，出自本縣武吏，邀逢聖時，階榮至此。爲兒昏，得荀昭光女，卽時無復所須，唯就陛下乞作士大夫。」帝曰：「由江斆、謝瀹，我不得措此意，可自詣之。」僧眞承旨詣斆，登榻坐定，斆便命左右曰：「移吾牀讓客。」僧眞喪氣而退，告武帝曰：「士大夫故非天子所命。」時人重斆風格，不爲權倖降意。

隆昌元年，爲侍中，領國子祭酒。鬱林廢，朝臣皆被召入宮。斆至雲龍門，方知廢立，託散動，醉吐車中而去。

明帝卽位，改領祕書監，又改領晉安王師。卒，遺令不受賻贈。詔賻錢三萬，布百匹。子蒨啓遵斆命不受，詔嘉美之，從其所請。贈散騎常侍、太常卿，謚曰敬子。子蒨。

蒨字彥標，幼聰警，讀書過口便誦。選爲國子生，舉高第，起家祕書郎，累遷廬陵王主簿。居父憂以孝聞，廬于墓側，明帝敕遣齋仗二十人防之墓所。服闋，累遷建安內史。梁武帝起兵，遣寧朔將軍劉諓之爲郡，蒨拒之。及建鄴平，蒨坐禁錮，俄被原。歷太尉臨川王長史、尙書吏部郎，領右軍。方雅有風格，僕射徐勉權重，唯蒨及王規與抗禮，不爲之屈。勉因蒨門客翟景爲子繇求昏於蒨女，不答。景再言之，乃杖景四十，由此與勉忤。勉又爲子求蒨弟葺及王泰女，二人並拒之。葺爲吏部郎，坐杖曹中幹免官，泰以疾假出宅，乃遷散騎常侍，皆勉意也。初，天監六年，詔以侍中常侍並侍帷幄，分門下二局入集書，其官品視侍中，而非華冑所悅，故勉斥泰爲之。

蒨尋遷司徒左長史。初王泰出閤，武帝謂勉云：「江蒨資歷，應居選部。」勉曰：「蒨有眼患，又不悉人物。」乃止。遷光祿大夫。卒，謚肅。

蒨好學，尤悉朝儀故事，撰江左遺典三十卷，未就，卒。文集十五卷。

蒨弟曇字彥德，少學涉有器度，位侍中太子詹事，承聖初卒。曇弟祿。

祿字彥遐，幼篤學有文章，工書善琴。形貌短小，神明俊發。位太子洗馬、湘東王錄事參軍，以氣陵府王，王深憾焉。廬陵威王續代爲荆州，留爲驃騎諮議參軍。獻書告別，王答書乃致恨。

祿先爲武寧郡，頗有資產，積錢於壁，壁爲之倒，迮銅物皆鳴。人戲之曰：「所謂『銅山西傾，洛鐘東應』者也。」湘東王恨之既深，以其名祿，改字曰榮財，以志其忿。後爲作唐侯相，卒。〔八〕撰列仙傳十卷行於世，及井絜皐木人賦、敗船詠，並以自喻。

子徽亦有文采，而清狂不慧，常以父爲戲。

蒨子紑。

紑字含絜，幼有孝性，年十三，父蒨患眼，紑侍疾將朞月，衣不解帶。夜夢一僧云：「患眼者飲慧眼水必差。」及覺說之，莫能解者。紑第三叔祿與草堂寺智者法師善，往訪之。智者曰：「無量壽經云，慧眼見眞，能度彼岸。」蒨乃因智者啓捨同夏縣界牛屯里舍爲寺，乞賜嘉名。敕答云：「純臣孝子往往感應，晉時顏含遂見冥中送藥，又近見智者以卿第二息夢云『飲慧眼水』。慧眼則五眼之一號，可以慧眼爲名。」及就創造，泄故井，井水清冽，異於恒泉。依夢取水洗眼及煮藥，稍覺有瘳，因此遂差。時人謂之孝感。

南康王爲徐州，召爲迎主簿。紑性沈靜，好莊、老玄言，尤善佛義，不樂進仕。及父卒，紑廬于墓，終日號慟不絕聲，月餘乃卒。子總。

總字總持，七歲而孤，依于外氏。幼聰敏，有至性。元舅吳平侯蕭勱名重當世，特所鍾愛，謂曰：「爾神采英拔，後之知名，當出吾右。」

及長，篤學有文辭。仕梁爲尚書殿中郎。武帝撰正言始畢，製述懷詩，總預同此作。帝覽總詩，深見嗟賞。轉侍郎。尚書僕射范陽張纘、度支尚書琅邪王筠、都官尚書南陽劉之遴並高才碩學，總時年少有名，纘等雅相推重，爲忘年友會。之遴嘗酬總詩，深相欽挹。

累遷太子中舍人。侯景寇建鄴，詔以總權兼太常卿，守小廟。臺城陷，避難會稽郡，憩於龍華寺，乃製修心賦。總第九舅蕭勃先據廣州，又自會稽往依焉。及元帝平侯景，徵爲始興內史。會魏剋江陵，不行，自此流寓嶺南積歲。

陳天嘉四年，以中書侍郎徵還。累遷左戶尚書，轉太子詹事。總性寬和溫裕，尤工五言七言，溺於浮靡。及爲宮端，與太子爲長夜之飲，養良娣陳氏爲女，太子亟微行遊總家，宣帝怒免之。後又歷侍中、左戶尚書。

後主卽位，歷吏部，尚書僕射，尚書令，加扶。既當權任宰，不持政務，但日與後主遊宴後庭，多爲豔詩，好事者相傳諷翫，于今不絕。唯與陳暄、孔範、王瑳等十餘人，當時謂之狎客。由是國政日頹，綱紀不立，有言之者，輒以罪斥之，君臣昏亂，以至于滅。

禎明三年，陳亡入隋，拜上開府。開皇十四年，卒於江都，年七十六。其爲自序云：「太建之時，權移羣小，諂嫉作威，屢被摧黜，奈何命也。」識者譏其言跡之乖。有文集三十卷。

長子溢，頗有文辭，性傲誕驕物，雖近屬故友，不免詆欺。歷中書黃門侍郎，太子中庶子。入隋，爲秦王文學，卒。

江智深，夷之弟子也。〔九〕父僧安，宋太子中庶子。夷有盛名，夷子湛又有清譽，父子並貴達。智深父少無名問，湛禮敬甚簡，智深常以爲恨，自非節歲不入湛門。及爲隨王誕後軍參軍，在襄陽，誕待之甚厚。時諮議參軍謝莊、主簿沈懷文與智深友善，懷文每稱曰：「人所應有盡有，所應無盡無者，其江智深乎。」

元嘉末，除尚書庫部郎。時高流官序不爲臺郎，智深門孤援寡，獨有此選，意甚不悅，固辭不拜。後爲竟陵王誕司空主簿、記室參軍，領南濮陽太守，遷從事中郎。誕將爲逆，智深悟其機，請假先反。誕事發，即除中書侍郎。

智深愛好文雅，辭采清贍，孝武深相知待，恩禮冠朝。上宴私甚數，多命羣臣五三人遊集，智深常爲其首。同侶未及前，輒獨蒙引進，每以越衆爲慚，未嘗有喜色。每從遊幸，與羣僚相隨 見傳詔馳來，知當呼己，〔一〇〕聳動愧恧，形於容貌，論者以此多之。

遷驍騎將軍、尚書吏部郎。上每酣宴，輒詆羣臣，并使自相嘲訐，以爲歡笑。智深素方退，漸不會旨。上嘗使以王僧朗戲其子景文，智深正色曰：「恐不宜有此戲。」上怒曰：「江僧安癡人，癡人自相惜。」智深伏席流涕，由此恩寵大衰。出爲新安王子鸞北中郎長史、南東海太守，行南徐州事。初，上寵姬宣貴妃殷氏卒，使羣臣議謚，智深上議曰「懷」。上以不盡嘉號，甚銜之。後車駕幸南山，乘馬至殷氏墓，羣臣皆騎從，上以馬鞭指墓石柱謂智深曰「此柱上不容有『懷』字」，智深益惶懼，以憂卒。子筠，太子洗馬，早卒。〔二〕後廢帝皇后，筠之女也。廢帝即位，以后父追贈金紫光祿大夫，筠妻王平望鄉君。

智深兄子槩早孤，智深養之如子。槩歷黃門吏部郎，侍中，武陵王贊北中郎長史。

江秉之字玄叔，〔三〕濟陽考城人也。祖逌，晉太常。父纂，給事中。秉之少孤，弟妹七人並幼，撫育姻娶，盡其心力。宋少帝時，爲永世、烏程令，以善政著名東土。徵爲建康令，爲政嚴察，部下肅然。後爲山陰令，人戶三萬，政事繁擾，訟訴殷積，階庭常數百人。秉之御繁以簡，常得無事。宋世唯顧覬之亦以省務著績，其餘雖復刑政修理，而未能簡事。以在縣有能，出補新安太守。元嘉十二年，轉在臨海，並以簡約見稱，卒於官所。得秩悉散之親故，妻子常飢寒。人有勸其營田，秉之正色答曰：「食祿之家，豈可與農人競利。」在郡作書案一枚，去官留以付庫。

秉之宗人邃之字玄遠，〔一三〕頗有文義，撰文釋傳於世，位司徒記室參軍。

秉之子徽，尚書都官郎，吳令。元凶殺徐湛之，徽以黨與見誅。子謐。

謐字令和，父徽遇禍，謐繫尚方。宋孝武平建鄴，乃得出爲于湖令，强濟稱職。宋明帝爲兗州，〔一四〕謐傾身奉事，爲帝所待。卽位，以爲驃騎參軍。弟蒙貌醜，帝常召見狎侮之。謐再遷右丞，兼比部郎。泰始四年，江夏王義恭第十五女卒，年十九，未笄，禮官議從成人服，諸王服大功。左丞孫敻重奏：「禮記『女子十五而笄』，鄭玄云：『應年許嫁者也。其未許嫁者，則二十而笄。』射慈云：『十九猶爲殤。』禮官違越經典，於理無據。」太常以下結免贖論，謐坐杖督五十，奪勞百日。謐又奏敻先不研辯，混同謬議，準以事例，亦宜及咎。敻又結免贖論，詔可。

出爲建平王景素冠軍長史、長沙內史，行湘州事。政教苛刻，僧遵道又與謐情款，隨謐莅郡，犯小事，餓繫郡獄。僧遵道裂三衣食之盡而死，爲有司奏，徵還。明帝崩，遇赦免。齊高帝領南兗州，謐爲鎭軍長史、廣陵太守。入爲游擊將軍。性流俗，〔一五〕善趨時利。元徽末，朝野咸屬意建平王景素，謐深自委結。景素事敗，僅得免禍。蒼梧王廢後，物情尚懷疑貳，謐獨竭誠歸事齊高帝。昇明元年，爲黃門侍郎，領尚書左丞。沈攸之事起，議加高帝黃鉞，謐所建也。事寧，遷吏部郎。齊建元元年，位侍中。旣而驃騎豫章王嶷領湘州，以謐爲長史，封永新縣伯。三年，爲左戶尚書。諸皇子出閤，用文武主帥，悉以委謐。尋敕選曰：「江謐寒士，誠當不得競等華儕，然甚有才幹，可遷掌吏部。」

謐才長刀筆，所在幹職。高帝崩，謐稱疾不入，衆頗疑其怨不預顧命。武帝卽位，謐又不遷官，以此怨望。時武帝不豫，謐詣豫章王嶷，請閒曰：〔一六〕「至尊非起疾，東宮又非才，公今欲何計？」武帝知之，出謐爲鎭北長史、南東海太守。未發，憂甚，乃以奕棊占卦云：「有客南來，金椀玉杯。」上使御史中丞沈沖奏謐前後罪惡，請收送廷尉。詔賜死，果以金罌盛藥鴆之。

子介，建武中爲吳令，政亦深苛。人間榜死人髑髏爲謐首，〔一七〕介棄官而去。

論曰：敬元夷簡歸譽，玄保弘懿見推，其取重於世，豈虛名也。然玄保時隆帝念，雖命稟於玄天，跡其恩寵，蓋亦「猶賢」之助。沈氏世傳武節，而演之以業尙見知，綢繆帷幄，遂參機務。處默保閑篤素，叔源節見臨危，懿德高風，所謂世有人矣。茂遠自晉及陳，雅道相係，弈世載德，斯之謂焉。而總溺於寵狎，反以文雅爲敗，然則士之成名，所貴彬彬而已。玄叔清介著美，足以追蹤古烈。令和窺覘成性，終取躓於險塗，宜矣。

校勘記

〔一〕占山護澤　「澤」各本作「宅」，據宋書改。

〔二〕侯廓淸舊都　「侯」字各本並脫，據册府元龜四六一及通志補。

〔三〕祖霦晉護軍將軍　「霦」字據晉書江霦傳補。

〔四〕累遷大司馬　按句有脫文，宋書作「尋行大司馬琅邪王軍事」。

〔五〕湛字徽深　「深」宋書作「淵」，此避唐諱改。

〔六〕永明中爲竟陵王司馬　「司馬」上南齊書有「司徒」二字。

〔七〕歷五兵尙書東海吳二郡太守　「東海」各本作「東陽」。按南齊書云：「五年，遷五兵尙書。明年，出爲輔國將軍、東海太守，行南徐州事。」東海屬南徐州，今據改。

〔八〕後爲作唐侯相卒　「作唐侯」各本作「唐侯」。按宋書州郡志有「作唐侯相」，今據補。

〔九〕江智深夷之弟子也　「深」本字「淵」，此避唐諱改。宋書有江智淵傳。

〔一〇〕知當呼已　「當」各本作「常」，據宋書改。

〔一一〕子筠太子洗馬早卒　「筠」宋書作「季筠」。

〔一二〕江秉之字玄叔　王懋竑讀書記疑：「北史『秉』作『康』，或是康字，後人以宋書改之。」

〔一三〕秉之宗人邃之字玄遠　「邃之」宋書附見沈演之傳作「邃」，無「之」字，禮志同；隋書經籍志「江邃撰雜詩二十卷」，當即其人。

〔一四〕宋明帝爲兗州　「兗州」南齊書作「南豫州」。按宋書明帝紀：大明八年，出爲徐州刺史；永光元年，又出爲南豫州刺史。則當作「南豫州」爲是。

〔一五〕性流俗　「流」各本作「疏」，據南齊書改。

〔一六〕謐詣豫章王嶷請閒曰　「閒」各本譌「問」，據南齊書改。

〔一七〕人間榜死人髑髏爲謐首　「人間」各本作「人門」，據南齊書改。

南史卷三十七

列傳第二十七

沈慶之 孫昭略 子文季 弟子文秀 從子攸之 攸之從孫僧昭

宗慤 從子夬

沈慶之字弘先，吳興武康人也。少有志力，晉末孫恩作亂，使其衆寇武康，慶之未冠，隨鄉族擊之，屢捷，由是以勇聞。荒擾之後，鄉邑流散，慶之躬耕壟畝，勤苦自立，年四十未知名。〔一〕兄敞之爲趙倫之征虜參軍，監南陽郡，擊蠻有功，遂即眞。慶之往襄陽省兄，倫之見而賞之，命子竟陵太守伯符板爲寧遠中兵參軍。竟陵蠻屢爲寇，慶之爲設規略，每擊破之，伯符由此致將帥之稱。

永初二年，慶之除殿中員外將軍，又隨伯符隸到彥之北侵。伯符病歸，仍隸檀道濟。道濟白文帝稱慶之忠謹曉兵，上使領隊防東掖門，稍得引接，出入禁省。領軍劉湛知之，欲相引接，謂曰：「卿在省年月久遠，比當相論。」慶之正色曰：「下官在省十年，自應得轉，不復以此仰累。」尋轉正員將軍。及湛被收之夕，上開門召慶之，慶之戎服履靺縛袴入，上見而驚曰：「卿何意乃爾急裝？」慶之曰：「夜半喚隊主，不容緩服。」遣收吳郡太守劉斌殺之。元嘉十九年，雍州刺史劉道產卒，羣蠻大動，征西司馬朱脩之討蠻失利，以慶之爲建威將軍，率衆助脩之。脩之失律下獄，〔二〕慶之專軍進討，大破緣沔諸蠻。

後爲孝武撫軍中兵參軍。孝武以本號爲雍州，隨府西上，征蠻寇屢有功。還都，復爲廣陵王誕北中郎中兵參軍，加建威將軍、南濟陰太守。雍州蠻又爲寇，慶之以將軍、太守復與隨王誕入沔。〔三〕及至襄陽，率後軍中兵參軍柳元景、隨郡太守宗慤等伐沔北諸山蠻，大破之。威震諸山，羣蠻皆稽顙。慶之患頭風，好著狐皮帽，羣蠻惡之，號曰蒼頭公。每見慶之軍，輒畏懼曰：「蒼頭公已復來矣。」

慶之引軍出，前後破降甚衆，又討犬羊諸山蠻，緣險築重城，施門櫓甚峻。慶之連營山下，營中開門相通。又令諸軍各穿池於營內，朝夕不外汲。兼以防蠻之火。頃之風甚，蠻夜下山，人提一炬燒營。火至，輒以池水灌滅之。蠻被圍守日久，並飢乏，自後稍出歸降。慶之前後所獲蠻，並移都下，以爲營戶。

二十七年，遷太子步兵校尉。其年，文帝將北侵，慶之諫曰：「道濟再行無功，彥之失利而反，今料王玄謨等未踰兩將，恐重辱王師。」上曰：「王師再屈，別有所由。道濟養寇自資，彥之中塗疾動。虜所恃唯馬，夏水浩大，泛舟濟河，碻磝必走，滑臺小戍，易可覆拔。剋此二戍，館穀弔人，虎牢洛陽，自然不固。」慶之固陳不可，時丹陽尹徐湛之、吏部尚書江湛並在坐，上使湛之等難慶之。慶之曰：「爲國譬如家，〔四〕耕當問奴，織當訪婢。陛下今欲伐國，而與白面書生輩謀之，事何由濟？」上大笑。

及軍行，慶之副玄謨。玄謨進圍滑臺，慶之與蕭斌留守碻磝，仍領斌輔國司馬。玄謨攻滑臺，積旬不拔，魏太武大軍南向，斌遣慶之將五千人救玄謨。慶之曰：「少軍輕往，必無益也。」會玄謨退還，斌將斬之，慶之諫乃止。

蕭斌以前驅敗績，欲死固碻磝，慶之以爲不可。會制使至，不許退，諸將並宜留。斌復問計於慶之，慶之曰：「閫外之事，將所得專，制從遠來，事勢已異。節下有一范增而不能用，空議何施？」斌及坐者並笑曰：「沈公乃更學問。」慶之厲聲曰：「衆人雖見古今，不如下官耳學也。」玄謨自以退敗，求戍碻磝。斌乃還歷城。申坦、垣護之共據清口，慶之奔驛馳歸。

二十九年，師復行，慶之固諫不從。以立議不同，不使北出。是時亡命司馬黑石、廬江叛吏夏侯方進在西陽五水讙動羣蠻，自淮汝間至江沔，咸離其患，乃遣慶之督諸將討之，制江、豫、荆、雍並遣軍受慶之節度。

三十年，孝武出次五洲，總統羣帥。慶之從巴水出至五洲諮受軍略。會孝武典籤董元嗣自建鄴還，陳元凶弒逆，孝武遣慶之引諸軍。慶之謂腹心曰：「蕭斌婦人不足數，其餘將帥並易與耳。今輔順討逆，不憂不濟也。」時元凶密與慶之書，令殺孝武。慶之入求見，孝武稱疾不敢見。慶之突前，以元凶手書呈簡，孝武泣求入內與母辭。慶之曰：「下官受先帝厚恩，常願報德，今日之事，唯力是視，殿下是何疑之深。」帝起再拜曰：「家國安危，在於將軍。」慶之卽勒內外處分。

府主簿顏竣聞慶之至，馳入見帝曰：「今四方尙未知義師之舉，而劭據有天府，首尾不相應赴，此危道也。宜待諸鎭脣齒，然後舉事。」慶之厲聲曰：「今方興大事，而黃頭小兒皆參預，此禍至矣，宜斬以徇衆。」帝曰：「竣何不拜謝。」竣起再拜。慶之曰：「君但當知筆札之事。」於是處分，旬日內外整辦，時皆謂神兵。百姓欣悅。

衆軍既集，假慶之爲武昌內史，領府司馬。孝武至尋陽，慶之及柳元景等並勸卽大位，不許。賊劭遣慶之門生錢無忌齎書說慶之解甲，慶之執無忌白之。孝武踐阼，以慶之爲領軍將軍，尋出爲南兗州刺史，加都督，鎭盱眙，封南昌縣公。

孝建元年，魯爽反，遣慶之與薛安都等往討之。安都臨陣斬爽，進慶之號鎭北大將軍。尋與柳元景俱開府儀同三司，固辭，改封始興郡公。慶之以年滿七十，固請辭事，以爲侍中、左光祿大夫、開府儀同三司。固讓，乃至稽顙自陳，言輒泣涕。上不能奪，聽以郡公罷就第，月給錢十萬，米百斛，二衞史五十人。

大明三年，司空竟陵王誕據廣陵反，復以慶之爲車騎大將軍、開府儀同三司，固讓南兗州刺史，加都督，率衆討之。誕遣客沈道愍齎書說慶之，餉以玉環刀。慶之遣道愍反，數以罪惡。慶之至城下，誕登樓謂曰：「沈公，君白首之年，何爲來此？」慶之曰：「朝廷以君狂愚，不足勞少壯，故使僕來耳。」慶之塞塹，造攻道，立行樓土山幷諸攻具。時夏雨不得攻城，上使御史中丞庾徽之奏免慶之官以激之，制無所問。誕餉慶之食，提挈者百餘人，慶之不開，悉焚之。誕於城上投函表，令慶之爲送。慶之曰：「我奉制討賊，不得爲汝送表。」每攻城，慶之輒身先士卒。上戒之曰：「卿爲統任，當令處分有方，何須身受矢石邪？」自四月至七月，乃屠城斬誕。進慶之司空，又固讓爵。於是與柳元景並依晉密陵侯鄭袤故事，朝會慶之位次司空，元景在從公之上，給卹吏五十人，門施行馬。

初，慶之嘗夢引鹵簿入廁中，慶之甚惡入廁之鄙。時有善占夢者爲解之，曰：「君必大富貴，然未在旦夕。」問其故，答云：「鹵簿固是富貴容，廁中所謂後帝也。知君富貴不在今主。」及中興之功，自五校至是而登三事。

四年，西陽五水蠻復爲寇，慶之以郡公統諸軍討平之。

慶之居淸明門外，有宅四所，室宇甚麗。又有園舍在婁湖，慶之一夜攜子孫徙居之，以宅還官，悉移親戚中表於婁湖，列門同閈焉。廣開田園之業，每指地語人曰：「錢盡在此。」中興身享大國，家素富厚，產業累萬金，奴僮千計。再獻錢千萬，穀萬斛，以始興封優近，求改封南海郡，不許。妓妾十數人，並美容工藝。慶之優游無事，盡意歡愉，自非朝賀不出門。每從游幸及校獵，據鞍陵厲，不異少壯。太子妃上孝武金鏤匕筯及杅杓，上以賜慶之曰：「觴酌之賜，宜以大夫爲先也。」

上嘗歡飲，普令羣臣賦詩，慶之粗有口辯，手不知書，每將署事，輒恨眼不識字。上逼令作詩，慶之曰：「臣不知書，請口授師伯。」上卽令顏師伯執筆。慶之口授之曰：「微生遇多幸，得逢時運昌。朽老筋力盡，徒步還南岡。辭榮此聖世，何愧張子房。」上甚悅，衆坐並稱其辭意之美。

孝武晏駕，慶之與柳元景等並受顧命。遺制「若有大軍旅及征討，悉委慶之」。前廢帝卽位，加慶之几杖，給三望車一乘。慶之每朝賀，常乘猪鼻無幰車，左右從者不過三五騎。履行園田，每農桑劇月，無人從行，遇之者不知三公也。及加三望車，謂人曰：「我每游履田園，有人時與馬成三，無人則與馬成二。今乘此車，安所之乎？」及賜几杖，並固讓。柳元景、顏師伯嘗詣慶之，會其游田，元景等鳴笳列卒滿道，慶之獨與左右一人在田，見之悄然改容曰：「夫貧賤不可居，富貴亦難守。吾與諸公並出貧賤，因時際會，榮貴至此，唯當共思損挹之事。老子八十之年，目見成敗者已多，諸君炫此車服，欲何爲乎！」於是插杖而耘，不爲之顧。元景等徹侍褰裳從之，慶之乃與相對爲歡。

慶之既通貴，鄉里老舊素輕慶之者，後見皆膝行而前。慶之歎曰：「故是昔時沈公。」視諸沈爲劫首者數十人，士民悉患之。〔五〕慶之詭爲置酒大會，一時殺之，於是合境肅清，人皆喜悅。

廢帝狂悖無道，衆勸之廢立，及柳元景等連謀，以告慶之，慶之與江夏王義恭不厚，發其事。帝誅義恭、元景等，以慶之爲侍中、太尉。及義陽王昶反，慶之從帝度江，總統衆軍。帝凶暴日甚，慶之猶盡言諫爭，帝意稍不悅。及誅何邁，慮慶之不同，量其必至，乃開青溪諸橋以絕之。慶之果往，不得度而還。帝又忌之，乃遣其從子攸之齎藥賜死，時年八十。是歲旦，慶之夢有人以兩疋絹與之，謂曰：「此絹足度。」寤而謂人曰：「老子今年不免矣。兩疋，八十尺也，足度，無盈餘矣。」及死，贈賻甚厚，追贈侍中、太尉如故，〔六〕給鸞輅轀輬車，前後羽葆、鼓吹，謚曰忠武公。未及葬，帝敗。明帝卽位，追贈侍中、司空，謚曰襄公。泰始七年，改封蒼梧郡公。慶之羣從姻戚，由慶之在列位者數十人。

長子文叔位侍中，慶之之死也，不肯飲藥，攸之以被掩殺之，文叔密取藥藏錄。或勸文叔逃避，文叔見帝斷截江夏王義恭支體，慮奔亡之日，帝怒，容致義恭之變，乃飲藥自殺。文叔子昭明位秘書郎，聞父死，曰：「何忍獨生。」亦自縊死。

元徽元年，還復先封，時改始興爲廣興。昭明子曇亮襲廣興郡公，齊受禪，國除。昭明弟昭略。

昭略字茂隆，性狂儁，不事公卿，使酒仗氣，無所推下。嘗醉，晚日負杖攜家賓子弟至婁湖苑，逢王景文子約，張目視之曰：「汝是王約邪？何乃肥而癡。」約曰：「汝沈昭略邪？何乃瘦而狂。」昭略撫掌大笑曰：「瘦已勝肥，狂又勝癡，奈何王約，奈汝癡何！」

昇明末，爲相國西曹掾。齊高帝賞之，及卽位，謂王儉曰：「南士中有沈昭略，何職處之？」儉以擬前軍將軍，上不欲違，乃可其奏。尋爲中書郎，累遷侍中。王晏嘗戲昭略曰：「賢叔可謂吳興僕射。」昭略曰：「家叔晚登僕射，猶賢於尊君以卿爲初蔭。」

永元中，與叔父文季俱被召入華林省，茹法珍等進藥酒，昭略怒罵徐孝嗣曰：「廢昏立明，古今令典，宰相無才，致有今日。」以甌投其面，曰：「使爲破面鬼。」死時言笑自若，了無懼容。徐孝嗣謂曰：「見卿使人想夏侯泰初。」答曰：「明府猶憶夏侯，便是方寸不能都豁。下官見龍逢、比干，欣然相對；霍光脫問明府今日之事，何辭答之邪？」

昭略弟昭光聞收兵至，家人勸逃去，昭光不忍捨母，入執母手悲泣，遂見殺。時昭明子曇亮已得逃去，聞昭光死，乃曰：「家門屠滅，獨用生何爲。」又絕吭而死。時人歎其累世孝義。中興元年，贈昭略太常，昭光廷尉。

文季字仲達，文叔弟也。以寬雅正直見知，尤善塞及彈碁，在宋封山陽縣五等伯，位中書郎。父慶之遇害，諸子見收，文叔謂之曰：「我能死，爾能報。」遂自殺。文季揮刀馳馬去，收者不敢追，遂免。

明帝立，爲黃門郎，領長水校尉。明帝宴會朝臣，以南臺御史賀咸爲柱下史，〔七〕糾不醉者，文季不肯飮，被驅下殿。晉平王休祐爲南徐州，帝就褚彥回求幹事人爲上佐，彥回舉文季，轉驃騎長史、南東海太守。休祐被殺，雖用薨禮，僚佐多不敢至，文季獨往墓展哀。元徽初，自秘書監出爲吳興太守。文季飮酒至五斗，妻王氏飮亦至三斗，嘗對飮竟日，而視事不廢。

昇明元年，沈攸之反，齊高帝加文季冠軍將軍、督吳興錢唐軍事。初，慶之之死也，攸之求行，至是文季收攸之弟新安太守登之，誅其宗族，以復舊怨，親黨無吹火焉。君子以文季能報先恥。齊國建，爲侍中，領秘書監。建元元年，轉太子右衞率，侍中如故。改封西豐縣侯。

文季風采稜岸，善於進止，司徒褚彥回當時貴望，頗以門戶裁之。文季不爲之屈。武帝在東宮，於玄圃宴朝臣，文季數擧酒勸彥回。彥回甚不平，啓武帝曰：「沈文季謂彥回經爲其郡，依然猶有故情。」文季曰：「惟桑與梓，必恭敬止。豈如明府亡國失土，不識枌榆。」遂言及魏軍動事。彥回曰：「陳顯達、沈文季當今將略，足委以邊事。」文季諱稱將門，因是發怒，啓武帝曰：「褚彥回遂品藻人流，臣未知其身死之日，何面目見宋明帝。」武帝笑曰：「沈率醉也。」中丞劉休擧其事，見原。後豫章王北宅後堂集會，文季與彥回並善琵琶，酒闌，彥回取樂器爲明君曲。文季便下席大唱曰：「沈文季不能作伎兒。」豫章王嶷又解之曰：「此故當不損仲容之德。」彥回顏色無異，終曲而止。

永明中，累遷領軍將軍。文季雖不學，發言必有辭采。武帝謂文季曰：「南士無僕射，多歷年所。」文季對曰：「南風不競，非復一日。」當世善其對。

明帝輔政，欲以文季爲江州，遣左右單景儁宣旨。文季陳讓，稱老不願外出，因問右執法有人未，景儁還具言之。延興元年，以爲尚書右僕射。明帝卽位，加領太子詹事，尚書令王晏嘗戲文季爲吳興僕射。文季答曰：「琅邪執法，似不出卿門。」

建武二年，魏軍南伐，明帝以爲憂，制文季鎭壽春。文季入，城門嚴加備守。〔八〕魏軍尋退，百姓無所損。

永元元年，轉侍中、左僕射。始安王遙光反，其夜遣於宅掩取文季，欲以爲都督，而文季已還臺。明日，與尚書令徐孝嗣共坐南掖門上。時東昏已行殺戮，孝嗣深懷憂慮，欲與文季論時事，文季輒引以他辭，終不得及。事寧，加鎮軍將軍，置府史。

文季以時方昏亂，託老疾不豫朝機。兄子昭略謂文季曰：「阿父年六十爲員外僕射，欲求免乎？」文季笑而不答，未幾見害。先被召，便知敗，舉動如常。登車顧曰：「此行恐往而不反。」於華林省死，年五十八，朝野寃之。中興元年，贈司空，諡曰忠憲公。

文秀字仲遠，慶之弟子也。父邵之，南中郎行參軍。文秀宋前廢帝時，累遷青州刺史，將之鎮，部曲出次白下。文秀說慶之以帝狂悖，禍在難測，欲因此衆力圖之。慶之不從。及行，慶之果見殺。又遣直閤江方興領兵誅文秀，未至，而明帝已定亂。時晉安王子勛據尋陽，文秀與徐州刺史薛安都並同子勛反。尋陽平定，明帝遣其弟召之，便歸命請罪。即安本任。

四年，封新城縣侯。先是冀州刺史崔道固亦據歷城同反，文秀遣信引魏，魏遣慕容白曜援之。及至，而文秀已受朝命。文秀善於撫御，被魏圍三載無叛者。五年，爲魏所剋，終于北。

攸之字仲達，慶之從父兄子也。父叔仁爲宋衡陽王義季征西長史，兼行參軍領隊。攸之少孤貧，元嘉二十七年，魏軍南攻，朝廷發三吳之衆，攸之亦行。及至建鄴，詣領軍將軍劉遵考求補白丁隊主。遵考以爲形陋不堪，攸之歎曰：「昔孟嘗君身長六尺爲齊相，今求士取肥大者哉。」因隨慶之征討。

二十九年，征西陽蠻，始補隊主。巴口建義，授南中郎府板長兼行參軍。新亭之戰，身被重創，事寧，爲太尉行參軍，封平洛縣五等侯。隨府轉大司馬行參軍。

晉時都下二岸揚州舊置都部從事，分掌二縣非違，永初以後罷省。孝建三年，復置其職，攸之掌北岸，會稽孔璪掌南岸，後又罷。攸之遷員外散騎侍郎，又隨慶之征廣陵屢有功，被箭破骨。孝武以其善戰，配以仇池步矟。事平當加厚賞，爲慶之所抑。遷太子旅賁中郎，攸之甚恨之。

前廢帝景和元年，除豫章王子尚車騎中兵參軍、直閤，與宗越、譚金等並爲廢帝所寵。〔九〕誅戮羣公，攸之等皆爲之用命，封東興縣侯。

明帝即位，以例削封。尋告宗越、譚金等謀反，復召直閤。會四方反叛，南賊已次近道，以攸之爲寧朔將軍、尋陽太守，率軍據虎檻。時王玄謨爲大統未發，前鋒有五軍在虎檻，五軍後又駱驛繼至，每夜各立姓號，不相稟受。攸之謂軍吏曰：「今衆軍同舉，而姓號不同，若有耕夫漁父夜相呵叱，便致駭亂，此敗道也。請就一軍取號。」衆咸從之。

殷孝祖爲前鋒都督，大失人情，〔一〇〕攸之內撫將士，外諧羣帥，衆並安之。時殷孝祖中流矢死，軍主范潛率五百人投賊，人情震駭，並謂攸之宜代孝祖爲統。時建安王休仁屯虎檻，總統衆軍，聞孝祖死，遣寧朔將軍江方興、龍驤將軍劉靈遺各率三千人赴赭圻。攸之以爲孝祖既死，賊有乘勝之心，明日若不更攻，則示之以弱。方興名位相亞，必不爲己下，軍政不一，致敗之由，乃率諸軍主詣方興推重，幷慰勉之，方興甚悅。攸之既出，諸軍主並尤之。攸之曰：「卿忘廉藺、寇賈事邪？吾本以濟國活家，豈計此之升降。」明旦進戰，自寅訖午，大破賊於赭圻。

尋進號輔國將軍，代孝祖督前鋒諸軍事。薛常保等在赭圻食盡，〔一一〕南賊大帥劉胡屯濃湖，以囊盛米繫流查及船腹，陽覆船，順風流下，以餉赭圻。攸之疑其有異，遣人取船及流查，大得囊米，尋剋赭圻。

遷寧蠻校尉、雍州刺史，加都督。袁顗復率大衆來入鵲尾，相持既久，軍主張興世越鵲尾上據錢溪，劉胡自攻之。攸之率諸將攻濃湖。錢溪信至大破賊，攸之悉以錢溪所送胡軍耳鼻示之。顗駭懼，急追胡還。攸之諸軍悉力進攻，多所斬獲，胡於是棄衆而奔，顗亦奔走。赭圻、濃湖之平也，賊軍委棄資財，珍貨山積，諸軍各競收斂，唯攸之、張興世約勒所部，不犯毫芥，諸將以此多之。攸之進平尋陽，遷中領軍，封貞陽縣公。時劉遵考爲光祿大夫，攸之在御坐謂遵考曰：「形陋之人今何如？」帝問之，攸之依實對，帝大笑。

累遷郢州刺史，爲政刻暴，或鞭士大夫。上佐以下有忤意，輒面加詈辱。而曉達吏事，自強不息，士庶畏憚，人莫敢欺。聞有猛獸，輒自圍捕，往無不得，一日或得兩三。若逼暮不禽，則宿昔圍守。賦斂嚴苦，徵發無度，繕修船舸，營造器甲。自至夏口，便有異圖。進監豫、司之二郡軍事，進號鎭軍將軍。

泰豫元年，明帝崩，攸之與蔡興宗並在外蕃，同預顧命。會巴西人李承明反，蜀土搔擾。時荆州刺史建平王景素被徵，新除荆州刺史蔡興宗未之鎭，乃遣攸之權行荆州事。會承明已平，乃以攸之爲鎭西將軍、荆州刺史，加都督。聚斂兵力，養馬至二千餘匹，皆分賦邏將士，使耕田而食。廩財悉充倉儲。荆州作部歲送數千人仗，攸之割留之，簿上云「供討四山蠻」。裝戰艦數百千艘，沉之靈溪裏，錢帛器械巨積。漸懷不臣之心，朝廷制度無所遵奉。富貴擬於王者，夜中諸廂廊然燭達旦，後房服珠玉者數百人，皆一時絕貌。

江州刺史桂陽王休範密有異志，欲以徵旨動攸之，使道士陳公昭作天公書一函，題言沈丞相，送攸之門者。攸之不開書，推撿得公昭，送之朝廷。後廢帝元徽二年，休範舉兵襲都，攸之謂僚佐曰：「桂陽今逼朝廷，必聲言吾與之同，若不顛沛勤王，必增朝野之惑。」於是遣使受郢州刺史晉熙王燮節度。會休範平，使乃還。進號征西大將軍、開府儀同三司，固讓開府。攸之自擅閫外，朝廷疑憚之，累欲徵入，慮不受命，乃止。

四年，建平王景素據京城反，攸之復應朝廷，景素尋平。時有臺直閤高道慶家在江陵，攸之初至州，道慶在家，牒其親戚十餘人，求州從事西曹，攸之爲用三人。道慶大怒，自入州取教毁之而去。道慶素便馬，攸之與宴飲於聽事前，合馬槊，道慶槊中攸之馬鞍，攸之怒索刃槊，〔三〕道慶馳馬而出。還都說攸之反狀，請三千人襲之。朝議慮其事難濟，高帝又保持不許。楊運長等常相疑畏，乃與道慶密遣刺客賫廢帝手詔，以金餅賜攸之，州府佐吏進其階級。時有象三頭至江陵城北數里，攸之自出格殺之，忽有流矢集攸之馬鄣泥，其後刺客事發。廢帝既殞，順帝即位，加攸之車騎大將軍、開府儀同三司。齊高帝遣攸之子司徒左長史元琰賫廢帝剗斮之具以示之，攸之曰：「吾寧爲王淩死，不作賈充生。」尚未得即起兵，乃上表稱慶，并與齊高帝書推功。

攸之有素書十數行，常韜在兩襠角，云是宋明帝與己約誓。又皇太后使至，賜攸之燭十挺，割之得太后手令，曰「國家之事，一以委公」。明日，遂舉兵。其妾崔氏、許氏諫曰：「官年已老，那不爲百口作計。」攸之指兩襠角示之。

攸之素畜士馬，資用豐積，至是戰士十萬，鐵馬三千。將發江陵，使沙門釋僧粲筮之，云：「不至都，當自郢州回還。」意甚不悅。初發江津，有氣狀如塵霧從西北來，正蓋軍上。齊高帝遣衆軍西討，攸之盡銳攻郢州，行事柳世隆屢破之。昇明二年，還向江陵，未至，城已爲雍州刺史張敬兒所據，無所歸，乃與第三子中書侍郎文和至華容之鎖頭林，投州吏家。此吏嘗爲攸之所鞭，待攸之甚厚，不以往罰爲怨，殺㹠薦食。既而村人欲取之，攸之於櫟林與文和俱自經死，村人斬首送之都。或割其腹，心有五竅。征西主簿荀昭先以家財葬攸之。

攸之晚好讀書，手不釋卷，史、漢事多所記憶。常歎曰：「早知窮達有命，恨不十年讀書。」及攻郢城，夜嘗風浪，米船沉沒。倉曹參軍崔靈鳳女先適柳世隆子，攸之正色謂曰：「當今軍糧要急，而卿不以在意，由與城內婚姻邪。」靈鳳答曰：「樂廣有言，下官豈以五男易一女。」攸之歡然意解。

攸之招集才力之士，隨郡人雙泰眞有幹力，召不肯來。攸之遣二十人被甲追之，泰眞射殺數人，欲過家將母去，事迫不獲，單身走入蠻。追者既失之，錄其母去。泰眞既失母，乃自歸，攸之不罪，曰：「此孝子也。」賜錢一萬，轉補隊主，其抑情待士如此。

初，攸之賤時，與吳郡孫超之、全景文共乘一小船出都，三人共上引埭，有一人止而相之，曰：「君三人皆當至方伯。」攸之曰：「豈有是事。」相者曰：「不驗，便是相書誤耳。」後攸之爲郢、荆二州，超之廣州刺史，景文南豫州刺史。景文字弘達，齊永明中，卒於光祿大夫。

攸之初至郢州，有順流之志，府主簿宗儼之勸攻郢城。功曹臧寅以爲攻守勢異，非旬日所拔，若不時舉，挫銳損威，攸之不從。既敗，諸將帥皆奔散，或呼寅俱亡。寅曰：「我委質事人，豈可幸其成而責其敗。」乃投水死。又倉曹參軍金城邊榮爲府錄事所辱，攸之爲榮鞭殺錄事。攸之自江陵下，以榮爲留府司馬守城。張敬兒將至，人或說之使詣敬兒降。榮曰：「受沈公厚恩，一朝緩急，便改易本心，不能也。」城敗見敬兒，敬兒問曰：「邊公何爲同人作賊，不早來。」榮曰：「沈荆州舉義兵，匡社稷，身雖可滅，要是宋世忠臣。天下尚有直言之士，不可謂之爲賊。身本不蘄生，何須見問。」敬兒曰：「死何難。」命斬之，榮歡笑而去，容無異色。泰山程邕之者，素依隨榮，至是抱持榮謂敬兒曰：「君入人國，不聞仁惠之聲，而先戮義士，三楚之人，寧蹈江、漢而死，豈肯與將軍同日以生。」敬兒曰：「求死甚易，何爲不許。」先殺邕之然後及榮，三軍莫不垂泣，曰：「奈何一日殺二義士。」比之臧洪及陳容。

廢帝之殞，攸之欲起兵，問知星人葛珂之。珂之曰：「起兵皆候太白，太白見則成，伏則敗。昔桂陽以太白伏時舉兵，一戰授首，此近世明驗。今蕭公廢昏立明，正逢太白伏時，此與天合也。且太白尋出東方利用兵，西方不利。」故攸之止不下。及後舉兵，珂之又曰：「今歲星守南斗，其國不可伐。」攸之不從，果敗。

攸之表檄文疏，皆其記室南陽宗儼之辭也，事敗責之，答曰：「士爲知己，豈爲君輩所識。」遂伏誅。

攸之景和中與齊高帝同直殿省，申以歡好，帝以長女義興憲公主妻攸之第三子文和，生二女，並養之宮中，恩禮甚厚，及嫁皆得素舊，公家營遣焉。齊武帝制以攸之弟雍之孫僧昭爲義興公主後。

僧昭別名法朗，少事天師道士，常以甲子及甲午日，夜著黃巾衣褐醮於私室。時記人吉凶，頗有應驗。自云爲泰山錄事，幽司中有所收錄，必僧昭署名。中年爲山陰縣。梁武陵王紀爲會稽太守，宴坐池亭，蛙鳴聒耳。王曰：「殊廢絲竹之聽。」僧昭呪厭十許口便息。及日晚，王又曰：「欲其復鳴。」僧昭曰：「王歡已闌，今恣汝鳴。」卽便喧聒。又嘗校獵，中道而還，左右問其故，答曰：「國家有邊事，須還處分。」問何以知之，曰：「向聞南山虎嘯知耳。」俄而使至。復謂人曰：「吾昔爲幽司所使，實爲煩碎，今已自解。」乃開匣出黃紙書，上有一大字，字不可識。曰：「教分判如此。」及太清初，謂親知曰：「明年海內喪亂，生靈十不一存。」乃苦求東歸。既不獲許，及亂，百口皆殲。僧昭位廷尉卿，太清三年卒。

宗慤字元幹，南陽涅陽人也。叔父少文高尚不仕，慤年少，問其所志，慤答曰：「願乘長風破萬里浪。」少文曰：「汝若不富貴，必破我門戶。」兄泌娶妻，始入門夜被劫，慤年十四，挺身與劫相拒，十餘人皆披散，不得入室。時天下無事，士人並以文義爲業，少文既高尚，諸子羣從皆愛好墳典，而慤任氣好武，故不爲鄉曲所知。

江夏王義恭爲征北將軍、南兗州刺史，慤隨鎮廣陵。時從兄綺爲征北府主簿，與慤同住，綺妾與給吏牛泰私通，綺入直，而泰潛來就綺妾。慤知之，入殺牛泰然後白綺。義恭壯其意，不罪也。後以補國上軍將軍。

元嘉二十二年，伐林邑，慤自奮願行，義恭舉慤有膽勇，乃除振武將軍，爲安西參軍蕭景憲軍副。隨交州刺史檀和之圍區粟城。林邑遣將范毗沙達來救區粟，和之遣偏軍拒之，爲賊所敗。又遣慤，慤乃分軍爲數道，偃旗潛進討破之，仍攻拔區粟，入象浦。林邑王范陽邁傾國來逆，以具裝被象，前後無際。慤以爲外國有師子威服百獸，乃製其形與象相禦，象果驚奔，衆因此潰亂，遂剋林邑。收其珍異，皆是未名之寶，其餘雜物不可稱計。慤一毫無犯，唯有被㡛枕刷，此外蕭然。文帝甚嘉之。

三十年，孝武伐逆，以慤爲南中郎諮議參軍，領中兵。及事平，功次柳元景。孝武即位，以爲左衞將軍，封洮陽侯。孝建中，累遷豫州刺史，監五州諸軍事。先是鄉人庾業家富豪侈，侯服玉食。與賓客相對，膳必方丈，而爲慤設粟飯菜葅。謂客曰：「宗軍人慣噉粗食。」慤致飽而退，初無異辭。至是業爲慤長史，帶梁郡，慤待之甚厚，不以昔事爲嫌。

大明三年，竟陵王誕據廣陵反，慤表求赴討，乘驛詣都，面受節度。上停輿慰勉，慤聳躍數十，左右顧眄，上壯之。及行，隸車騎大將軍沈慶之。初，誕誑其衆云：「宗慤助我。」及慤至，躍馬繞城呼曰：「我宗慤也。」事平，入爲左衞將軍。

五年，從獵墮馬腳折，不堪朝直，以爲光祿大夫，加金章紫綬。有佳牛堪進御，官買不肯賣，坐免官。明年復先職。

廢帝即位，爲寧蠻校尉、雍州刺史，加都督。卒，贈征西將軍，謚曰肅侯，配食孝武廟庭。子羅雲，卒，子元寶嗣。

慤從子夬字明揚，祖少文，名列隱逸傳。父繁，西中郎諮議參軍。

夬少勤學，有局幹，仕齊爲驃騎行參軍。時竟陵王子良集學士於西邸，並見圖畫，夬亦預焉。齊鬱林之爲南郡王，居西州，使夬管書記，以筆札貞正見許，故任焉。時與魏和通，敕夬與尚書殿中郎任昉同接魏使，皆時選也。及文惠太子薨，王爲皇太孫，夬仍管書記。

太孫卽位，多失德，夬頗自疎，得爲秣陵令，遷尚書都官郎。少帝見誅，舊寵多被其災，唯夬與傅昭以清正免。齊明帝以爲郢州中從事，以父老去官。南康王爲荊州刺史，引爲別駕。

梁武帝起兵，遷西中郎諮議。時西土位望，唯夬與同郡樂藹、劉坦爲州人所推服，故領軍蕭穎胄深相委仗。武帝受禪，歷太子右衞率，五兵尚書，參掌大選。天監三年卒。子曜卿。

論曰：沈慶之以武毅之姿，屬殷憂之日，驅馳戎旅，所在見推。其戡難定功，蓋亦宋之方、召。及勤王之業克舉，台鼎之位已隆，年致懸車，宦成名立，而卒至顚覆，倚伏豈易知也。諸子才氣，並有高風，將門有將，斯言得矣。攸之地處上流，聲稱義舉，專威擅命，年且踰十。終從諸葛之斃，代德其有數乎。宗慤氣概風雲，竟成其志；夬蹈履清正，用升顯級，亦各志能之士也。

校勘記

〔一〕年四十未知名　「四十」宋書作「三十」。

〔二〕脩之失律下獄　「脩之」二字各本並脫，據宋書補。

〔三〕慶之以將軍太守復與隨王誕入沔　「與」字各本並脫，據宋書補。

〔四〕爲國譬如家　宋書作「治國譬如治家」，此以避唐諱而省改。

〔五〕士民悉患之　「民」字各本並脫，據通志補。按南史書例，此「民」字當作「人」；然鄭樵於諱改之「人」字又一律回改爲「民」。今仍之。

〔六〕追贈侍中太尉如故　「追」各本作「遣」，據宋書改。

〔七〕以南臺御史賀咸爲柱下史　「賀咸」南齊書作「賀臧」。

〔八〕文季入城門嚴加備守　南齊書作「文季入城，洞開城門，嚴加守備」。疑此因上下「城」字而誤奪「洞開城」三字。

〔九〕與宗越譚金等並爲廢帝所寵　「宗越」各本作「宋越」，據宋書改。按宋書及本書並有宗越傳。

〔一〇〕大失人情　「大失」各本作「失夫」，據宋書改。

〔二〕薛常保等在赭圻食盡　「保」宋書及册府元龜三五一並作「寶」，鄧琬傳同。

〔三〕攸之怒索刃槊　各本並脫「攸之」二字，據通志補。